MARIO LOCHNER

WARUM HAT MIR DAS NIEMAND FRÜHER ÜBER GELD VERRATEN?

Wie du finanziell unbesiegbar wirst

FBV

Bibliografische Information der Deutschen Nationalbibliothek
Die Deutsche Nationalbibliothek verzeichnet diese Publikation in der Deutschen Nationalbibliografie. Detaillierte bibliografische Daten sind im Internet über http://dnb.d-nb.de abrufbar.

Für Fragen und Anregungen
info@finanzbuchverlag.de

Originalausgabe
4. Auflage 2021

Türkenstraße 89
80799 München
Tel.: 089 651285-0
Fax: 089 652096

Redaktion: Conny Rutsch
Korrektorat: Silvia Kinkel
Umschlaggestaltung: Marc-Torben Fischer
Umschlagabbildung: shutterstock.com/FREEPIK2
Satz: ZeroSoft, Timisoara
Druck: CPI books GmbH, Leck
Printed in Germany

ISBN Print 978-3-95972-461-6
ISBN E-Book (PDF) 978-3-96092-873-7
ISBN E-Book (EPUB, Mobi) 978-3-96092-874-4

INHALT

PROLOG

Es ist ein Wunder. Und es ist mein Wunder. Ich springe mit einem lauten Schrei vom Tisch auf und reiße die Arme in die Höhe! Sekunden zuvor hat Neymar den Ball hinter die Abwehr von Paris gelupft, sein Mitspieler Sergi Roberto war eingelaufen und beförderte den Ball mit einer Grätsche ins Tor. Barcelona führt damit 6:1 in der Nachspielzeit und erreicht das Viertelfinale der Champions League. In der allerletzten Minute hat die Mannschaft ein Wunder geschafft. Die Spieler rennen jubelnd durchs Stadion und bilden eine Jubeltraube. Und ich springe durch eine Bar in Barcelona und bin umringt von Spaniern, die es wie ich kaum fassen können. Drei Tore in den letzten sieben Minuten. Das Wunder von Barcelona.

»Sollen wir heute Abend ins Stadion?«, hatte mich Sherlock am Mittag noch gefragt.

»Das lohnt sich wirklich nicht, Barcelona hat das Hinspiel in Paris mit 0:4 verloren. Das wird das langweiligste Rückspiel aller Zeiten«, antwortete ich.

Wir liegen am 8. März 2017 am Strand von Barcelona und genießen die Sonne bei 20 Grad, trinken Weißwein und blicken aufs Meer. Wir sind für drei Tage in Katalonien. Mein Kumpel Sherlock nimmt an einem Start-Up-Summit teil, weil seine Expertise als Universalgenie gefragt ist. Und ich bin spontan mitgekommen, weil ich es liebe, mich in fremden Städten treiben zu lassen, um auf neue Ideen zu kommen. Am Abend steht das Rückspiel des Champions-League-Achtelfinales zwischen dem FC Barcelona und Paris Saint-Germain an. Es würde mich zwar reizen, das Spiel live im *Camp Nou* mit knapp 90.000 Zuschauern zu sehen, aber ich rechne mit wenig Spannung, da sich die Katalanen beim Hinspiel in Paris mit 0:4 blamiert haben. Aber das Schlimmste daran: Ich habe eine Wette laufen. Sämtliche andere Paarungen der Champions-League habe ich bereits richtig getippt. Es fehlt nur noch, dass Barcelona weiterkommt, es ist also ein Wunder nötig. Weil ich daran nicht mehr glaube, will ich nicht auch noch 100 Euro für ein Ticket ausgeben.

Trotzdem werden wir das Spiel am Abend in einer Bar im Stadtteil Eixample schauen. Wir stolpern auf gut Glück hinein, weil wir ein Lokal suchen, in dem man sich das Spiel live ansehen kann. Zunächst wirkt die Bar wie eine Touristenfalle, aber als sie sich füllt, sitzen wir ausschließlich zwischen Katalanen im Barca-Trikot. Als Barcelona zur Halbzeit mit 2:0 führt, kommt Hoffnung auf, dass ich meine Wette doch noch gewinnen kann. Aber als es nach 88 Minuten nur 3:1 steht, habe ich schon längst abgeschaltet. Barcelona braucht noch drei Tore in sieben Minuten. Eigentlich ist das nicht zu schaffen. Aber Tore von Neymar, Messi und schließlich Sergi Roberto machen es möglich und bringen die Stadt zum Beben. Die Fans freuen sich übers Viertelfinale und ich mich über 3.000 Euro auf meinem Konto. Doch dieser Jubel hat nichts mit Geld zu tun. Ich wette nur noch, um mich daran zu erinnern, was ich aus meinen Fehlern gelernt habe, und das feiere ich in diesem Moment mehr als alles andere.

Ich habe gelernt, in Wahrscheinlichkeiten zu denken.

Ich habe gelernt, was Risiko wirklich bedeutet.

Ich habe gelernt, wie man finanziell unbesiegbar wird.

Heute frage ich mich, warum hat mir das alles niemand früher über Geld verraten? Warum zocken wir überhaupt? Und was bedeutet Risiko? Damit du dir diese Frage nicht auch irgendwann stellen musst, habe ich dieses Buch geschrieben.

Für mich änderte sich alles im Jahr 2009. Ich wollte meine größte Schwäche in eine Stärke drehen, weil ich die Monate zuvor viel zu viel Geld verzockte. Alles hatte mit einem großen Knall begonnen: Im Juli 2008 setze ich 1.000 Euro auf den Wimbledon-Sieg von Rafael Nadal und staube innerhalb von zwei Wochen 5.000 Euro ab. Doch das schnelle Geld vernebelt mir die Sinne. In den kommenden Tagen will ich sofort mehr von diesem Kick und setze auf alles, was mir bei Sportwetten, Poker und Roulette in den Weg kommt. Als die 5.000 Euro weg sind, wird mir erst klar, was ich damit hätte anstellen können, und meine Emotionen übernehmen das Ruder. In meinem Gehirn existiert nur noch ein Gedanke: Ich muss mein Geld zurückholen! Doch dieser Reflex führt erst recht in den Abgrund: Ende des Jahres habe ich noch mehr Geld verzockt.

Novak Djokovic gewann die US-Open leider nicht und schied im Halbfinale gegen Roger Federer aus (6. September 2008).

Der AS Rom verlor daheim gegen den CFR Cluj mit 1:2 (16. September 2008).

Werder Bremen gewann leider nicht und kassierte in der 92. Minute den Ausgleich gegen Borussia Dortmund (18. Oktober 2008).

Die Liste der knappen Niederlagen wird immer länger, Ende des Jahres ziehe ich einen Schlussstrich und schwöre mir, nie wieder eine Sportwette abzuschließen. Tatsächlich schaffe ich es per Knopfdruck, lösche alle Wettkonten und beschließe, mein Geld wieder für Dinge auszugeben, die mir guttun, und es zu investieren, statt es zu verjubeln. Mein Geld arbeitet jetzt wieder für und nicht mehr gegen mich. Aber die Misere bei den Sportwetten lässt mich trotzdem nie los. Es geht mir gar nicht ums Geld, sondern vielmehr um meine Dummheit. Wie konnte das passieren? Es treibt mich um, dass ich mich mit meinen Schwächen und Fehlern nie detailliert auseinandergesetzt habe.

Aber was du verdrängst, das bleibt bestehen.

Der Psychologe Carl Jung behauptete sogar, dass die Dinge, denen wir uns widersetzen, nicht nur bestehen bleiben, sondern noch größer werden.[1] Diesen Schatten, der mich verfolgt, will ich abschütteln und mich selbst verstehen. Was kann ich aus meinen Fehlern lernen und besser machen? Meine erste Idee: Ich brauche Ruhe, um den Dingen auf den Grund zu gehen. Ich brauche eine *Thinkweek*. Dieses Ritual habe ich mir von Bill Gates abgeschaut. Er zieht die *Thinkweek* bereits seit Jahrzehnten durch. Seit er Microsoft gegründet hat, gönnt sich Gates zweimal pro Jahr eine Woche Zeit fürs Denken. Er zieht sich von sozialen Kontakten völlig zurück und verschanzt sich sieben Tage im Wald mit Büchern, Magazinen und Unternehmensberichten.

Meine zweite Idee: Ich will mich nicht wie Gates von allen sozialen Kontakten zurückziehen, sondern brauche jemanden, der mir den Kopf wäscht. Ich brauche eine andere Perspektive, jemanden, der die Dinge ohne Emotionen betrachtet und sagt, was ist. Die Lösung: Eine *Thinkweek spezial* mit Sherlock – sieben Tage in der Toskana. Die Regeln: kein Internet und kein Smartphone. Nur ich, Sherlock und ein altes Nokia 3210 in einem abgelegenen Ferienhaus auf dem Land.

Wenn du mein erstes Buch gelesen hast, dann kennst du Sherlock bereits. Er begegnete mir zum ersten Mal in einer Kneipe in Rosenheim, als ich noch zur Schule ging. Ein Freund erzählte mir, dass ihn seine Freundin ausgerechnet jetzt verlassen habe, als alles perfekt zu laufen schien. Und aus dem Off kommentierte Sherlock: »Immer antizyklisch handeln.« Dabei grinste er teuflisch. Genau deshalb spielt Sherlock in diesem Buch wieder eine wichtige Rolle – genauso wie in meinem Leben: weil die Wahrheit oft schmerzt, aber unser bester Lehrmeister ist. Sherlock agiert wie das unangenehme Gewissen, das uns den Spiegel vorhält. Er kann über jedes Thema referieren, egal, ob es um den Konjunktiv im Spanischen geht, das Silicon Valley Chinas oder die Schwächen des Bitcoin. Er hat Philosophie, Physik und Informatik studiert und zeigt jedem gnadenlos seine Schwächen auf. Sherlock ist das Genie ohne Empathie. Seine größte Stärke ist aber zugleich seine größte Schwäche: Sherlock besteht quasi aus 100 Prozent Ratio. Er hat zwar eine umfassende Bildung, die ihm einen anderen Blick auf die Welt ermöglicht, aber das verbaut ihm auch einiges. Für ein Genie ist es schwer zu akzeptieren, dass sich die Welt nicht um ihn und seine rationalen Gedanken dreht. Und es fehlt ihm an Empathie und Emotionen. Genau das stört mich auch an ihm. Ich habe ständig das Gefühl, ich müsste ihm in den Hintern treten und ihm beibringen, wie sich ein normaler Mensch im Alltag benimmt. Vor allem Frauen reagieren allergisch auf Sherlock. Also schließen wir einen Pakt beim Pub Quiz in jener Kneipe, in der wir uns zum ersten Mal begegnet sind: Er bringt mir Physik und rationales Denken bei und ich ihm, wie man richtig lebt.

»Aristoteles wird uns dabei helfen«, sagt Sherlock mit diesem teuflischen Grinsen im Gesicht, »und Goldilock könnte für uns die Lösung sein.«

Nach dem vierten Guinness habe ich keine Lust mehr, zu fragen, was er damit meint. Ich werde es spätestens bei der *Thinkweek* erfahren.

Zwei Wochen später sitzen wir auf der Terrasse unseres Ferienhauses in der Toskana, trinken frisch gebrühten Espresso und blicken auf die Weinberge. Es ist perfekt, kein Mensch weit und breit zu sehen. Um das einsame Haus zu erreichen, mussten wir mit unserem Mietwagen allein 15 Minuten durch einen Pinienwald fahren. Endlich frage ich Sherlock, was er mit Goldilock und Aristoteles gemeint hat.

»Goldilock steht für Goldlöckchen und beschreibt die perfekte Mitte. Das Goldlöckchen-Prinzip stammt aus dem Märchen ›Die drei Bären‹. Darin probiert ein junges Mädchen namens Goldlöckchen drei verschiedene Schalen Brei und stellt fest, dass sie Brei am liebsten mag, wenn er weder zu heiß noch zu kalt ist. Goldilock heißt also, genau die richtige Menge zu ermitteln. Du findest dieses Prinzip überall in der Natur. Viele Experten beschreiben die US-Wirtschaft in den späten 1990er-Jahren als Goldilock-Wirtschaft. Damals wuchs die US-Wirtschaft stark und das praktisch ohne Inflation, weil sich die Produktivität stark verbesserte.«

»Und was willst du mir jetzt damit sagen?«, frage ich nach Sherlocks Vortrag über die goldene Mitte.

Sherlock nimmt sich ein Blatt Papier und zeichnet folgende drei Kreise auf:

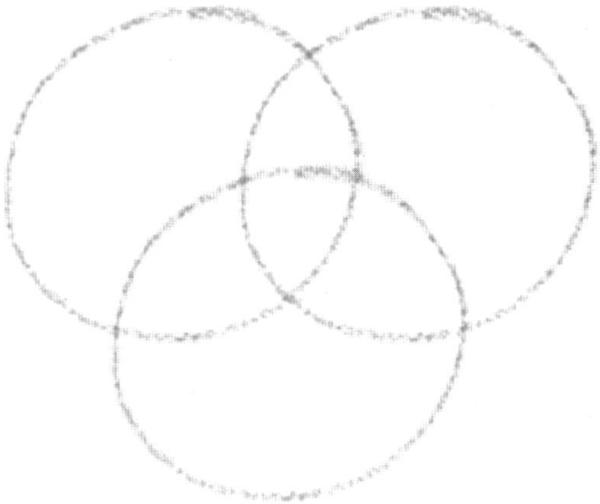

»Wir versuchen jetzt, die goldene Mitte für dich zu finden«, sagt Sherlock, »ich habe mir natürlich Gedanken im Vorfeld gemacht und finde diese Grafik am treffendsten für dein Problem. Du hattest einen hungrigen Wolf in dir, nachdem du das Geld verloren hattest. Du wolltest es wieder gutmachen, du wolltest dein Geld wieder zurück, und deine Entscheidungen wurden immer mehr von deinen Emotionen beherrscht und nicht von deiner Ratio. Du hast den falschen Wolf gefüttert. Das schnelle Denken hat dein langsames Denken außer Gefecht gesetzt. Und dann hast du auch noch versucht, die Naturgesetze zu überlisten – das geht selten gut. Weißt du zum Beispiel, warum sich Planeten in einer festen Umlaufbahn bewegen?«

»Nein, nicht wirklich«, sage ich.

»Das Gesetz des Gleichgewichts!«, sagt Sherlock und fuchtelt mit seinen Händen, sodass er fast die Espressotassen vom Tisch wischt.

»Hat das nicht Newton erfunden?«, frage ich und wundere mich, dass ich doch noch was vom Schulunterricht behalten habe.

»So ist es!«, ruft Sherlock und hält mir dann einen Kurzvortrag über Sir Isaac Newton.

Im Jahr 1665 nahm Newtons Leben eine unerwartete Wendung. Als die Pest London heimsuchte, wurde Cambridge geschlossen, und er war gezwungen, sich auf den Hof seiner Eltern zurückzuziehen. Seinem Genie tat die Landluft anscheinend gut: In diesem später so genannten Annus mirabilis, also Wunderjahr, brachte Newton eine Idee nach der nächsten hervor. Er entwickelte die Infinitesimalrechnung und die Theorie der Optik. Doch als Höhepunkt des Jahres entdeckte er das allgemeine Gesetz der Schwerkraft. Der Legende zufolge sah Newton, wie ein Apfel von einem Baum fiel und entwarf in einem Geistesblitz die Idee von der Schwerkraft. Er überlegte sich, dass die Kraft, die auf den Apfel wirkt, die gleiche sei, die den Mond in einer Umlaufbahn um die Erde und die Planeten in Umlaufbahnen um die Sonne hält. Allerdings veröffentlichte Newton seine geniale Entdeckung über 20 Jahre nicht, weil er sie mathematisch nicht präzise genug darstellen konnte. Also beschrieb er sie in seinem Hauptwerk *Philosophiae Naturalis Principia Mathematica* mit seinen drei Bewegungsgesetzen. Er zeigte, dass Planeten deshalb in einer festen Umlaufbahn bleiben, weil die Geschwindigkeit ihrer Vorwärtsbewegung durch die Schwerkraft ausgeglichen wird, die sie in Richtung Sonne zieht. Und so erzeugen zwei gleich große Kräfte einen Zustand des Gleichgewichts.

»Wir lassen jetzt mal außen vor, was Einstein und Co. danach alles entdeckt haben und machen uns nur die Idee des Gleichgewichts zunutze. Denn dieses Gleichgewicht hast du verloren, weil eine Kraft übers Ziel hinausgeschossen ist«, sagt Sherlock.

Dann nimmt er einen Stift und ergänzt die Kreise mit folgenden drei Begriffen:

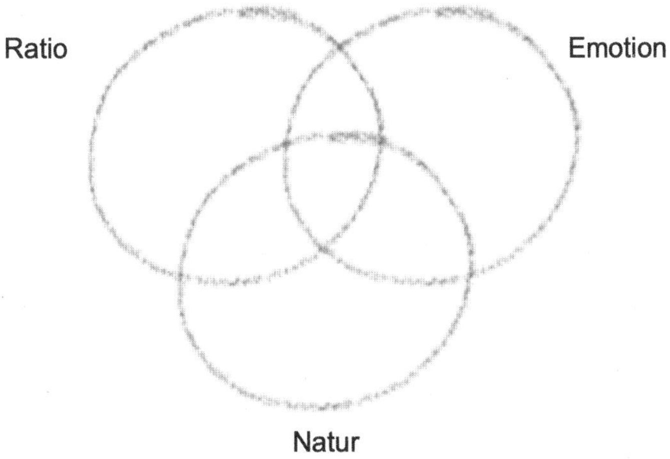

»Emotion, Ratio und Natur: Diese drei Faktoren bestimmen die Stabilität. Und die entsteht genau in der Mitte, wenn alles im Einklang ist! Die goldene Mitte hat auch schon Aristoteles als das Maß der Dinge ausgemacht.«

Du kennst bestimmt diese Heureka-Momente im Leben. Wenn die Stimme in deinem Kopf schreit: »Das ist es!« Wenn du das Gefühl hast, endlich etwas zu kapieren. Genau dieses Gefühl erlebte ich damals mit 23 Jahren in der Toskana. Sherlock und ich nennen dieses Konstrukt seit diesem Tag: die Physik des Erfolgs. Und wir profitierten beide von der Physik des Erfolgs. Ich musste mich mehr auf meine Ratio konzentrieren, Feuer hatte ich genug. Vor allem die Ungeduld ist meine größte Schwäche. Und Sherlock brauchte mehr Verständnis für Emotionen. Er kann sich nicht nur in seine rationale Ecke zurückziehen. Es geht um die Balance und darum, welchen Wolf wir füttern. In diesem Buch will ich dir zeigen, wie du die optimale Balance findest.

Emotion: Ich zeige dir, wie Emotionen und Erfahrungen unsere persönliche Einstellung zum Geld prägen, warum wir überhaupt zocken und oft der Biochemie zum Opfer fallen. Wenn wir einmal verstanden haben, welches Hormon uns steuert, lassen sich dumme Risiken vermeiden. Darum wird es vor allem in den ersten beiden Kapiteln gehen.

Ratio: Was ist Risiko? Und wie können wir es einschätzen und gezielt in Wahrscheinlichkeiten denken? Ich zeige dir Techniken, wie sich Prognosen und Entscheidungen rational treffen lassen. Aber ich zeige dir auch, warum uns zu viel Denken sogar zu schlechten Entscheidungen führt und wie wir unseren inneren Kritiker gezielt verstummen lassen. Ab dem dritten Kapitel konzentrieren wir uns voll auf die Börse und das rationale Denken.

Natur: Ich zeige dir, warum die Stabilität in der Natur immer durch die Extreme zustande kommt und sich die Wirtschaft selbst nach Schocks wie Corona wieder erholt. Wenn du einmal verstanden hast, warum triviale Systeme wie einzelne Unternehmen leicht kippen können, die Börse als nichttriviales Ökosystem aber ganz anders funktioniert, wirst du mehr von Geld verstanden haben als 99 Prozent der Menschen. Das Grundprinzip der Stabilität durch eine gesunde Balance wird sich durchs ganze Buch ziehen und sich in der Statik meines Depots widerspiegeln. Die konkrete Anleitung für deine finanzielle Unbesiegbarkeit gibt es ab dem fünften Kapitel.

Dieses Buch soll dir dabei helfen, den ewigen Kampf zwischen Emotion und Ratio zu bestreiten. Sonst drohen die Extreme die Stabilität zu gefährden: Die einen denken nicht übers Geld nach und sind Opfer ihrer Triebe. Die anderen erheben das Sparen zum Lebenssinn und leben nicht mehr. Ich lehne beide Extreme ab. Wir müssen die goldene Mitte finden, die Balance zwischen Geiz und Verschwendung. Denn sonst muss immer jemand dafür bezahlen. Aus dem Konflikt entsteht nämlich ein Konflikt zwischen Jung und Alt: Wenn du als junger Mensch alles verjubelst, beraubst du dich des mächtigen Hebels der Zeit. Archimedes sagte einst, dass er nur einen Punkt brauche, wo er sicher stehen könne, und einen Hebel, der lang genug sei, und er könne die Erde mit einer Hand bewegen. Dieser Hebel ist beim Investieren die Zeit – und je länger er ist, umso mehr kannst du die Welt und vor allem dein Vermögen bewegen. Wenn Geld und Zeit Sex haben, kommt Reichtum dabei heraus. Jeder Tag, den du beim Investieren verschenkst, kostet dich in 20, 30 oder 50 Jahren also einen Batzen Geld. Unserem alten Ich sollten wir die Chance auf Reichtum nicht verbauen, aber noch weniger unserem jungen Ich die Chance auf ein reiches Leben in seinen besten Jahren. Dieses Buch zeigt dir, wie du deine Finanzen regelst, damit du Zeit für dein Leben hast. Am glücklichsten macht es uns nämlich, wenn wir unsere Zeit so bewusst wie möglich nutzen.[2]

Ich hoffe, dass du beim Lesen dieses Buches deinen Aha-Moment erlebst und dich fragst: Warum haben sie mir das nicht früher über Geld verraten – die Lehrer, die Professoren oder die Eltern? Also lass uns das Geld und das Leben gemeinsam in die Hand nehmen, denn ein stabiles und glückliches Leben lässt sich nicht kaufen – wir müssen es uns erschaffen.

Und falls du dich fragst, warum ich immer noch Sportwetten abschließe wie im Jahr 2017? Weil ich auf eine seltsame Art und Weise dankbar bin für die Lektionen, die mich das Scheitern gelehrt hat. Die Fehler und die Schmerzen haben mich erst auf den richtigen Weg gebracht und mich zu dem Menschen gemacht, der ich heute bin. Ich verdränge mein Scheitern nicht, sondern zelebriere es sogar. Aber das Wetten hat für mich nur noch symbolischen Charakter, deswegen erlaube ich mir genau eine Wette pro Jahr. Und natürlich nur mit einem so geringen Einsatz, dass es keine Rolle spielt, wenn ich verliere. Geld und rationales Denken kann man also lernen. Ich werde dir in diesem Buch verraten, was ich gerne schon viel früher gewusst hätte.

KAPITEL 1
FEAR & GREED

Angst

Trump hat Corona – ich bin mir sicher«, schreibt mir Sherlock per iMessage, »wir müssen jetzt sofort noch härter shorten!«

Eigentlich habe ich gerade andere Probleme. Es ist Freitagabend, 13. März 2020, und das Datum allein passt schon zur Corona-Situation, die sich immer weiter zuspitzt. Aber es kommt noch besser. Ich stecke gerade mitten im Umzug mit meiner Freundin. Meine alte Single-Wohnung im Franzosenviertel in München ist bereits gekündigt, ausgeräumt und frisch gestrichen. Und jetzt ziehen wir um nach Sendling in die erste gemeinsame Wohnung – mitten im Chaos. Der Corona-Lockdown steht kurz bevor, wenige Tage später sollte Bundeskanzlerin Angela Merkel den Stillstand für das ganze Land beschließen. Es muss also schnell gehen. Am Vorabend habe ich bis tief in die Nacht Kisten in den dritten Stock geschleppt – eine Altbauwohnung ohne Aufzug! Und am nächsten Tag haben wir in der Wohnung viele Klamotten, Bücher und eine Katze, aber noch nicht mal einen Kleiderschrank, weder ein Bett oder eine Couch noch einen Kühlschrank oder WLAN. Wir wollen die Wohnung komplett neu einrichten. Also liege ich auf der neuen Matratze, die noch nackt auf dem Boden im Schlafzimmer liegt, und schaue alle fünf Minuten auf die Börsenkurse. Normalerweise halte ich das für irrational, aber in diesen Stunden packt mich die Angst.

Corona ist neu.

Corona ist anders.

Corona erwischt uns auf dem falschen Fuß.

Der Deutsche Aktienindex (DAX) wird an diesem Freitagabend offiziell mit 9.232,08 Punkten schließen. Aber nachbörslich wackeln die Kurse weiter. Sämtliche Indizes blinken rot. In den USA hat die Börse gerade erst eröffnet, es könnte also noch gehörig scheppern, wenn in Deutschland schon die Lichter ausgehen. Die Frage der Stunde lautet: Wie tief können die Kurse noch fallen? Ich bin schon seit einigen Tagen short, spekuliere also auf fallende Kurse, weil ich das Risiko und die Bedeutung des Virus in diesen Tagen nicht ansatzweise einschätzen kann.

Ich fürchte mich vor der kognitiven Dissonanz. Wir blenden gerne Dinge aus, die nicht in unser Weltbild passen. Und ein Virus, das die Welt lahmlegt, passt mir natürlich auch nicht ins Weltbild. Deswegen galt in den Tagen vor dem Crash folgende Hypothese: Im Zweifel wird ein solches Virus keine Katastrophe sein. Der Vergleich mit SARS drängte sich im Februar auf, als die Kurse ins Rutschen kamen. SARS hielt die Welt Anfang des Jahrtausends in Atem, und das Virus hatte ebenfalls seinen Ursprung in China. Ich wühle mich sofort durch Statistiken zu sämtlichen Pandemien und Krankheiten und wie sie sich auf die Börse ausgewirkt haben: Ebola, SARS, Zika und Co. Das verblüffende Ergebnis: Praktisch keine Krankheit zwang die Börse in die Knie.[1] Im Gegenteil: Sechs Monate nach dem Ausbruch von SARS (im November 2002) war die Börse schon wieder obenauf.

Epidemie	Ende	6-Monats-Veränderung des S&P 500 in %	12-Monats-Veränderung des S&P 500 in %
HIV/Aids	Juni 1981	-0,20	-10,73
Lungenpest	September 1994	8,22	26,31
SARS	April 2003	14,59	20,76
Geflügelpest	Juni 2006	11,66	18,36
Dengue-Fieber	September 2006	6,36	14,29
Schweinegrippe	April 2009	18,72	35,96
Cholera	November 2010	13,95	5,63
MERS	Mai 2013	10,74	17,96
Ebola	März 2014	5,34	10,44
Masern/Röteln	Dezember 2014	0,20	-0,73
Zika	Januar 2016	12,03	17,45
Masern/Röteln	Juni 2019	9,82	–

Doch kurzfristig überschlagen sich in diesen Tagen die Ereignisse an der Börse, und viele Anleger packt die Angst. Ich interviewe für den YouTube-Kanal *Mission Money*, bei dem ich als Moderator vor der Kamera stehe, Experten vor Ort in China. Wir wollen alle wissen, wie schlimm das Virus uns treffen könnte. Aber wir sind alle keine Virologen. Es fällt immer wieder der Vergleich zu SARS, aber einfach in den Rückspiegel zu schauen und auf einen ähnlichen Verlauf zu hoffen, erscheint mir als einziges Szenario immer naiver. Spätestens seit das Virus Anfang Februar nach Deutschland gelangt ist, spüre ich ein unangenehmes Gefühl in der Magengrube und denke an Voltaire: »Zweifel sind unbequem, aber Gewissheiten sind absurd.«

Als ich auf der Matratze liege, suche ich ein neues Hebelzertifikat auf fallende Kurse beim S&P 500 bei Lang & Schwarz raus – und kaufe es. Ich will mich in den nächsten Stunden entspannen und nicht ständig das Gefühl des freien Falls in meiner Magengrube spüren, denn wir sind auf dem Sprung zu einem griechischen Restaurant ums Eck. Eine Viertelstunde später beiße ich in ein perfektes Rinder-Steak, medium rare, griechische Musik dröhnt in meinen Ohren, es riecht nach Gyros und Metaxa. Aber ich habe fast nur Augen für mein iPhone. Der S&P 500 fällt weiter, mein Put ist schon wieder im Plus. Aber freuen kann ich mich darüber nicht. Ich schreibe Sherlock und versuche ihn zu beruhigen. Und dann fällt mir ein, dass er die Sache von Anfang an ernst genommen hat. Bereits Mitte Januar hatte er mir als nachträgliches Weihnachtsgeschenk eine hellblaue Maske von Drägerwerk überreicht. Damals hatte ich es noch belächelt, weil wir uns gegenseitig immer Spaß-Geschenke machen. Aber in diesen Sekunden wird mir klar, dass doch alles anders sein könnte. Ich weiß in diesem Moment nicht mehr, was rational, emotional und was dissonant ist. Ich weiß nur, dass ich mich mit einer Absicherung fürs Depot sehr wohl fühle, wenn selbst Sherlock die Fassung verliert.

Bei *Mission Money* veröffentlichen wir am folgenden Samstag, 14.03.2020, in unserem wöchentlichen Format »Mission5« ein Video mit folgendem Titel: »Börsenbeben und Krisen-Angst: Warum ich SHORT bin«. Normalerweise halte ich nichts von Timing, aber ich rechne in diesen Minuten mit dem Schlimmsten. Mir gehen auf einmal nur noch katastrophale Szenarien durch den Kopf:

- Was passiert, wenn Millionen Menschen sterben? (Die Todesfälle steigen in diesen Tagen massiv an, und der Vergleich zu SARS könnte sehr schnell hinken. Damals sind »nur« 774 Menschen gestorben.)
- Was passiert, wenn Politiker wie Donald Trump oder Angela Merkel wirklich an Corona erkranken oder gar sterben?

Corona ist neu.
Corona ist anders.

Trotzdem weiß ich eine Sache sicher: Ich werde keine einzige Aktie verkaufen. Denn der größte Fehler ist immer wieder, panisch zu werden, wenn es schon zu spät ist, und dann Verluste zu realisieren. An Gewinnmitnahmen ist noch niemand gestorben, aber tödlich wäre es, gute Aktien mit einem Verlust von 20 Prozent zu verkaufen, die nur wegen einer Krise in einen Strudel aus Angst gezogen werden – um sie dann später wieder teurer zurückzukaufen, wenn sich die Lage beruhigt hat. Diese Unsicherheit muss man aushalten. Man muss gerade dann riskieren, wenn das Blut in den Straßen fließt. Nachgekauft habe ich bereits, aber nur kleine Positionen. Ich will mein restliches Pulver noch trocken halten.

Tatsächlich sollte der DAX in den kommenden Tagen noch weiter fallen, aber das Armageddon bleibt aus. Exakt sechs Tage später werde ich in den Vorwartsgang schalten und alles richtig machen. Wie ich es mit Strategie, Mut und etwas Glück geschafft habe, den Crash ins Positive zu drehen, erkläre ich dir ab dem dritten Kapitel des Buches. Aber bleiben wir noch bei den Emotionen, die mich für wenige Tage im Griff hatten. Denn genau darum soll es auf den nächsten Seiten gehen: Wie beeinflussen Emotionen unseren Erfolg mit Geld? Warum sind wir immer wieder anfällig für Angst und Gier? Diese Frage trieb auch den amerikanischen Starinvestor Barry Ritholtz um, bis er 2008 eine Entdeckung machte und verstand, wie die Börsen im Abschwung ticken. Er kam zu folgender Erkenntnis: An der Börse Geld zu verlieren, das fühlt sich an wie trauern.[2] Spannend ist dabei die Frage, was sich bei Investoren während des Crashes im Kopf abspielt – und welche Parallelen lassen sich zu den fünf Trauerphasen der Sterbeforscher ziehen?

1. Leugnen
2. Zorn
3. Feilschen
4. Depression
5. Akzeptieren

Den typischen Verlauf anhand eines Aktienkurses könnte man so darstellen (inspiriert vom DAX-Verlauf zwischen 2000 und 2003):

Am Vergleich mit den Sterbephasen scheint etwas dran zu sein. Gerade unerfahrene Anleger verfallen in Euphorie und leugnen gerne, dass die Party jemals enden wird. Dieses Mal könnte doch alles anders sein. Die kognitive Dissonanz droht jedem, wenn ein Ereignis auftritt, das einem nicht in den Kram passt. Bei Corona war der typische Reflex eben, es mit SARS zu vergleichen – ein neues Virus aus China einfach mit dem letzten aus China gleichzusetzen. Im Nachgang lässt sich festhalten, dass viele die Auswirkungen zu Beginn unterschätzt haben.

In der zweiten Phase dann soll typischerweise der Zorn übernehmen. Anleger verkaufen in Panik und schimpfen auf die Regierung, die Notenbanken, und in Sachen Corona traf der Zorn auch das Ursprungsland des Virus: China. Spätestens wenn man zornig wird, weil die Kurse fallen, sollte man sich hinterfragen und versuchen, die Emotionen zu kontrollieren und sich auf die Ratio zu konzentrieren. Denn auf wen sollte man sauer sein? Sauer kann man höchstens auf sich selbst sein, wenn man sich für eine Sache keinen Plan gemacht hat, die an der Börse nun mal immer wieder vorkommen wird: fallende Kurse. Der Zorn kann in dieser Phase sehr gefährlich werden. Manche Investoren verkaufen aus Frust und begehen damit einen großen Fehler. Deswegen sind Strategie und Money Management so wichtig. Den konkreten Fahrplan für einen Crash zeige ich dir im dritten Kapitel.

In der dritten Phase verhandeln oder feilschen die Anleger typischerweise. Sie lassen die Märkte für einige Tage plötzlich heftig steigen, weil sie günstige Einstiegsgelegenheiten sehen. Eine wichtige Beobachtung für Börsenneulinge: Crash heißt nicht, dass Aktien von heute auf morgen ins Bodenlose fallen. Das Feilschen trifft es sehr gut, denn heftige Gegenbewegungen sind typisch für einen Crash. Die Kurse können an einem Tag um zehn Prozent stürzen und am nächsten Tag wieder um 20 Prozent steigen. Es geht zu wie bei einer Achterbahnfahrt, und immer wieder schimmert die Hoffnung in den Augen der Investoren. Aber es droht dann oft die Depression, wenn die Kurse einfach immer wieder nach unten donnern und keine Ruhe einkehren will. Erst nach dieser Phase können Anleger üblicherweise mit dem Markt ins Reine kommen und den Absturz schlussendlich akzeptieren.

Die Macht des Negativen – oder: Schreib deine eigene Geldgeschichte

Die Händler rennen durch die Gänge, und ich höre einen Satz, der sich in meine Erinnerung brennt: »So schlimm war es noch nie!«

Im August 2007 stehe ich mit 20 Jahren als Grünschnabel mitten in einer großen Münchner Bank und weiß nicht genau, was los ist. Aber ich weiß, dass es ein Problem gibt. In diesen Tagen zieht die Finanzkrise auf, die später das Bankensystem erschüttern und Aktien in den Keller schicken sollte. Das richtige Beben sollte erst im Januar 2008 beginnen. Der DAX stürzt binnen elf Monaten um knapp

50 Prozent ab. Aber ich spüre das Vorbeben schon Monate früher und stecke mittendrin – auch mit meinem Geld. Ich hatte ursprünglich zwei Fonds in meinem Depot, die ich extra verkaufte, um Platz für die ultimative Aktien-Offensive im Jahr 2007 zu machen. Aus meinem Depot flog ein Fonds auf das »Euroland« (WKN: 975791) und ein Bio-Pharma-Fonds (WKN: 921556) von Union Investment. Ersetzt hatte ich sie durch einen Wasserfonds (WKN: 763763) und einen Zukunftsfonds (WKN: 515246). Davon versprach ich mir in den kommenden Monaten den großen Reibach. Und dann das: Kaum hatte ich die zwei Fonds gekauft, waren sie schon dick im Minus. Die Verluste hielten sich mit 15 Prozent aber noch in Grenzen. Deswegen rannte ich in der Mittagspause panisch aus der Bank, und in meinem Kopf hörte ich immer wieder einen Satz: »So schlimm war es noch nie!« Das sind jene Momente, wenn die Biochemie in unserem Körper auf Hochtouren schaltet: Es wird Adrenalin ausgeschüttet.

Das Herz schlägt schneller.

Wir wollen nur noch fliehen.

Und genau diesen Instinkt spüre ich in diesem Moment. Ich fühle mich, als würde ich in einem Strudel stecken und ertrinken.

Ich muss da raus.

Also zücke ich mein Handy und rufe bei der Sparda-Bank an. Ich kann es kaum erwarten, bis sich jemand meldet und ich endlich sagen kann, dass ich alles verkaufen will.

Wenn ich mich an außergewöhnliche Börsentage erinnere, dann kommen mir zuerst die schlechten Tage in den Sinn.

Die Macht des Negativen.

Im Kopf scheinen sich die Ausnahmefälle einzubrennen und alles zu überschatten. Aber wird das der Realität gerecht? Tatsächlich befinden sich die Märkte seit 2001 nur in 5 Prozent der Zeit in sogenanntem Stress. 5 Prozent der Zeit verbringen sie damit, sich zu erholen. Der Stress ist zwar noch zu spüren, aber er nimmt ab. In 90 Prozent der Zeit läuft alles normal ab.[3] In unserer Erinnerung sind natürlich die 90 Prozent der normalen Zeit nicht präsent. Warum sollte man sich auch an Tage erinnern, an denen nichts passiert ist? Die negativen Erlebnisse brennen sich dagegen mehr ein, denn nichts fürchten wir mehr als Verluste. Nobelpreisträger Daniel Kahneman hat herausgefunden, dass Verluste doppelt so schmerzvoll für uns sind wie Gewinne im Gegenzug erfreulich![4] Angst ist aber kein guter Berater, denn du solltest immer investiert sein. Teilweise entscheiden nur die zehn besten Börsentage in einem Jahr über signifikante Kursgewinne.[5] Und wer soll im Voraus wissen, welche die goldenen Tage in einem Jahr sind?

Unser Augenmerk liegt oft darauf, mögliche Verluste zu umschiffen, weil sie uns Angst machen und wir ein falsches Verständnis von Risiko haben. Dabei riskieren wir für unsere kurzfristigen Emotionen den langfristigen Erfolg. Denn was wäre passiert, wenn ich die Fonds einfach gehalten hätte, statt panisch zu verkaufen? Obwohl ich sie zu einem katastrophalen Zeitpunkt kaufte, wäre ich nur wenige Jahre später bereits dick im Plus gewesen.

Im Juli 2020 stehe ich mit Sherlock vor dem Guggenheim-Museum in Bilbao. Das Corona-Virus wütet rund um die Welt und hat Länder wie Spanien hart getroffen. Deswegen tragen wir auch im Freien eine Maske und müssen uns die Hände desinfizieren, bevor wir das Museum überhaupt betreten dürfen. Dann zielt ein Sicherheitsmitarbeiter mit einem Fiebermessgerät auf unsere Stirn. Das Ergebnis: 36 Grad. Also stehen wir zehn Sekunden später an der Kasse, um Tickets zu kaufen. Doch Sherlock wird auf einmal blass, als er auf sein iPhone schaut.

»Unser Flug ist weg!«, schreit er.

Eigentlich sollte der Besuch im Museum die letzte Amtshandlung sein, bevor wir zum Flughafen fahren und zurück nach München fliegen. Aber die Pandemie traf auch den Flugplan der Lufthansa. Unser Flug war drei Stunden vor dem Boarding einfach ersatzlos gestrichen worden. Während wir auf einer Bank im Museum sitzen und auf den Fluss draußen schauen, der sich durch Bilbao schlängelt, versuche ich rational zu denken. Das Problem: Es gibt an diesem Tag keine Flüge mehr und am nächsten Tag erst wieder am Nachmittag. Ob die Strecke während der Pandemie vielleicht noch ganz eingestellt wird, ist eine andere Frage. Egal, ich muss am nächsten Vormittag in München sein, weil ein wichtiger Drehtermin ansteht. Deswegen gibt es nur eine Lösung: schnell handeln und die Kontrolle zurückerlangen. Wir buchen sofort einen Flug nach Madrid in drei Stunden. Von der Hauptstadt aus soll es dann am kommenden Morgen zurück nach München gehen.

Glücklicherweise sind unsere Notfall-Flüge wegen der geringen Auslastung während der Pandemie spottbillig, und wir ergattern auch das Zimmer in einem Vier-Sterne-Hotel in Madrid zu einem Schnäppchenpreis. Wir verbringen aus der Not heraus noch einen tollen Abend, der eigentlich gar nicht geplant war. Aus der Macht des Negativen machten wir die Macht des Positiven, weil wir unser Schicksal so schnell selber in die Hand nahmen. Aber das ist leider nicht selbstverständlich. Jetzt überleg mal, was dir als erstes in den Sinn kommt, wenn es um negative Reise-Erlebnisse geht:

- als dir ein Flug gestrichen wurde,
- als die überfüllte Bahn drei Stunden auf der Strecke liegengeblieben ist,
- als dir die U-Bahn vor der Nase weggefahren ist und du zu spät zum Vorstellungsgespräch gekommen bist.

Für mich ist die Bahn leider das beste Beispiel: Wenn ich ans Zugfahren denke, kommen mir nur negative Gedanken in den Sinn, so wie wahrscheinlich den meisten Deutschen. Ich denke daran, als wir zu einem Dreh nach Frankfurt fuhren und ich angeschlagen mit Fieber im Abteil saß – und dann fiel im August bei 35 Grad auch noch die Klimaanlage aus. In Gedanken fühlt es sich heute noch wie ein tropisches Wachkoma an. Oder ich denke daran, als wir mit kompletter Kamera-Ausrüstung am Kölner Messe-Bahnhof standen und uns am Bahnsteig exakt für einen Wagen platzierten, in dem wir zwei Plätze reserviert hatten. Aber dann waren dummerweise die Wagennummern vertauscht, und wir mussten vollbepackt das ganze Gleis entlang sprinten. Oder ich erinnere mich an sämtliche Bahnfahrten, bei denen das Schild für die Sitzplatzreservierung defekt war. Unser Gehirn wird von der Macht des Negativen erdrückt, und es macht daraus schnell Glaubenssätze wie: »Mit der Bahn hat man immer nur Ärger!«

Kennst du dieses Problem, dass du Dinge nicht magst, weil du eine negative Erinnerung daran hast, die alles überstrahlt? Bei den meisten Dingen im Leben läuft es wie an der Börse: 90 Prozent der Zeit läuft alles normal ab. Das gilt wahrscheinlich sogar für die Bahn. Trotzdem beschäftigt sich die ganze Welt mit den negativen 5 Prozent. Für eine Studie wurden Pendler gefragt, die gerade am Bahnsteig warteten, wie sie sich fühlen würden, wenn sie den Zug an diesem Tag verpassen würden.[6] Bevor sie antworteten, wurden einige der Pendler gebeten, sich an einen Vorfall zu erinnern, bei dem sie den Zug verpassten und ihn zu beschreiben (Zufallserinnerung). Andere Pendler sollten sich an den schlimmsten Vorfall erinnern und ihn beschreiben (Worst-Case-Erinnerung). Das Ergebnis: Die Erlebnisse der Gruppe mit der Zufallserinnerung waren ungefähr genauso schlimm wie die bei jener Gruppe, die explizit aufgefordert wurde, sich an den schlimmsten Vorfall zu erinnern. Die schlimmsten Erlebnisse brennen sich also in unsere Vergangenheit und unser Gedächtnis ein. Wir müssen uns vor Augen führen, wie oft uns die Vergangenheit bei jenen Dingen lenkt, die wir für die Zukunft tun.

Hast du manchmal auch diese Momente, in denen deine Gedanken abschweifen? Wenn du in eine Spirale des Selbstzweifels verfällst und fühlst, dass alles nichts bringt? Das kann sehr gefährlich sein. Achte auf Sätze wie:

»Das kann ich nicht.«

»Ich habe immer Pech.«

»Geld ist einfach nichts für mich.«

Ich habe schon viele Menschen sagen hören, dass Geld einfach nichts für sie wäre und Aktien natürlich nur was für Reiche seien. Solche Denkweisen sind menschlich, aber gefährlich. Ein solcher Glaube verfestigt sich immer stärker wie bei einer Prophezeiung, die sich dann selbst erfüllt. Um erfolgreich mit Geld umzugehen, müssen wir zuerst überlegen, welche Sätze uns beschränken, die wir uns ständig vorsagen. Man spricht auch von limitierenden Glaubenssätzen. Du kannst es dir so vorstellen: Du sitzt seit Jahren auf einem Pferd und versuchst Richtung Reichtum zu reiten. Aber du kommst keinen Schritt vorwärts, obwohl du das Pferd ständig mit der Gerte antreibst. Du sitzt zwar als Reiter im Sattel, aber das Pferd symbolisiert in diesem Beispiel dein Unterbewusstsein, das du mit den falschen Glaubenssätzen gefüttert hast. Du hast deinem Pferd seit Jahren erzählt, dass Geld einfach nichts für dich ist und das Investieren eh nichts bringt. Deswegen bricht das Pferd ständig in eine andere Richtung aus, und du kommst deinem Ziel nie näher, obwohl du denkst, dass du es doch eigentlich versuchen würdest.

Bevor wir unser Geld selber in die Hand nehmen, müssen wir die Geschichten hinterfragen, die wir uns selber erzählen. Besonders beim Geld beeinflusst die persönliche Geschichte, was wir mit ihm machen. Das haben die Wissenschaftler Stefan Nagel und Ulrike Malmendier herausgefunden.[7] Normalerweise gehen Wissenschaftler davon aus, dass Daten einfach Daten sind, dass es keinen Unterschied macht, ob jemand die Große Depression erlebt oder einfach davon gehört hat. Man hat also nie zwischen Wissen und Erlebnissen unterschieden. Aber genau solche Erlebnisse wie die Große Depression haben eine Generation geprägt und einen Einfluss darauf, ob jemand Anleihen, Aktien oder Gold kauft. Nagel und Malmendier stammen beide aus Deutschland und fanden durch ihre Studie heraus, warum ältere Familienmitglieder eine ganz andere Einstellung zum Geld haben als jüngere Nachkommen. Der Grund: Sie hatten die Hyperinflation in den 1920er- Jahren erlebt, und das hat sie nachhaltig geprägt.

Wenn es darum geht, was wir mit unserem Geld machen, zählen persönliche Erfahrungen. Von ewig steigenden Aktien zu träumen, fällt leichter, wenn jemand nur steigende Kurse erlebt hat. Aber stell dir mal vor, du wärst 1929 in Aktien eingestiegen. Die Katastrophe begann im August 1929: Der amerikanische Aktienindex S&P 500 stürzte binnen 20 Monaten um 83,7 Prozent ab! Erst im Juni 1932 war der Tiefpunkt erreicht – nach drei Jahren. Aber der Horror war da noch lange nicht vorbei. Es dauerte 152 Monate, bis sich der Markt erholte und seinen alten Höchststand erreichte. Also fast 13 verlorene Jahre.

Erlebnisse und Geschichten können so mächtig sein, dass sie unser Weltbild auf den Kopf stellen. Wenn Hochschulstudenten eine überzeugende Rede hören, die ihre politischen Ansichten verändert, dann denken sie, dass sie sich schon immer gefühlt hätten, wie sie es in diesem Augenblick tun.[8] Wenn dich also die Rede eines Politikers mitreißt oder dieses Buch dich begeistert, dann kann es wie eine Gehirnwäsche wirken und deine Festplatte löschen. Ich wittere also meine Chance, dir einen neuen Blick auf Aktien und Risiko zu ermöglichen.

Vor allem eine Angst möchte ich dir nehmen: dass heute ein schlechter Tag zum Investieren ist und die Welt zu riskant wäre, um Aktien zu kaufen. Denn eine Frage wird mir seit Jahren ständig gestellt: »Wann soll ich einsteigen?« Wenn ich darauf antworte, dass heute der beste Tag zum Investieren ist, weil wir wie Archimedes ja einen möglichst großen Hebel namens Zeit haben wollen, dann wird meistens eine Liste von Bedenken aufgezählt. Momentan sei es doch schlecht, weil Aktien viel zu teuer wären, die politische Lage schlecht sei und das Wetter auch noch. Das Thema Geld schieben viele wie die Steuererklärung bis zum letzten Tag auf. Aber warum halten sie heute für den schlechtesten statt den besten Tag? Das Problem sind Mythen, die von den Medien, dem Umfeld und Untergangspropheten bedient werden, um Angst zu schüren. Auch wenn diese Ängste für manche unverständlich erscheinen, werden doch diejenigen, die sie in sich tragen, dadurch massiv beeinflusst. Denn das Problem an Mythen und Fake News ist: Sie wollen gar keine Meinungen ändern, sie wollen sie nur bestärken. Wie schwierig ein Glauben aus dem Kopf zu bekommen ist, wissen wir bereits. Wenn jemand einen Glauben verinnerlicht hat, dann ist er sehr empfänglich für Informationen, die diesen Glauben bestärken. Das verstärkt das sogenannte *Motivated Reasoning* – die *wechselseitige Beeinflussung* von Motivation und Kognition. Wenn wir ein bestimmtes Ergebnis im Kopf bevorzugen (die Motivation), denken wir unbemerkt in die gewünschte Richtung.[9]

Schauen wir uns ein Narrativ an, das seit Jahren dominiert, wenn es um die Börse geht: Die Zinsen waren noch nie so niedrig. Das klingt nach Ausnahmezustand, auch vom größten Experiment der Notenbanken aller Zeiten ist gerne die Rede. Aber sind die niedrigen Zinsen wirklich so überraschend? Der Wissenschaftler Paul Schmelzing hat herausgefunden, dass es sich eigentlich um eine logische Entwicklung handelt. Denn die Zinsen sinken bereits stabil seit dem späten Mittelalter.

Die historische Entwicklung der Zinsen in Prozent

Der Wirtschaftshistoriker der Harvard-Universität hat für seine Forschung die Quellen der letzten sieben Jahrhunderte ausgewertet. Seine ältesten Daten reichen zurück bis ins Jahr 1311. Schmelzing kommt zu dem Schluss, dass niedrige reale Zinsen kein neues Phänomen sind. Die Sätze erreichten im 15. Jahrhundert einen Spitzenwert, und seither gehen sie auf breiter Front zurück. Schreibt man den Trend aus den letzten 500 Jahren fort, könnten im Jahr 2100 Negativzinsen in Höhe von 2 Prozent eher die Regel als die Ausnahme sein.[10]

Wie hat Schmelzing das herausgefunden? Durch Puzzlearbeit. Gerade für die Zeit vor dem 18. Jahrhundert musste er Aufzeichnungen auswerten. Fast alle größeren Städte im Heiligen Römischen Reich Deutscher Nation verfügten etwa über Stadtregister, in denen über die Amtsgeschäfte Buch geführt wurde. Das Ergebnis der Recherche: Im Schnitt geht der um die Inflation bereinigte langfristige Realzins seit dem späten Mittelalter jedes Jahr um etwa 0,006 bis 0,016 Prozentpunkte zurück. Es gibt aber immer wieder Schwankungen. Sie werden oft von geopolitischen Entwicklungen ausgelöst. Im 14. Jahrhundert fielen die Realzinsen beispielsweise innerhalb von zehn Jahren um fast 6 Prozentpunkte, weil die Pest in manchen Gegenden Europas ein Drittel bis die Hälfte der Bevölkerung ausgelöscht hatte. Der Kapitalstock an Häusern, Gold und Pfluggeschirr blieb aber unverändert. Kapital war auf einmal im Überfluss vorhanden, was dazu führte, dass der Preis des Kapitals, also der Zins, sank. Einer der wichtigsten Faktoren, der die Zinsen langfristig nach unten gedrückt hat: Die Welt ist sicherer geworden. Beispielsweise ließ der französische König im

15. Jahrhundert seine Gläubiger noch regelmäßig ins Gefängnis werfen, wenn er nicht bezahlen konnte oder wollte. Deshalb verlangten Kreditgeber oft eine Prämie, um sich gegen das Risiko eines möglichen Zahlungsausfalls abzusichern. Solche Risiken drohen heute natürlich nicht mehr, und deswegen fallen die Zinsen deutlich niedriger aus.[11]

Wir müssen die Geschichte des Geldes verstehen. Wer die Fakten kennt, der lässt sich nicht mehr von den Geschichten der anderen beeinflussen und wird nie wieder zum Spielball von Medien und Mythen. Oft nutzen die anderen nur Ängste aus, um Schlagzeilen zu machen oder Produkte zu verkaufen. Wir müssen uns klarmachen, welche Erfahrungen mit Geld unser Leben bislang geprägt haben, woher gewisse Ängste und Vorurteile stammen und wer uns etwas eingeredet hat, was wir dringend hinterfragen sollten. Denn unsere Überzeugungen und Glaubenssätze bestimmen, wie wir handeln. Und wer auf dem falschen Pferd sitzt, wird sich nie an die Börse trauen.

Test yourself Welche Erfahrungen hast du gerade als junger Mensch mit Geld gemacht? Was haben dir deine Eltern über Geld beigebracht? Schreib dir drei limitierende Glaubenssätze zum Thema Geld auf. Versuche diese Gedankenmuster sofort zu unterbrechen, wenn du sie wahrnimmst.

Gier – oder: Warum mich ein doppelter Außenbandriss in Euphorie versetzte

Ich humple im August 2020 am Münchner Stachus zur U-Bahn und strahle vor Glück. Ich spüre dieses Feuer im Bauch, wenn man die Welt erobern will. Doch als ich diese Zeilen schreibe, bin ich wieder fasziniert, wie ich mich damals so gut fühlen konnte. In diesem Moment war mein rechtes Fußgelenk ein Totalschaden: Seit einer Woche war ein Außenband gerissen, ein zweites Band angerissen, und ich hatte auch noch einen sogenannten *Bone Bruise* – also eine Prellung des Knochens, bei der auch das Knochenmark betroffen ist. Aber warum war ich trotzdem so aufgepumpt? Die Antwort lautet: Ich wurde positiv überrascht!

Was war passiert? Ich erzähle dir kurz die Vorgeschichte: Am 27. Juli 2020 bin ich für die *Mission Money* bei einem Drehtermin bei Scalable Capital in der Münchner Innenstadt. Wir wollen den Gründer des Fintech-Unternehmens, Erik Podzuweit, interviewen und lassen uns vor dem Dreh noch von ihm durch die neuen Büroräume führen. Wir halten während des Rundgangs Ausschau nach einem geeigneten Platz, an dem wir gleich unser gemeinsames Interview aufnehmen. Wir brauchen gutes Licht und einen vorzeigbaren Hintergrund. Als ich die letzten Treppenstufen nach unten auf dem Weg zurück ins Erdgeschoss nehme, trage ich Mundschutz, habe ein Glas Wasser in der Hand und keine Brille auf der Nase, deswegen sehe ich weniger als normalerweise. Dann ruft mir mein Kollege Matze auch noch von unten zu: »Schau mal, hier wäre ein guter Platz zum Drehen, wenn wir den Stuhl wegrücken.«

Als ich antworten will, knallt es. Ich übersehe die letzte Stufe, gerate ins Stolpern und knicke mit dem rechten Fuß um. Ich spüre sofort, dass etwas kaputt ist. Der Knöchel schwillt innerhalb von wenigen Sekunden an, und der Schmerz schießt ein. Ich bekomme Eis zum Kühlen, die Schmerzen werden zumindest nicht schlimmer. Wir drehen sogar noch unser Interview ab, und ich hoffe, dass es nur eine Prellung und nichts gerissen ist. Aber in den Stunden danach schwindet die Hoffnung. Langsam fühlt es sich an, als wäre mein Knöchel gebrochen. Also fahre ich doch in die Notaufnahme. Es stellt sich beim Röntgen zwar heraus, dass nichts gebrochen ist. Aber offensichtlich ist mein rechter Fuß ein Totalschaden. Also suche ich in den kommenden Tagen einen Orthopäden auf, und mein Fuß steckt wenige Stunden später in einer sehr lauten Maschine, die ein MRT durchführt. Der Arzt war sich bereits sicher, dass beide Außenbänder kaputt sind, die große Frage lautet nun: Ist auch das Syndesmoseband gerissen? Das wäre der Supergau, denn dann müsste ich operiert werden! Da das MRT noch schnell am Freitagnachmittag durchgezogen wurde, habe ich das ganze Wochenende Zeit, um zu grübeln, ob das Band jetzt durch ist oder nicht. Ich denke zwar meistens positiv, aber da der Schmerz genau an jener kritischen Stelle zwischen Schien- und Wadenbein immer heftiger sticht, stelle ich mich auf ein gerissenes Syndesmoseband ein. Am Montag habe ich dann endlich Klarheit: Das Syndesmoseband ist doch unversehrt! Da ich mich bereits auf den Supergau eingestellt hatte, euphorisiert mich diese positive Überraschung.

Aber was spielte sich genau in meinem Körper ab, als ich dieses Feuer im Bauch spürte? Das Geheimnis hinter der Euphorie heißt: Dopamin. Bei Dopamin handelt es sich um einen Neurotransmitter, der erregend wirkt und beispielsweise ausgeschüttet wird, wenn wir positiv überrascht werden. Kennst du dieses Gefühl, wenn du dich bei der Steuer verrechnet hast und auf einmal 1.000 Euro mehr auf deinem Konto eingehen? Wenn du diesen Fehler begehst, ist es der schönste Fehler der Welt, er wird dir nämlich genau diesen Kick verpassen, wenn Dopamin ins Spiel kommt. Denn die Aktivität des Dopamins ist eine Reaktion auf etwas Unerwartetes. Wissenschaftler, die dieses Phänomen untersuchten, nannten den Kick, den etwas Neues uns verschafft: Belohnungsvorhersagefehler.[12] Einfach ausgedrückt: Wenn die Realität besser ausfällt als unsere Prognose, dann schüttet unser Körper Dopamin aus.

Wenn es uns schon in Euphorie versetzt, wenn ein Syndesmoseband doch nicht gerissen ist, dann stell dir mal vor, wie das Dopamin einschießt, wenn eine Aktie nicht mehr aufhört zu steigen.

Das Dopamin schießt deine Gefühle in den siebten Himmel.

Multipliziert mit dem Faktor Geld wird Dopamin zu einem Monster. Genau deshalb schauen viele ständig in ihre Aktien-App: Es könnte ja eine Aktie 20 Prozent im Plus sein. Warum hat mir niemand früher über Geld verraten, dass wir zocken, um uns solche Kicks zu holen?

Wer rational mit seinem Geld umgehen will, muss die Macht des Dopamins verstehen. Mir hätte es viel Ärger erspart, wenn ich das früher gewusst hätte. Denn dieser Kick kann süchtig machen! Und der nächste Schuss Dopamin lauert an jeder Ecke! Das Teuflische daran ist, dass du ihn dir jederzeit holen kannst – beispielsweise, indem du mit Aktien zockst. Und du musst damit nicht mal Erfolg haben, es genügt allein, die Chance auf etwas zu haben – und wir können uns damit schon in Euphorie versetzen. Der Neurowissenschaftler Robert

Sapolsky von der Stanford University nennt das den »Zauber des Vielleicht«. Für den einen steigt die Euphorie, wenn er eine Sportwette abschließt, für den anderen, wenn er seinen Lottoschein abgibt und für den nächsten, wenn er einen Optionsschein mit fünffachem Hebel auf eine Aktie kauft. Hauptsache, man kann auf einen Gewinn hoffen.

Die Macht des Vielleicht findet sich überall im Leben: Checken wir etwa unsere E-Mails oder öffnen Tinder, dann haben wir manchmal eine Antwort und manchmal keine. Wenn sich dann beim nächsten Mal jemand meldet, erleben wir laut Sapolsky eine Steigerung des Dopaminspiegels um 400 Prozent![13] Genau deswegen fühlen wir uns ständig zu unserem iPhone hingezogen und wollen nachschauen, was es Neues gibt: wie viele Likes auf Instagram oder wie viele Klicks auf YouTube?

Auch die Spielebranche wird durch die Macht des Dopamins immer erfolgreicher. Bei Videospielen steigt der Dopaminspiegel auf dasselbe Niveau wie beim Sex und fast so hoch wie beim Schnupfen von Kokain.[14] Jeder weiß, wie gut es sich anfühlt, ein Spiel zu gewinnen. Es ist eben bequem, sich ein gutes Gefühl zu holen, indem man die PlayStation einschaltet und bei Fifa ein Tor schießt. Billiges Dopamin lauert an jeder Ecke.

Aber warum hintergehen wir uns selbst für den schnellen Rausch des Dopamins? Dazu hilft es zu verstehen, wie unser Gehirn arbeitet. Wir schauen ständig in die Zukunft und versuchen sie einzuschätzen. Das passiert einerseits automatisch: Wir fragen uns, was in den nächsten Sekunden mit uns passiert. Diese Gabe ist allerdings wenig beeindruckend, denn auch die Hirne von Schimpansen oder Eichhörnchen fragen sich, was das Schicksal gerade jetzt hier für sie bereithält. Das läuft ungefähr so wie bei meinem Kater: Er riecht es, wenn ich mir einen Lachs aus dem Kühlschrank hole und die Packung aufreiße. Er weiß, dass er diesen Geruch mag und dass er beim letzten Mal ein Stück erwischt hat, als er auf den Tisch gesprungen ist. Er baut sich die Zukunft also aus einem vergangenen und dem aktuellen Moment zusammen.[15] Der Kater kann sein Selbst aber gedanklich nicht in die Zukunft transportieren und frisst deswegen auch alles auf, was ich ihm an Futter hinstelle. Er denkt nicht darüber nach, dass es morgen kein Futter geben könnte.

Wir Menschen sind dem Kater da schon einen Schritt voraus, weil wir in die Zukunft schauen und sie uns sogar ausmalen können. Deswegen fressen wir nicht einfach den Kühlschrank leer, sondern teilen uns das Essen ein. Deswegen denken wir darüber nach, wo der Aktienmarkt am Ende des Jahres steht, wie der FC Bayern am kommenden Samstag spielt und was wir in fünf Jahren beruflich erreicht haben könnten. Während du diese Zeilen liest, denkst du jetzt wahrscheinlich auch gerade drüber nach, wie dieses Kapitel weitergeht. Dein Gehirn macht etwas aus den Worten, die du gelesen hast und die du jetzt gerade liest.[16] Das ist sogar genau jene Fähigkeit, die du brauchst, um flüssig zu lesen. Wenn du den Satz »Der Mensch soll pro Tag mindestens 1,5 Liter …« liest, dann wird dein Gehirn wahrscheinlich »Wasser trinken« ergänzen. Wir sind Maschinen, wenn es ums Antizipieren geht. Unser Gehirn muss ständig lenken und kalibrieren: Was könnte der Fußgänger neben mir machen? Wie springt der Tennisball ab und wie muss ich ihn treffen? Was könnte der Chef sagen, wenn ich 30 Prozent mehr Gehalt verlange? Wie könnte meine Frau reagieren, wenn ich mitten in der Nacht sternhagelvoll heimkomme? Unser Gehirn denkt ständig über den nächsten Schritt nach – und wir lieben es natürlich, wenn wir dabei positiv überrascht werden.

Wenn wir uns der Macht des Dopamins nicht bewusst sind, kann es zum Fluch werden. Das ist die wichtigste Lektion, die mich das Dopamin gelehrt hat. Mir war früher nicht ansatzweise klar, wie sehr mich dieser Zauber des Vielleicht verführt hat. Dopamin kann der Grund dafür sein, dass Leute Haus und Hof verspielen oder ihre Ehe riskieren, wenn sie den Kick einer Affäre suchen. Überraschungen machen das Leben erst lebenswert, aber der Dopamin-Kick sollte nicht die Grundlage dafür sein, was wir mit unserem Geld und unseren Beziehungen machen.

Wir sollten das Dopamin jedoch nicht vorschnell als Zocker-Hormon verteufeln, denn wir können es auch nutzen, um unsere Ziele zu erreichen. Willst du die Macht des Dopamins kurz spüren? Dann schließe für einen Moment die Augen und denke an all die Dinge, die du gerne erreichen würdest. Wenn vor deinem inneren Auge das Haus am See auftaucht, die eigene Kanzlei, der rote Tesla oder das eigene

Yoga-Studio, dann spürst du möglicherweise diesen Antrieb, deine Träume zu verwirklichen.

Dieses Feuer.

Genau das kann auch Dopamin sein. Dopamin schmeckt nach mehr. Und genauso nutze ich es mittlerweile auch, um an meinen Zielen zu arbeiten. Für dieses Buch habe ich wieder die Macht der Gamification genutzt und das Projekt zu einem Spiel gemacht. Jedes Kapitel ließ sich wie ein Level gestalten. An meiner Wand hing immer der Fortschritt des Projekts. Die fertigen Level in grüner Schrift, die halbfertigen in gelber und die unfertigen in roter. Das ganze Leben lässt sich zu einem Spiel machen. Weil ich niemals denselben Tag zweimal erleben will, versuche ich, permanent neue Dinge auszuprobieren und zu erleben. Mein Drang nach Überraschung ist erwachsen geworden. Ich brauche keine PlayStation oder Sportwetten mehr, sondern schreibe Bücher und überlege mir Memes für meinen Instagram-Account. Mich kickt es, wenn mir eine witzige Story für ein Reel oder ein Video auf TikTok einfällt. Geschichten zu erzählen, damit Menschen zu unterhalten und ihnen etwas beizubringen – das kickt mich mittlerweile mehr als alles andere. Das Leben kann gar nicht genug Emotion sein, aber beim Geld mag ich es mittlerweile eher langweilig.

KAPITEL 2
BALANCE – DAS LIED VON FEUER UND EIS

Feuer

Drei Tage noch bis Wimbledon: Die Tenniswelt fragt sich im Jahr 1980, ob Björn Borg es schafft, einen Rekord aufzustellen und zum fünften Mal das Rasenturnier in London zu gewinnen. Borg gilt als Eisblock, als jemand, der keine Gefühle zeigt und als Perfektionist. Im Film »Borg/McEnroe« sieht man den blonden Schweden dabei, wie er sich auf ein Match vorbereitet. Er legt seine frisch bespannten Schläger auf dem Teppichboden in seinem Apartment aus und steigt barfuß auf die Saiten, um sie zu testen. Danach schlägt er die Schläger gegen die Bespannung und prüft den Klang. Aber ist Borg wirklich so eine rationale Maschine? Nach dem Schlägertest brechen bei Borg die Emotionen durch. Er gesteht seinem Trainer, dass er Angst vor dem Verlieren habe, dass alle nur darauf warten würden. Und dann gibt es im Film einen Rückblick auf den jungen Borg, den blonden Jungen, der sich nach einem Ballwechsel mit dem Schiedsrichter anlegt und ihn beschimpft. Borg meint, dass der Ball seines Gegners im Aus gelandet sei und wirft den Schläger. Der Schiedsrichter bestraft ihn mit einem Punktabzug, und Borg wird immer wütender. Sein späterer Trainer Lennart Bergelin beobachtet das Theater und lässt sich von einem Zuschauer erklären, dass Borg talentiert, aber nicht ganz richtig im Kopf sei. Bergelin nimmt Borg schließlich unter seine Fittiche und will ihm dabei helfen, sich auf dem Platz angemessen zu benehmen. Dafür provoziert er ihn im Training immer wieder gezielt, indem er

Bälle für aus erklärt, die eindeutig im Spielfeld landeten. Borg rastet zunächst aus, lernt aber schließlich, sich zu kontrollieren.

Die zweite Hauptrolle im Film spielt John McEnroe. Er gilt als härtester Kontrahent Borgs und wird im Finale von Wimbledon gegen ihn antreten und knapp verlieren. Auf den ersten Blick ist McEnroe das exakte Gegenstück zu Borg. Der amerikanische Lockenkopf tritt extrovertiert auf, flucht auf dem Platz und betrinkt sich mit Rockstars. Aber hinter den Kulissen plant er seinen Erfolg genauso akribisch wie Borg und schreibt sich sogar das Tableau und seine möglichen Gegner an die Wand seines Hotelzimmers. Auf den ersten Blick erscheinen beide unterschiedlich, auf den zweiten verbindet sie einiges. McEnroe ist ein Hitzkopf, der seinen Emotionen ständig freien Lauf lässt. Borg dagegen funktioniert eher wie ein Vulkan. Er hat gelernt, seine Emotionen zu kontrollieren und frisst sie in sich hinein, um dann irgendwann zu explodieren. Beide kämpfen mit ihren Emotionen und versuchen, ihren Kopf in den Griff zu kriegen. In beiden lodert dieses Feuer. Die Tennisspieler der Gegenwart kennen dieses Problem ebenfalls: Wie bekommt man die Emotion in Einklang mit der Konzentration? Die Lösung dafür nennt beispielsweise Roger Federer »Fire and Ice«.[1] Der Weltklassespieler aus der Schweiz meint damit die richtige Kombination aus einem feurigen Herz und einem kühlen Kopf. Wenn sich Feuer und Eis im Gleichgewicht befinden, dann steigen die Chancen. Die Physik des Erfolgs muss stimmen.

In Tennisspielern wie Borg, McEnroe, Federer und Nadal brennt eine Menge an Feuer und Emotion. Nur wenige Menschen würden sich jahrelang quälen, weil sie ans Geld denken oder gerne einen Schläger gegen gelbe Filzbälle hämmern. Nein, diese Männer lieben das Spiel. Und wahrscheinlich verändert es sogar ihr Bewusstsein und verleiht ihnen den ultimativen Kick, wenn sie vor 20.000 Zuschauern auf dem Center Court in Wimbledon stehen und wissen, dass Millionen rund um den Globus zusehen und mitfiebern: diesen Kick, den man braucht, um übermenschliche Leistungen zu erbringen.

Die Griechen hatten ein Wort für einen solchen Zustand: Ekstase – der Akt, »aus sich herauszutreten«. Platon beschrieb Ekstase als einen veränderten Zustand, wenn unser normales Wachbewusstsein vollständig verschwindet und durch eine intensive Euphorie und eine starke Verbindung mit einer höheren Intelligenz ersetzt wird. So werden außergewöhnliche Leistungen wie in den letzten sieben Minuten in Barcelona möglich, so funktionieren Jazz-Ensembles, die auf Weltklasse-Niveau zusammenspielen. Wissenschaftler nennen das heute »Gruppen-Flow«. Genau auf dieses Phänomen wollte auch Google bauen. Im Jahr 2001 suchten die Google-Gründer Larry Page und Sergey Brin einen Vorstandsvorsitzenden für ihr Unternehmen. Über ein Jahr lang bemühten sie sich um einen passenden Kandidaten, hatten sich bereits 50 Top-Manager aus dem Silicon Valley angeschaut, aber es klappte einfach nicht. Doch dann stießen sie auf Eric Schmidt. Er war ein erfahrener Experte, rückte aber vor allem wegen eines Kriteriums in den Fokus: Er war der einzige Kandidat, der »Burning Man« besucht hatte, das Festival, das jedes Jahr in der Wüste Nevadas stattfindet. Das Festival gilt mittlerweile als Stelldichein der Tech-Elite.[2] Elon Musk hat es bereits mit dem Silicon-Valley verglichen.[3] Brin und Page wollten einen CEO, der Google rational lenken konnte, ohne dabei die Kreativität abzuwürgen.[4] Deswegen nahmen sie Schmidt mit zu »Burning Man«. Sie wollten herausfinden, wie gut er sich in einer unberechenbaren Umgebung schlug und wie gut er mit der Gruppe verschmelzen konnte, um den Flow zu finden. Sie wollten sehen, wie er sich in einem VUCA-Umfeld schlägt. VUCA ist ein Akronym für die englischen Begriffe *volatility* (Volatilität), *uncertainty* (Unsicherheit), *complexity* (Komplexität) und *ambiguity* (Mehrdeutigkeit). Der Begriff wurde ursprünglich erfunden, um schwierige Rahmenbedingungen der Unternehmensführung zu beschreiben. Schmidt sollte die Google-Gründer also nicht in der Theorie überzeugen, sondern in der Praxis. Der Rest ist Geschichte.

Wie finden wir die Balance zwischen Feuer und Eis? Und wie finden wir in den Flow? Ich wurde Ende 2020 von einem YouTube-Abonnenten bei einem Q&A-Spezial gefragt, ob ich glücklich sei. Ich würde sagen, dass ich sehr zufrieden bin und viele glückliche Momente erlebe. Aber diese glücklichen Momente muss ich mir erarbeiten. Ich bin nicht glücklich, wenn ich auf der Couch liege. Ich brauche Spannung.

Dieses Feuer.

»Wird dir das alles nicht zu stressig?«, ist eine Frage, die ich ständig höre. Selbst vor einem Herzinfarkt wurde ich schon gewarnt.

Aber die wichtige Lektion, die ich gelernt habe, lautet: Man ist nie genug oder richtig für die anderen. Früher, mit 14 Jahren, saß ich auf der Couch vor der PlayStation und musste mir anhören, dass ich eine faule Sau bin. Als ich Journalist werden wollte, kam die Frage, wer mir denn genug dafür zahlen solle, damit ich glücklich werde. Vor dem Start des YouTube-Kanals *Mission Money* haben sich die Leute lustig gemacht und gefragt, wen das interessieren soll. Und am Ende musste ich mir dann anhören, dass ich zu viel mache. Wir können es nie allen recht machen. Aber eines steht fest: Auf uns wird nie jemand neidisch sein, der mehr tut und erfolgreicher ist. Von Neidern sollte man sich nie bremsen lassen, denn sie können es gar nicht erwarten, einen runterzuziehen. Und solche Menschen sind toxischer als jedes Gift.

Stress wird für mich nur toxisch, wenn ich Dinge tun muss, die ich hasse. Und glaub mir, ich hasse viele Dinge, etwa, wenn ich im Supermarkt Schlange stehen oder meine Steuererklärung machen muss. Aber es stresst mich nie, wenn ich viel von jenen Dingen tue, die ich liebe. Das Gegenteil ist der Fall: Positiven Stress nennt man auch Eustress – die Vorsilbe »Eu« kommt aus dem Griechischen und bedeutet »gut«. Unser Körper nimmt positiven Stress genauso wahr wie negativen: Das Adrenalin schießt ein, es wird mehr Blut in die Areale gepumpt, die bei Gefahr im Gehirn aktiv sind. Aber trotzdem treibt es uns an: Wir erleben keine Angst, wir sind nicht negativ, sondern wir wollen mehr und fühlen uns besser.[5] Positiver Stress heißt, dass es zwischen dem, was wir haben und dem, was wir wollen, eine Lücke gibt – und wir können sie schließen. Wir haben also das Ziel im Blick, aber wir müssen uns dafür richtig strecken. Das lässt sich anhand einer Funktion erklären. Sie besteht aus den beiden Variablen Leistung und Erregung. Stell dir vor, du hängst auf der Couch, dann bist du nicht erregt, bringst aber auch keine Leistung. Das andere Extrem wäre maximale Erregung und schlechte Leistung, wenn du keinen Bock auf deine Arbeit hast, total überfordert bist und die Kollegen nerven. Du willst nur noch schreien und schaffst nichts. Und dann gibt es das Optimum: maximale Leistung und Erregung. Das nennt sich Flow: wenn die Flamme auf der richtigen Stufe brennt und sich Feuer und Eis in der richtigen Balance befinden.

Ich kann dir gar nicht sagen, wie glücklich es mich macht, dieses Buch zu schreiben. Aber dieses Glück spüre ich nicht, während ich schreibe. Denn im Flow braucht man eben gerade keine Emotionen, sondern die Abwesenheit von Gefühlen. Es bedeutet das vollständige Aufgehen in einer Tätigkeit, bei der man nicht über seine Gefühle nachdenkt, sondern voll bei der Sache ist. Erst danach hat man ein befriedigendes Gefühl, weil man so vertieft war.[6]

Unter zu wenig Druck geht nichts, und unter zu viel Druck krachen wir zusammen. Dieses Problem kennst du bestimmt aus dem Alltag: wenn du in einer Situation so überfordert bist, dass du kein Wort rausbringst, wenn du in einer Prüfung verkrampfst und stotterst, im Vorstellungsgespräch einen Blackout hast oder bei einem Date so nervös bist, dass dir einfach nichts mehr einfällt. Du kennst bestimmt dieses Gefühl, wenn du Menschen begegnest, mit denen du nicht umgehen kannst. Du überlegst dir vorher schon, was Unangenehmes passieren könnte. Mir geht es beispielsweise so mit einer Nachbarin. Wir sprechen wohl nicht dieselbe Sprache. Ich weiß nicht, was ich sagen soll, es fühlt sich immer unangenehm an, ihr zu begegnen. Beim Small Talk im Treppenhaus ist das zu verkraften, aber so etwas passiert uns eben auch in wichtigen Situationen. Dann kommt man schnell unter Druck und hemmt sich dadurch selbst. Leider fallen einem erst Stunden später dann all die schlagfertigen Antworten ein, die man hätte geben können. Das ist das Schlimmste an solchen Situationen. Aber warum sind wir manchmal so langsam im Kopf? Die Erklärung dafür ist das Yerkes-Dodson-Gesetz.[7] Es beschreibt die kognitive Leistungsfähigkeit in Abhängigkeit vom allgemein-nervösen Erregungsniveau. Bei zu wenig Druck werden wir also gerne nachlässig und verlieren das Interesse, und wenn der Druck zu hoch wird, dann macht unser Gehirn dicht. Wenn eine Kraft von außen auf uns wirkt, müssen wir die Balance zwischen Ratio und Emotion finden. Wer zu erregt ist und von den Emotionen übermannt wird, der blockiert sich selber, genauso schwierig wird es aber für denjenigen, der verkopft an die Dinge herangeht.

Wenn du dich jetzt fragst, wie du beim nächsten Mal reagieren sollst, wenn dich jemand überrumpelt, dann habe ich einen Tipp für dich. Da man sich auf Überraschungen kaum vorbereiten kann, muss man sich Zeit verschaffen: Es hilft, eine belanglose Phrase fallen zu lassen, die keinen tieferen Sinn ergibt und das Gegenüber verwirrt – zum Beispiel: »Ein Esel in Paris ist noch lange kein Pferd« oder mein persönlicher Favorit, weil meine Oma diesen Satz tatsächlich gerne verwendet hat: »Meine Großmutter hat immer gesagt, das Denken soll man den Pferden überlassen. Die haben einen größeren Kopf.« Wenn dann eine Rückfrage kommt nach dem Motto: »Was soll das bedeuten?«, geht man einfach nicht darauf ein und lässt den anderen im Unklaren.

Warum Balance alles ist

»Weißt du, was das Geniale an unserer Physik des Erfolgs ist?«, fragt Sherlock.

»Dass du sie erfunden hast?«, frage ich.

»Das auch, aber wir haben nicht nur Philosophen wie Aristoteles auf unserer Seite, sondern auch noch die Wissenschaft. Die Natur ist voll von diesem Konzept! Newton hat das Ganze ins Rollen gebracht. Nach seinen Erkenntnissen konzentrierten sich Wissenschaftler vieler Fachrichtungen vor allem auf Systeme, die ein Gleichgewicht aufweisen. Sie waren überzeugt davon, dass Gleichgewicht das oberste Ziel der Natur sei. Sie gingen davon aus, dass es zwischendurch Ausschläge geben kann – aber eben nur vorübergehend – das System werde immer wieder zum Gleichgewicht zurückkehren.«

»Woher weißt du eigentlich diesen ganzen Mist?«, frage ich Sherlock.

»Weil ich im Schulunterricht vernünftige Bücher gelesen und nicht dem Geschwafel der Lehrer zugehört habe. In einem Schuljahr hatte ich nicht mal so etwas wie Hefte oder Ordner. Die Lehrer wollten mir das mit schlechten Noten austreiben. Aber Noten waren mir egal. Ich will die Welt verstehen und nicht die Schulbücher.«

Vielleicht hat sich Sherlock sein Mindset von Charlie Munger abgeschaut. Munger ist Vizepräsident von Berkshire Hathaway, der Holdinggesellschaft von Warren Buffett. Buffett schätzt das umfassende Wissen seines Geschäftspartners und Freundes Munger.

Und genau dieses Wissen sollte im April 1994 auch den Studenten des Investment-Seminars von Dr. Guilford Babcock an der Marshall School of Business der University of Southern California (USC) zuteilwerden. Die Studenten versprachen sich von diesem Tag womöglich Investment-Tipps oder Börsenweisheiten, aber sie bekamen etwas ganz anderes serviert. Gleich zu Beginn gestand Munger verschmitzt, er werde seinen Zuhörern gewissermaßen einen Streich spielen. Anstatt den Aktienmarkt zu beleuchten, wolle er über Stock Picking als Unterabteilung der Kunst der Weltklugheit sprechen.[8] Weltklugheit fasziniert Munger, also ein breites Wissen, um die Welt besser zu verstehen. In den kommenden Stunden forderte Munger die Studenten dazu auf, Börse und Wirtschaft mit anderen Augen zu sehen, sie nicht als getrennte Disziplinen zu betrachten, sondern als Teil eines großen Ganzen. Fachrichtungen wie Physik, Biologie, Sozialwissenschaften, Psychologie, Philosophie und Mathematik sollten auch eine Rolle spielen. Er meinte, dass sie alle miteinander verflochten seien und ein denkender Mensch aus jeder Disziplin geistige Modelle herausziehe. Es reiche eben nicht, isolierte Fakten auswendig zu lernen, ohne die Puzzleteile miteinander zu verbinden. Man könne erst die Zusammenhänge verstehen, wenn man die Schlüsselideen kombiniere, sich also ein Gitterwerk von Modellen erschaffe.

Das Wissen der Welt findet sich nach Mungers Ansicht nicht in einer bestimmten akademischen Disziplin. Für ihn ist der Grund, warum Lyrik-Professoren oftmals so wenig weise sind, wenn es um das echte Leben geht, dass sie nicht genug Modelle in ihrem Kopf haben. Gerade für den Kopf gibt Munger ein konkretes Beispiel: Um möglichst rational zu handeln, setze er auf eine zweistufige Analyse seiner Gedanken. Zuerst überlegt Munger, welche Faktoren wirklich zählen, wenn man ein Problem rational betrachtet. Und dann fragt er sich, was unterbewusst in unserem Gehirn abläuft, wo das Unterbewusstsein das Ruder übernimmt und wo wir instinktiv reagieren. Solche automatischen Handlungen sparen Zeit, führen aber gerade beim Umgang mit Geld oft zu falschen Entscheidungen aus dem Bauch heraus.

Schon sind wir beim Konzept zweier Systeme in unserem Kopf angelangt.[9] Das eine System funktioniert wie Sherlock: langsam, logisch, berechnend und bewusst. Das andere funktioniert dagegen schnell, automatisch und emotional. Dieses System ist darauf ausgerichtet, uns schnell zufriedenzustellen, und wir sind anfällig dafür. Das beste Beispiel ist ein Börsencrash wie im März 2020: Wer im Januar eingestiegen ist, kann sich in diesem Moment beim besten Willen nicht vorstellen, wie er reagieren wird, wenn die Welt wenige Tage später plötzlich im Virus-Wahnsinn versinkt und die Kurse kollabieren. Dann übernimmt in der Regel das schnelle System, und den Anlegern gehen die Gäule durch.

Die Angst, zu ertrinken.

Genauso erging es mir 2007, als ich fliehen wollte. Mein schnelles Denken wollte nur noch eines: raus da!

Nun gilt das langsame Denken als das Nonplusultra. Für den Umgang mit Geld würde ich das unterschreiben, aber die Stabilität im Leben kommt erst durch den Gegenpol zustande, denn wir brauchen beide Systeme. Ohne das schnelle System könnten wir gar nicht überleben. Besonders in der Steinzeit war es wichtig, als jedes Rascheln im Busch auf einen Säbelzahntiger hindeuten konnte. Das schnelle Denken hilft uns auch dabei, Emotionen in den Gesichtern unseres Gegenübers oder generell Gefahren zu erkennen. Stell dir vor, du wirst überrascht, rutscht auf einem glatten Weg aus und musst versuchen, dich abzufangen. Rationales und langsames Denken hilft dir in einer solchen Situation nicht weiter.

Viele Tätigkeiten erledigen wir jeden Tag automatisch. Das schnelle Denken lässt uns atmen, schlucken, lesen, schreiben, die PIN für die EC-Karte eingeben oder das Smartphone entsperren. Und auch bei einem Wimbledon-Finale reicht das langsame Denken allein nicht: Borg und McEnroe konnten sich natürlich akribisch auf das Spiel vorbereiten, den Gegner studieren und sich eine Taktik zurechtlegen. Aber wenn ein Spieler beim entscheidenden Satzball ans Netz eilt, dann weiß er nicht, was der Gegenspieler machen wird. Dieses Umfeld ist als Ungewissheit definiert: Wenn einige Risiken unbekannt sind, verlangen gute Entscheidungen auch Intuition und kluge Faustregeln. Baseballprofis verlassen sich auf folgende Faustregel, wenn ein Ball hochgeschlagen wird: Sie beginnen zu laufen, fixieren das Objekt und passen ihre Geschwindigkeit so an, dass der Blickwinkel konstant bleibt.[10] Wenn beim Tennis plötzlich ein Ball mit 100 Stundenkilometern auf einen zuschießt, zählen nur noch Instinkt und Reaktion. Das ist ein klassisches VUCA-Umfeld, wie es Schmidt in der Wüste Nevadas beim »Burning Man« erlebte. Auch Wirtschaft und Börse sind ein Paradebeispiel für VUCA. Die Kurse schwanken, das System ist komplex, wir müssen mit Unsicherheit und Mehrdeutigkeit leben. Aber es gibt für jede Herausforderung auch eine VUCA-Lösung, um in einem solchen Umfeld zu überleben: *vision* (Vision), *understanding (Verstehen), clarity (Klarheit)* und *agility* (Agilität).

Wer reich werden will, sollte seine Reise an der Börse mit einer Vision antreten. Wer ein langfristiges Ziel im Auge hat, kann die kurzfristigen Emotionen besser ausblenden. Wer das Wesen von Börse und Wirtschaft versteht, der wird viele Dinge klarer sehen und rational einordnen – und bei Krisen sogar agil zuschlagen, während andere zittern.

Die Physik des Erfolgs lässt sich auch auf den menschlichen Körper übertragen. Die Extreme müssen eine Balance finden. Im Jahr 2003 veröffentlichten Gerard Karsenty und Kollegen einen Aufsatz in der Zeitschrift *Nature.*[11] Bis dahin ging man davon aus, dass Knochen schwächer werden, wenn wir altern. Die Knochendichte geht zurück, und die Knochen werden morsch. Die Wissenschaftler fanden aber heraus, dass das Gegenteil ebenfalls in hohem Maße zutraf: Wenn also die Knochendichte zurückgeht und damit die Gesundheit der Knochen, können wir schneller altern. Des Weiteren ermittelten die Wissenschaftler, dass es Alterungsprozesse anstoßen kann, wenn eine Form von Belastung ausbleibt, in diesem Fall das Einwirken von Gewicht auf Knochen. Unser Körper braucht also Belastung, um stabiler zu werden.

Aber wie beim Denken sollten wir den Erfolg nicht zu schnell suchen, sondern auch langsam vorangehen, sonst machen wir unseren Körper nicht stabiler, sondern fördern Risiken wie das Open-Window-Phänomen. Wer Sport treibt, senkt zwar die Anfälligkeit für Infekte, da das Immunsystem gestärkt wird. Doch wer es übertreibt, schwächt das Immunsystem möglicherweise. Nach besonders intensiven Belastungen ist der Körper anfälliger für Entzündungen in den oberen Atemwegen, also etwa für eine Erkältung. Der Open-Window-Effekt öffnet also das Fenster für mögliche Rückschläge. Er kommt durch ein verringertes Aufkommen von weißen Blutzellen zustande, die zeitgleich in ihrer Funktion eingeschränkt sind.[12] Auch Viren und Bakterien haben es dann leichter, durchs offene Fenster zu marschieren und dem Körper zu schaden.[13]

Es ist das Faszinierende am Körper, dass er viel lernen kann und wir durch gezielte Belastung immer mehr aus ihm herausholen können. Aber dazu sind Geduld und Pausen nötig. Denn es muss erst alles mitwachsen und sich an die Belastung gewöhnen: Muskeln, Bänder, Sehnen und Knochen. Wenn ich nach längeren Pausen, wie nach der Verletzung meiner Außenbänder, wieder ins Training einsteige, merke ich schmerzlich, wie sich jeder einzelne Muskel erst an die Belastung gewöhnen muss. Mittlerweile gehe ich es deutlich langsamer an, weil ich früher viel zu schnell überlastet habe. Ich erinnere mich an das Sportcomeback nach einer Mandel-Operation im Jahr 2016. Jeden Tag sprintete ich Hügel hoch, bis ich nicht mehr konnte. Es lief gut, bis nach zehn Lauftagen in Folge die Quittung kam: Shin Splint, auch Schienbeinkantensyndrom genannt. Du kannst es dir ungefähr so schmerzhaft vorstellen, als hätte dir jemand mit einem Baseballschläger gegen das Schienbein geschlagen und du bei jedem Schritt den Bluterguss spürst. Entscheidend ist also die Balance aus Belastung und Erholung, sonst droht wie beim Schienbeinkantensyndrom erstmal eine längere Zwangspause.

Herkules besiegte die Hydra nicht, indem er ihr die Köpfe abschlug. Sie erholte sich nämlich immer wieder. Ihr wuchsen sogar immer zwei neue Köpfe nach. Herkules schaffte es erst, die Bestie niederzuringen, als er ihre Wunden ausbrannte und damit ihre Erholungsphase unterbrach.

Sogar wenn wir schlafen, versucht unser Körper, die richtige Balance zu finden. Auf den ersten Blick liegt ein Mensch im Bett und schläft einfach nur. Aber Eugene Aserinsky und Professor Nathaniel Kleitman gelang 1952 eine bahnbrechende Entdeckung an der University of Chicago. Aserinsky, damals noch Student, hatte sorgfältig dokumentiert, wie sich die Augen von Kleinkindern am Tag und in der Nacht bewegten. Ihm war aufgefallen, dass die Augen in manchen Schlafphasen unter den Lidern rasch von einer Seite zur anderen schossen. In diesen Phasen waren zudem die Gehirnwellen aktiv, ähnlich wie bei einem hellwachen Gehirn. Dieser aktive Schlaf wechselte sich mit Phasen ab, in denen die Augen und gleichzeitig auch das Gehirn ganz ruhig blieben. Aserinsky stellte fest, dass sich der Schlaf mit und ohne Augenbewegung nachts immer wieder abwechselte. Das war der Durchbruch der Schlafforschung: Menschen erleben zwei unterschiedliche Phasen im Schlaf. Unterschieden werden sie anhand der Augenbewegung: REM-Schlaf (REM steht für Rapid Eye Movement) und Non-REM-Schlaf. Beim REM-Schlaf bewegen sich die Augen, das Gehirn ist aktiv, und deswegen träumen wir auch. Diese Phase wird auch Traumschlaf genannt.

Aber was ist der Sinn dieser Schlafphasen? Warum können wir nicht einfach in Ruhe schlummern? In der ersten Phase des Schlafes überwiegt der Non-REM-Schlaf. Er gilt als tiefer Schlaf und dient dazu, dass unnötige neuronale Verbindungen gekappt werden. In der Traumphase des REM-Schlafs später in der Nacht werden dagegen solche Verbindungen gestärkt. Zuerst also wird im Gehirn in Ruhe aufgeräumt und dann wieder aufgebaut. Dieses Spielchen geht dann abwechselnd die ganze Nacht hindurch. Die Balance muss also stimmen. Deswegen ist es auch so wichtig, genug zu schlafen, denn wer zu spät ins Bett geht, verliert einen erheblichen Teil des tiefen Non-REM-Schlafs – und wer zu früh aufsteht, verliert enorm viel an REM-Schlaf. Man braucht aber beides.

Dass die Stabilität erst durch die Extreme zustande kommt, wird deutlich, wenn wir uns anschauen, wie sich unser Körper während der beiden Schlafphasen verhält. Die Muskeln verraten, was gerade passiert. Auch wenn wir entspannt im Bett liegen, hat unser Körper normalerweise eine Grundspannung, auch Tonus genannt. Wenn wir in den Tiefschlaf sinken (Non-REM), lässt die Spannung etwas nach, bleibt aber im Grunde erhalten. Doch dann ändert sich auf einmal alles: Kurz bevor wir in den Traumschlaf (REM) wechseln, wird unser Körper reglos. Die Muskulatur verliert während der REM-Phase sämtliche Spannung. Wir sind also schlaff wie eine Puppe, nur Funktionen wie die Atmung laufen weiterhin ganz normal ab. Aber was soll das? Die Erklärung ist logisch: Unser Gehirn lähmt den Körper, damit wir in Ruhe träumen können. Denn im Traum erleben wir die wildesten Dinge, und jetzt stell dir mal vor, dein Körper würde jede Bewegung mitmachen, die du im Traum gerade erlebst.[14] Nachts machen wir also abwechselnd Phasen durch, die unterschiedlicher kaum sein könnten: den Traumschlaf, bei dem es in unserem Kopf rundgeht und unser Körper erschlafft, und den Tiefschlaf, bei dem unser Gehirn Pause hat, aber unser Körper weiterhin die Spannung hält.

Unser Körper versucht also auch rund um die Uhr, die richtige Balance zu halten und damit ein Gleichgewicht zu finden. Wer es mit der Belastung übertreibt, schadet ihm genauso, wie derjenige, der ihn gar nicht fordert.

Learnings

- Viele Dinge in der Natur streben nach Gleichgewicht.
- Auch unser Körper funktioniert am besten, wenn wir die goldene Mitte aus Belastung und Entlastung finden.
- Es lassen sich aus jeder Disziplin Modelle herausziehen, um insgesamt klüger zu werden und die Dinge miteinander zu verbinden.
- Intuition ist nicht zwangsläufig das Gegenteil von Rationalität.
- Für Erfolg und Rationalität brauchen wir sowohl das schnelle als auch das langsame Denken.
- Sogar Profisportler verlassen sich in einer VUCA-Welt auf kluge Faustregeln.

Reich durch die Mitte

Was für ein Schock! Der Vater ist beim Anblick seines eigenen Sohnes so fassungslos, dass er ihn an der Schwelle eines Altenheims aussetzt. Nur in eine Strickdecke gewickelt wird das Baby gefunden, die Ärzte bescheinigen ihm kaum eine Überlebenschance. Die Körpergröße entspricht zwar der eines Neugeborenen, aber sein Körper weist die Merkmale eines 80-Jährigen auf – kurz vor seinem Tod. Die Haut des Babys ist fahl und verschrumpelt. Es sieht aus wie ein Baby, das im Körper eines Greises gefangen ist. Was stimmt nicht mit ihm? Sein Name ist Benjamin Button, und seine biologische Uhr tickt rückwärts. Im Hollywood-Film »Der seltsame Fall des Benjamin Button« spielt

Brad Pitt jene außergewöhnliche Figur, die als Opa zur Welt kommt und dessen Körper mit steigendem Alter immer jünger wird. Der Clou liegt darin, dass sein Geist sich wie bei einem normalen Menschen entwickelt: Benjamin Button sieht also als Siebenjähriger immer noch aus wie ein Opa und verbringt seine Kindheit im Rollstuhl, weist aber eben die geistige Entwicklung eines Kindes auf. Im Alter von 17 Jahren ist Benjamin schließlich fit genug, um das Pflegeheim zu verlassen und zur See zu fahren.

Wie geht Benjamins Reise weiter? Er wird geistig erwachsen, aber körperlich jünger und damit dem Brad Pitt, den wir kennen, optisch immer ähnlicher. Mit 40 Jahren befindet Benjamin sich in der Phase seines Lebens, in der sein Aussehen zu seinem wirklichen Alter passt. Die kuriose Entwicklung geht immer weiter, bis Benjamin schließlich wie ein 20-Jähriger aussieht, aber die Lebenserfahrung eines reifen Mannes mitbringt. Und damit zeigt uns der Film den entscheidenden Konflikt für unser eigenes Leben auf: Wenn wir jung sind und uns alle Türen offenstehen, dann fehlt es uns an Erfahrung und Wissen und oft auch am nötigen Geld. Aber wenn wir das Leben gelernt haben, reif und wohlhabend sind, dann sind wir für viele Dinge schlichtweg zu alt. Unser Körper kann mit 70 Jahren viele Dinge nicht mehr leisten. Viele wegweisende Entscheidungen im Leben liegen schon lange hinter uns. Wir müssen also immer entscheiden, wem wir etwas verwehren und das Leben schwerer machen: Lassen wir es als junger Mensch krachen und riskieren damit unseren späteren Wohlstand? Oder sparen wir uns kaputt und verbauen uns Erlebnisse, die wir später nicht mehr nachholen können? Wie lösen wir diesen inneren Generationenkonflikt? Wir suchen die Stabilität und ein reiches Leben in der Mitte.

Schauen wir uns die beiden Gegenpole genauer an. Wenn ich an das eine Extrem denke, fällt mir die männliche Hauptrolle aus dem Film »Zwei an einem Tag « ein. Dexter ist ein Frauenheld und Draufgänger. Nach dem Studienabschluss reist er durch die Weltgeschichte, beginnt danach eine Karriere als TV-Moderator für Trash-TV und lässt es krachen: Er geht auf Partys, betrinkt sich, hat eine Affäre nach der nächsten und schwängert schließlich eine Frau, die ziemlich humorlos daherkommt und nicht zu ihm zu passen scheint. Irgendwann ist die rauschende Party vorbei, und Dexters Leben fällt in sich zusammen:

Die Mutter seines Kindes betrügt ihn, Dexters eigene Mutter stirbt an Krebs, und die TV-Zuschauer wollen ihn auch nicht mehr sehen. Er wird durch einen Jüngeren ersetzt.

Was will man Leuten wie Dexter zurufen, die in der Verschwendungssucht versinken und ihr Leben herschenken? Lebe im Jetzt – aber denke an Morgen. Vor allem sollten die Dexters ihre Finanzen planen, bevor das Geld versoffen ist. Wer früh anfängt, bekommt einen langen Hebel in die Hand, um sich Wohlstand aufzubauen. Jeder Tag zählt. Dazu vergleichen wir zwei Lebensläufe. Lisa beginnt schon mit 16 Jahren, zu investieren. Sie hat ein Startkapital von 5.000 Euro, das sie in einen ETF auf den Weltaktienindex investiert. Zusätzlich bespart sie den ETF mit 100 Euro monatlich. Wenn sie die monatliche Rate alle fünf Jahre um 20 Prozent steigert, dann kommt sie nach 50 Jahren bei einer jährlichen Verzinsung von 7 Prozent auf knapp 1 Million – nämlich 969.982,06 Euro (ohne Gebühren und Steuern). Dexter fängt erst mit 35 Jahren an, dafür sogar mit doppeltem Startkapital, er hat noch 10.000 Euro übrig, die er nicht in einer Kneipe auf den Kopf gehauen hat. Er fährt dann sogar die doppelte Sparrate wie Lisa, also 200 Euro monatlich. Doch bei derselben Dynamisierung und Verzinsung kommt er mit 66 Jahren gerade mal auf ein Endkapital von 403.306,88 Euro. Die Differenz beträgt 566.675,18 Euro! Je früher wir anfangen, umso dicker ist das Polster, wenn wir im fortgeschrittenen Alter von einem Jüngeren ersetzt werden oder als Rentner nur noch ein Gnadenbrot oder gar nichts mehr vom Staat bekommen. Denn eines ist sicher: Die Rente ist nicht sicher.

Wie hätte es Dexter besser gemacht? Erster Schritt: Kassensturz. Wer sein Geld in die Hand nehmen und investieren will, der sollte erst mal wissen, wie viel er monatlich ausgibt. Dafür sucht sich Dexter Kontoauszüge und Rechnungen heraus und schreibt sich die Ausgaben auf! Besonders gefährlich sind zu hohe Fixkosten, die still und leise jeden Monat abgebucht werden. Beispiele für Fixkosten sind:

- Laufende Ausgaben
- Auto (Versicherung/Benzin/Wartung)
- Mitgliedschaften und Abonnements (Netflix, Amazon Prime, Fitness-Studio)

- Haus/Hypothek
- Telefon, WLAN und Fernsehen
- Energie/Wasser
- Krankenversicherung
- andere Versicherungen
- Rückzahlung von Hypotheken/Schulden

Aber bei einem Hedonisten wie Dexter hilft es auch, sich die anderen Ausgaben aufzuschreiben. Dann wäre ihm wahrscheinlich schon viel früher aufgefallen, wie viel er von seinem Nettoeinkommen verjubelt. Er hat also erst den Barkeeper bezahlt, aber nicht sich selbst. Und wahrscheinlich hat er nicht mal einen Überblick, was er besitzt und was er wem noch schuldet. Deswegen sollten wir so früh wie möglich in unserem Leben eine persönliche Bilanz aufstellen.

Deine Bilanz

Aktiva		**Passiva**	
Position	**Betrag**	**Position**	**Betrag**
Bargeld		Hypothek	
Aktien		Steuerschulden	
Gold		Konsumentenkredit	
Lebensversicherung		Autokredit	
Auto und Co.		Verbindlichkeiten	
Pension/Rente (jährliche Ansprüche Faktor 10)			
Sonstiges		Eigenkapital	
Summe		**Summe**	

Hast du dein Eigenkapital ausgerechnet? Dann legst du strenge Regeln fest, damit dein Geld nie außer Kontrolle gerät und du auch im Notfall für Rückschläge wie Jobverlust oder Krisen wie Corona gerüstet bist. Am besten machst du einen schriftlichen Vertrag mit dir selbst und vereinbarst strikte Kriterien:

- Du überziehst nie dein Konto.
- Du hast drei bis sechs Netto-Monatsgehälter auf einem Tagesgeldkonto.
- Du sparst 20 bis 30 Prozent deines Netto-Einkommens und lässt sie jeden Monat automatisch von deinem Girokonto an dich selbst überweisen.

Du hast jetzt also deine Fixkosten ermittelt, kennst dein Vermögen und hast einen Überblick, was du sonst noch pro Monat ausgibst – beispielsweise für Lebensmittel, Klamotten, Restaurantbesuche oder Kino. Damit du jetzt mit dem Investieren loslegen kannst, musst du noch dein Einkommen definieren. Wie viel fließt monatlich netto auf dein Konto? Nehmen wir mal an, es sind 2.000 Euro. Damit kann man schon eine Menge anstellen. Damit wir nicht abstürzen wie Dexter, automatisieren wir die Finanzen und bezahlen uns selbst zuerst. Wir legen dafür eine monatliche Sparrate fest. Ich schlage dir bei diesem Beispiel 20 bis 30 Prozent vor. Wenn wir einfach mal mit 500 Euro pro Monat rechnen, klingt das viel, aber glaube mir: Sparen macht unabhängig und glücklich. Studien belegen, dass Sparen die Zufriedenheit steigert, wenn die Sparrate steigt und einen wesentlichen Betrag des Einkommens ausmacht.[15]

Es gibt keine Ausreden! Jeder, wirklich jeder kann in Aktien investieren. Schon für 25 Euro monatlich kann jeder ETFs kaufen. Ohne Wissen, ohne Vermögen und ohne Aufwand. ETF steht für Exchange Traded Fund und ist nichts anderes als ein börsengehandelter Fonds, der sämtliche Aktien abbildet, die in einem Index gelistet sind. Du kaufst also ein Produkt und investierst dein Geld damit beispielsweise in die Aktien aus dem DAX oder dem MSCI World. Zuerst zwacken wir uns dafür unsere 500 Euro pro Monat ab, bevor wir sie verjubeln können. Dafür richtest du einfach einen Dauerauftrag ein. Das Geld fließt zum Monatsanfang auf ein separates Konto und steht dann bereit, um in Aktien investiert zu werden. Auch der ETF-Kauf lässt sich automatisieren und wird jeden Monat ausgeführt. So investierst du monatlich einen Batzen Geld und musst dafür keinen Finger mehr rühren.

Wenn du monatlich 30 Prozent deines Nettoeinkommens in ETFs investierst, kannst du es von mir aus auch krachen lassen mit deinem restlichen Geld. Aber trotzdem sollte alles nach Plan verlaufen. Am besten arbeitest du mit mehreren Konten und teilst deine 2.000 verfügbaren Euro für die jeweiligen Zwecke auf. So könnten deine Töpfe aussehen:

Topf 1	Topf 2	Topf 3	Topf 4
Investieren	Lebenshaltung	Konsum	Fuck-You-Konto
20 %	60 %	10 %	10 %

1.200 Euro würden also in Topf 2 jeden Monat bereitstehen für Fixkosten wie Miete, Internet, Handy und Versicherungen, aber auch für wiederkehrende Ausgaben wie Lebensmittel. 200 Euro blieben in Topf 3 für Konsum übrig, dazu zähle ich Barbesuche, essen gehen, aber auch Bücher, Klamotten und Co. Jeder muss selber entscheiden, ob er gerade mehr den Fokus auf Bildung oder Vergnügen legt. Du kannst die beiden Dinge aber auch voneinander trennen. 200 Euro würde ich dir dringend für dein »Fuck-You-Money« empfehlen – also Sparen für außergewöhnliche Ereignisse. Dieses Geld hilft dir, wenn du keinen Bock mehr auf deinen Job hast und ein Polster brauchst, wenn die Waschmaschine über Nacht kaputt geht oder du einen Teil davon auch einem Traum wie einer Reise widmen möchtest. Die Konten lassen sich also nochmal aufteilen. Du kannst dir auch Konten für bestimmte Träume oder Projekte einrichten, aber übertreiben würde ich es nicht, sonst wird es unnötig kompliziert. Wenn dein Einkommen noch geringer ausfällt, wird die Lebenshaltung prozentual wahrscheinlich mehr verschlingen.

Wenn das Einkommen später steigt, sollten die Ausgaben für Wohnung, Klamotten und Co. nicht linear mitwachsen, sonst kommst du nicht vorwärts. Wenn jede Gehaltserhöhung sofort in eine größere Wohnung, Rolex oder ein neues Auto wandert, fühlst du dich zwar reicher, aber Konsum ist eben keine Altersvorsorge und wirft auch keinen Cashflow oder Rendite ab. Diese Gefahr nennt man auch Lifestyle-Inflation. Die wird dir einerseits das Investieren erschweren und dich andererseits auch nicht nachhaltig glücklich machen. Denn die Lifestyle-Inflation ist der Grund dafür, dass sich jede Lohnerhöhung um 1.000 Euro innerhalb eines Jahres nur noch wie circa 600 Euro anfühlt. Der Ökonom Richard Easterlin hat sogar herausgefunden, dass Menschen Swimmingpools, Autos, Fernseher und Ferienhäuser für nichts Besonderes mehr halten, nachdem sie sie angeschafft haben. Viele denken, für ein tolles Leben nur noch etwas mehr zu brauchen, und laufen damit einem Ziel hinterher, das sie nie erreichen können.[16] Versuche also, das steigende Einkommen zum Investieren zu nutzen und deinen Lebensstandard moderat hochzufahren.

Kommen wir zum anderen Extrem beim Generationenkonflikt. Wenn ich an einen Geizkragen denke, dann fällt mir Ebenezer Scrooge ein, der Protagonist aus Charles Dickens' Weihnachtsgeschichte. Scrooge ist ein reicher Unternehmer, aber vom Geiz zerfressen. Seinem unterbezahlten Angestellten Bob Cratchit droht er regelmäßig mit Kündigung, wenn dieser es auch nur wagt, einen Blick auf den Kohlenkasten zu werfen, um vielleicht ein wenig zu heizen. Auch für seine bedürftigen Mitmenschen hat Scrooge nur Geringschätzung übrig. Weihnachten hält er sowieso für Geld- und Zeitverschwendung. Sein Leben ändert sich erst, als ihm über Weihnachten verschiedene Geister erscheinen und ihm den Spiegel vorhalten. Scrooge beginnt zu bereuen, wie er bisher gelebt hat und ändert sein Leben in den letzten Zügen.

Für was aber hat sich Scrooge sein ganzes Leben lang zu Tode gespart? Nur um irgendwann eine Erleuchtung zu haben und festzustellen: Ich habe alles falsch gemacht und bekomme jetzt keine zweite Chance mehr? Ebenso wie Scrooge geizen viele mit sich selbst und leben nicht richtig, nur um jeden Cent für den Tag X zu bunkern. Investieren kommt für viele auch nicht in Frage, lieber lassen sie das Geld mühsam auf dem Sparbuch versauern. Nicht leben und nicht investieren: so bestraft man sich gleich doppelt. Aus statistischer Sicht könnte man es verkehrter kaum machen, denn die Ausgaben steigen im Alter nicht, sondern sie nehmen massiv ab. Das Amt für Arbeitsstatistik in den USA (Bureau of Labor Statistics) hat durch eine Umfrage die Verbraucherausgaben ermittelt. Das Ergebnis: Im Jahr 2017 betrugen die durchschnittlichen jährlichen Ausgaben für Haushalte, die von 55- bis 64-Jährigen geführt werden, 65.000 Dollar, die durchschnittlichen Ausgaben der 65- bis 74-Jährigen fielen auf 55.000 Dollar und die Ausgaben der über 75-Jährigen sogar auf 42.000 Dollar.[17]

Wenn wir unserem jungen Ich alles vorenthalten, begehen wir also einen Fehler, weil es das Geld dringender braucht als das alte Ich. Zu den sinkenden Ausgaben kommt nämlich noch das steigende Vermögen dazu: Das durchschnittliche Nettovermögen eines Deutschen gipfelt zwischen dem 65. und 74. Lebensjahr bei fast 140.000 Euro.[18] Woher kommt das ganze Geld im Alter? Es sind natürlich nur Durchschnittswerte, die also mit Vorsicht zu genießen sind und erst recht keine Garantie dafür, dass wir im Alter wohlhabend sind. Aber in der Regel steigt das Einkommen im Zeitverlauf deutlich an. Wer früh investiert, kann sich erst recht ein Vermögen aufbauen. Und dann kommt noch ein wichtiger Faktor dazu: Was glaubst du, in welchem Alter du am wahrscheinlichsten etwas erbst? Der größtmögliche Empfang einer Erbschaft liegt im Alter von 60 Jahren.[19] Geld können wir immer brauchen, aber wahrscheinlich wären sogenannte »In-vivo-Transfers« – also Geldtransfers zwischen den Lebenden – viel sinnvoller, wenn gerade junge Menschen noch nicht das nötige Startkapital haben. Doch zwischen den Lebenden fließt nur eine kleine Menge der Vermögen, die überwiegende Mehrheit über Erbschaft.[20]

Was hätte ich Scrooge also gerne früher als Rat mitgegeben? Er hätte sich diese drei Grafiken vor seiner späten Erleuchtung anschauen sollen:

Da landen wir wieder beim zentralen Konflikt unseres Lebens: Wenn wir jung sind, steht uns die Welt offen, und Zeit haben wir in der Regel auch. Aber mit dem Geld wird es bei vielen schwierig. Die Balance finden wir in der Mitte des Lebens. Wir haben mehr Geld, immer noch eine stabile Fitness, aber schon weniger Zeit. Und als Scrooge hat man schließlich viel Geld, viel Zeit, aber die Fitness schränkt uns ein – und wir haben auch keinen langen Zeithorizont mehr. Um die Chance auf ein erfülltes Leben zu erhöhen, müssen wir jedes Alter für gewisse Erfahrungen nutzen. Die Bucket-Listen könnten so aussehen:

Zwischen 20 und 30 Jahren

- Surfen lernen
- Extrembergsteigen
- Studium abschließen
- Unternehmen gründen
- auf Weltreise gehen
- im Ausland leben

Zwischen 30 und 45 Jahren

- Buch schreiben
- Reise nach Australien
- Marathon laufen
- Familie gründen
- in der Traumstadt niederlassen

Zwischen 45 und 60 Jahren

- Tauchen lernen
- Mentor werden
- neue Sprache lernen
- Segeln in der Karibik
- sich auf dem Land niederlassen

Über 65 Jahre

- Kreuzfahrt machen
- ehrenamtliche Tätigkeit ausüben
- Stiftung gründen
- als Berater tätig sein
- Zeit mit Enkelkindern verbringen

Wie sieht also die goldene Mitte aus? Scrooge verkörpert den Geiz und Dexter die Verschwendung. Glücklich sind am Ende beide nicht geworden. Also machen wir es besser, indem wir die Balance finden.

Aristoteles hätte es wahrscheinlich Freigiebigkeit genannt. Wir sollten jeden Lebensabschnitt für die richtigen Erlebnisse nutzen und gerade unserem jungen Ich nichts verbauen. Aber erst recht sollten wir das Alter wohlhabend mit Kreuzfahrten genießen und uns keine Sorgen um die Rente machen.

Fuck you Frugalismus

Hätte sich Scrooge damals auch als Frugalist bezeichnet? Ich finde das Grundkonzept des Frugalismus faszinierend: viel investieren, um möglichst früh die finanzielle Freiheit zu erreichen. Aber für mich fußt dieser Lebensstil auf mehreren Denkfehlern. Und da kommen wir gleich zur Versessenheit aufs Sparen. Wir wissen bereits, dass Sparen zufriedener macht. Aber auch das Sparen hat einen Grenznutzen. Wer mehr als circa 30 Prozent seines Einkommens spart, wird dadurch nicht mehr signifikant zufriedener.[21]

Trotzdem ist die Welt voller Spartipps. Auf YouTube gibt es zahlreiche Videos, wie man sich ein Chili con Carne für weniger als zwei Euro zubereiten kann. Aber in der Zeit, in der ich mich damit beschäftigen könnte, wie ich einen Euro spare, indem ich minderwertiges Hackfleisch esse, mache ich mir lieber Gedanken, wie ich mehr Geld verdienen kann, um mir ein ordentliches Stück Fleisch zu leisten. Wie werde ich besser? Wie spezialisiere ich mich so, dass ich unersetzbar werde? Und wie kann ich mit meinem Mehrwert Geld verdienen?

Wer wird am Ende ein dickeres Depot haben? Der Frugalist, der sich 20 Jahre selbst kasteit und mühsam jeden Monat 1.000 Euro spart? Oder derjenige, der liebt, was er tut und damit früher oder später so viel verdient, dass er sich nicht zu Tode sparen muss? Wer für seine Mission brennt, ein Experte wird und seine Seele so teuer wie möglich verkauft, wird viel mehr Geld zum Investieren übrighaben als der Frugalist. Und er wird nebenbei auch das bessere Fleisch essen und gesünder leben.

Wer seine Kosten im Griff hat, der sollte sich immer die Frage stellen: Wie kann ich mehr verdienen? Und nicht: Wie kann ich mich kaputtsparen? Statt Minimalismus gefällt mir Effizienz besser. Man könnte auch sagen: vom Notwendigen nur das Beste. Machen wir ein Beispiel dazu: Früher war ich auch ein Geizkragen und habe Schnäppchen gejagt – hier ein Shirt im Sale für 5 Euro, da eine Hose für 20 Euro. Aber das lohnt sich auf Dauer nicht. Das Gefühl, zu sparen, treibt uns gerade erst zum Kauf, weil in unserem Gehirn ein rotes Schild mit der Aufschrift SALE leuchtet. Doch kein Mensch braucht einen überfüllten Kleiderschrank, und an der Weisheit »Was nichts kostet, ist nichts wert« ist etwas dran. Man läuft Gefahr, zu einem günstigen Preis schlechte Qualität zu kaufen. Billige Pullis sind mir nach einem Waschgang schnell von Größe L auf S geschrumpft. Aber egal! Hat ja nichts gekostet. Ich setze mittlerweile lieber auf Qualität: Statt zehn Hosen für 40 Euro lieber zwei Hosen für 200 Euro. Kaufe weniger, wähle weise – und investiere dein Geld in Dinge, die bleiben.

Noch wichtiger ist mir deswegen Qualität bei Dingen, die für immer bleiben: Erinnerungen. Auf Reisen schaue ich nie auf den Preis. Für mich zählt nur das Erlebnis. Mir fällt ein unvergessliches Mittagessen in Brienno im Herbst 2020 ein. Das Restaurant lag direkt am Ufer des Comer Sees, das Wasser nur einen Meter von unserem Tisch entfernt. Es gab frischen Fisch aus dem See und frisches Wildschwein aus der Gegend. Den Blick auf die grünen Berge, den Geruch des Fisches und den Wellengang werde ich nie vergessen. Das Essen war teuer, sogar sehr teuer, aber das Erlebnis unbezahlbar. Es zählt nicht nur, wie viel Geld wir ausgeben, sondern auch, wie gut wir es ausgeben. 30 Euro für ein belangloses Essen sind für mich viel teurer als 150 Euro für ein unvergessliches Erlebnis.

Noch problematischer beim Frugalismus finde ich das Verständnis von Zeit, denn um mit 40 Jahren finanziell frei zu sein, muss ich in meinen besten Jahren schuften und sparen wie ein Weltmeister, nur, um dann welches Ziel zu erreichen? Nicht mehr arbeiten zu müssen! Zeit ist wertvoller als Geld, und ein freies Leben mit 40 Jahren klingt genial. Aber ich springe von einem Extrem zum anderen: von viel Arbeit, die mich versklavt, hin zu keiner Arbeit mehr. Die Balance stimmt dann in beiden Lebensabschnitten nicht. Denn über wenig ist sich die Zufriedenheitsforschung so einig wie über den desaströsen Effekt von Arbeitslosigkeit auf die Lebenszufriedenheit.[22] Wir sind nämlich nicht unzufrieden, weil wir weniger Geld haben, sondern weil wir keine Arbeit haben.[23] Es ist also sehr fraglich, ob der Traum von der Frührente mit 40 so glücklich macht. Denn zu viel Freizeit macht nicht glücklich. Drei bis vier Stunden tägliche Freizeit scheinen die goldene Mitte zwischen Erholung und Lotterleben zu sein. Mit acht Stunden Freizeit ist man dagegen genauso unzufrieden wie mit gar keiner.[24]

Mach dir also unbedingt diesen Trugschluss klar: Unsere Zufriedenheit steigt nicht linear mit der Zeit, die wir zur Verfügung haben.[25] Ich will mein Leben nicht in eine Phase des Schuftens und eine des Faulenzens aufteilen, sondern ich will jeden Tag sinnvolle Arbeit leisten, die mich in den Flow bringt. Und ich will jedem Tag meines Lebens die Chance geben, Erlebnisse zu sammeln, die später zu Erinnerungen werden, und nicht alles auf später verschieben. Das löst eine mächtige Lawine aus, denn wer glücklich mit seinem Leben ist, der tut sich wiederum leichter mit dem Sparen und Investieren. Die Forschung zeigt, dass glückliche Menschen tatsächlich weniger Geld verprassen.[26] Wenn die Balance stimmt, dann stimmt auch der Kontostand.

Wie lernen wir unsere kostbare Zeit mehr wertzuschätzen? Für mich entschied ein Moment darüber, mein Leben noch bewusster zu leben: Ich habe mir einfach ausgerechnet, wie viele Tage mir noch bleiben. Sich die Endlichkeit des eigenen Lebens vor Augen zu führen, hilft am besten dabei, keine Zeit mehr zu verschwenden.

Bedenke jeden Tag, dass du sterben wirst.

Dieses Motto ist auch bekannt als *Memento mori*, es stammt aus dem mittelalterlichen Mönchslatein. Und ich wollte das Motto konkret in Zahlen gießen. Deswegen habe ich die App »Final Countdown« auf meinem iPhone installiert, die es kostenlos im App Store gibt. Als ich mir einen Countdown für mein Lebensende einstellte (etwas destruktiv bei 80 Jahren), zuckte ich innerlich zusammen. Mir blieben nur noch 645 Monate übrig. Als ich diese Zeilen schreibe, sind es nur noch 558 Monate. Jetzt überleg mal, wie schnell ein Monat vorbei ist. Und dann sind es auf einmal nur noch 557.

Und die Uhr tickt und tickt und tickt.

Ich rufe die App regelmäßig auf, und sie bestärkt mich jedes Mal darin, Dinge nicht auf die Rente zu verschieben und mein Leben damit zu vergeuden, alle E-Mails zu beantworten.

Die Reise Benjamin Buttons endete übrigens in demselben Pflegeheim, vor dem er als Baby von seinem Vater ausgesetzt worden war. Benjamins Geist entspricht am Ende seiner Tage endlich dem eines alten Mannes, aber sein Körper ist schließlich so jung geworden, dass er wieder ein Baby ist, ein Baby, das schrittweise sein Gedächtnis verliert, dann das Gehen und das Sprechen verlernt und schließlich im Alter von 85 Jahren im Körper eines Neugeborenen stirbt.

Learnings

- Finde die goldene Mitte zwischen Geiz und Verschwendung.
- Glückliche Menschen tun sich leichter mit dem Sparen.
- Setze lieber auf Qualität statt auf Quantität: vom Notwendigen nur das Beste.
- Versuche, mehr zu verdienen, statt dich kaputtzusparen.
- Vermeide die Lifestyle-Inflation – verprasse also nicht jede Gehaltserhöhung, und passe deinen Lebensstil moderat nach oben an.
- Stelle eine persönliche Bilanz auf.
- Automatisiere deine Finanzen und arbeite mit einem Töpfesystem.
- Nutze jede Lebensphase für die passenden Erlebnisse und mache dir am besten eine Bucket-List.
- Unsere Zufriedenheit steigt nicht linear mit der Zeit, die wir zur freien Verfügung haben.
- Mach dir die eigene Sterblichkeit bewusst, und nutze deine Zeit.

KAPITEL 3
KRISE UND KONTROLLE

Wir machen einen Fehler!«, schreibe ich Sherlock, »wir rennen hinterher und haben unsere Emotionen nicht im Griff! Wenn man hofft, dass die Kurse ins Bodenlose fallen, dann sollte man die Handbremse ziehen!«

Zwei Stunden später stehen wir in der Sonne vor der Stadtpfarrkirche im Münchner Stadtteil Sendling und essen ein »Gulasch-to-go«, das wir uns bei einem Restaurant ums Eck geholt haben.

Mitte März 2020: Deutschland steht kurz vor dem Lockdown, in Italien sterben immer mehr Menschen am Virus, die Aktienkurse stürzen immer tiefer.

»Wie kommst du zu deiner Schlussfolgerung?«, fragt Sherlock.

»Ganz einfach! Warum sollten Unternehmen wie Amazon, Microsoft oder Encavis wegen dieser Krise pleitegehen?«

»Du könntest recht haben,« sagt Sherlock und zieht eine Augenbraue nach oben. »Mir ist auf dem Weg hierher Wittgenstein eingefallen!«

»Wittgenstein?«, frage ich.

»Ludwig Josef Johann Wittgenstein war ein österreichischer Philosoph, der sich vor allem mit Logik, Mathematik und Sprache beschäftigt hat. Besonders bekannt ist er für seinen Tractatus Logico-Philosophicus. Die Notizen dafür fertigte er an, während er im Ersten Weltkrieg an der Front diente, auf Heimaturlaub stellte er sein Werk schließlich 1918 fertig. Er hatte das ehrgeizige Ziel, den Zusammenhang zwischen Sprache und Wirklichkeit aufzudecken. Er warf später wieder einiges über den Haufen, aber das würde jetzt zu weit führen …«

»Und was soll uns das jetzt für die Börse bringen?«

»Dazu komme ich gleich. Wittgenstein schrieb seine neueren Erkenntnisse zwar nieder, aber er hat sie nie veröffentlicht. Sie erschienen dann nach seinem Tod in einem Buch mit dem Titel *Philosophische Untersuchungen*. Er war zu der Überzeugung gelangt, dass die Welt, die wir sehen, durch die Worte definiert sei, die wir wählen.«

»Wir sollen also einfach den Aufschwung herbeireden oder was?«

Sherlock nimmt seine Serviette, zückt einen Stift und zeichnet folgendes Dreieck darauf:

»Was siehst du?«, fragt Sherlock.

»Da ich ein Dreieck sehe, werde ich lieber antworten, dass ich alles Mögliche sehe, aber sicher kein Dreieck! Wie wäre es denn zum Beispiel mit einem Hügel, den es zu erklimmen gilt? Oder einer Abschussrampe?«

»Die Antwort ist gar nicht mal so verkehrt! Ich zitiere Wittgenstein dazu: ›Betrachten wir nun als Beispiel die Aspekte des Dreiecks. Das Dreieck kann gesehen werden: als dreieckiges Loch, als Körper, als geometrische Zeichnung; auf seiner Grundlinie stehend, an seiner Spitze aufgehängt; als Berg, als Keil, als Pfeil oder Zeiger; als ein umgefallener Körper, der (z.B.) auf der kürzeren Kathete stehen sollte, als ein halbes Parallelogramm, und verschiedenes anderes.‹ Du kannst dabei einmal an das denken, einmal an das, es einmal als das ansehen, einmal als das, und dann wirst du's einmal so sehen, einmal so.«[1]

»Die Welt ist also das, was wir daraus machen, wenn ich dich richtig verstehe.«

»Genau das ist es! Du hattest absolut recht mit deinem Einwand!«

»Der Walter-Mitty-Effekt«, murmle ich vor mich hin.

»Walter wer?«, fragt Sherlock und scheint schockiert zu sein, dass er gerade nicht weiß, worum es geht.

»Walter Mitty ist eine erfundene Figur aus James Thurbers Kurzgeschichte *The Secret Life of Walter Mitty*. Sie wurde erstmals 1939 im

The New Yorker veröffentlicht und mehrfach verfilmt. Leider auch 2013 mit Ben Stiller in der Hauptrolle.«

»Und was willst du mir jetzt damit sagen?«, fragt Sherlock.

»Der Sozialpsychologe Dean G. Pruitt behauptet, dass wir genauso handeln wie Walter Mitty. Er war ein richtig netter Typ, der unter dem Pantoffel seiner bösen Frau stand. Dem Ganzen entfloh er durch Tagträume. Da war er auf einmal mutig und der Held, ein mutiger Bomberpilot oder Extrembergsteiger. Und Pruitt glaubt, dass es auch genauso an der Börse läuft. Wenn es gut läuft, fühlen sich Anleger wie Superhelden. Aber wehe, es geht abwärts, dann stürmen alle zum Ausgang. Wir rennen zum Ausgang, obwohl wir doch wissen, dass wir jetzt Bomberpiloten sein müssen. Wir haben uns den Tagträumen hingegeben. Sogar du wolltest auf einmal herbeireden, dass Trump Corona hat!«[2]

»Wir müssen die Balance finden! Wir lassen uns von den Emotionen der anderen anstecken! Nur wenn sich Logik und Emotion im Gleichgewicht befinden, dann wird ein rationaler Schuh draus!«

Aus diesem Treffen mit Sherlock entsteht schließlich mein entscheidender Schachzug in der Krise: Am 19.03.2020 kaufe ich Aktien wie im Rausch. Zwischen 14.30 und 14.41 Uhr kaufe ich folgende Werte:

Aktie	WKN	Kaufkurs	Kaufdatum
Walt Disney	855686	80,99 €	19.03.2020
Fresenius	578560	24,87 €	19.03.2020
SAP	716460	84,63 €	19.03.2020
Bristol-Myers Squibb	850501	45,45 €	19.03.2020
FedEx	912029	91,69 €	19.03.2020
Sportsman's Warehouse	A112GA	5,10 €	19.03.2020

Gerade bei einem Qualitäts-Unternehmen wie Walt Disney zweifle ich nicht am langfristigen Erfolg. Im Gegenteil: Ich freue mich, dass die Aktie auf einmal so günstig zu haben ist. Auch bei SAP, Fresenius und Bristol-Myers Squibb kaufe ich nach. Die Macht der Nachkäufe wird aus meiner Sicht unterschätzt. Gerade Anfänger fürchten Verluste und fallende Kurse. Aber warum sieht man sie nicht als Chance? Gerade eine Krise ermöglicht es, günstig zuzuschlagen. Doch die Psyche des Menschen funktioniert anders. Wir kaufen lieber teuer, wenn wir uns im Rausch der steigenden Kurse wie Superhelden fühlen, weil die Emotion uns aus dem Gleichgewicht befördert. Genauso schießt es uns aus der Bahn, wenn wir uns im Crash wie ein geprügelter Hund fühlen. Statt günstig zuzuschlagen, verkriechen wir uns lieber unter der Couch und resignieren. Deshalb zählt an der Börse, dass du vorbereit bist und einen Plan hast. Warum hat mir niemand viel früher verraten, dass es an der Börse entscheidend ist, in Szenarien zu denken? Ich versetze mich wieder in mein 20-jähriges Ich und sehe mich verloren mitten in München stehen und mir nichts sehnlicher wünschen, als sofort alle Aktien zu verkaufen. Mein Fehler war damals, dass ich nur ein Szenario im Kopf hatte. Und zwar, dass die Kurse steigen.

Buy and Hope.

Aber was war meine Option für den Fall, dass die Kurse stürzen sollten? Ich hatte keine, deswegen verfiel ich in Panik und verkaufte alles. Eine schmerzhafte Lektion, aber sie lehrte mich, es im Ausnahmezustand besser zu machen. Mein erstes Crash-Credo lautet heute: Wenn die Börsen ins Rutschen kommen, denke ich vorwärts und nicht rückwärts. Mein zweites Credo: niemals blind mit Verlust verkaufen. Die Verluste sind erst mal egal. Es geht darum, in den Angriffsmodus zu kommen und die Chance für einen Nachkauf zu nutzen. Eine Aktie solltest du nur verkaufen, wenn sich die Rahmenbedingungen für ein Unternehmen fundamental geändert haben. Aber nicht, weil sie gerade in einen negativen Strudel gezogen wird. Im Crash werden praktisch alle Aktien verprügelt, nicht nur die schlechten. Daraus ergeben sich Chancen, überragende Unternehmen günstig einzusammeln.

Und mein drittes Credo: Ich weiß vorher schon, was ich kaufen will. Hier kommt die sogenannte Watchlist ins Spiel, also eine Liste von Aktien, die du beobachtest. Gewöhne dir an, Aktien in deiner App oder deinem Depot abzuspeichern und sie zu beobachten. Gerade wenn dir eine Aktie zu teuer erscheint, solltest du sie auf die Watchlist setzen. Früher oder später wird sich eine Chance bieten.

Crash-Credos:

- Vorwärts denken und Chancen suchen.
- Der dümmste Grund eine Aktie zu verkaufen, ist, weil sie fällt.
- Hab immer eine Watchlist und einen Plan für deine Nachkäufe.

Für den, der im Crash von seinen Emotionen übermannt wird, sieht ein Dreieck aus wie ein Hügel, von dem er hinabstürzt. Aber wer einen Plan hat, der erkennt im Dreieck vielmehr einen Hügel, auf den er sich stellen und weit in die Zukunft blicken kann. Denn die wird an der Börse gehandelt.

»Der Crash kommt« – oder: Der belangloseste Satz der Welt

Die Katastrophe nimmt schon früh ihren Lauf. Als Phaeton heranwächst, spricht ihm Epaphos die göttliche Abstammung von Helios ab. Doch seine Mutter Klymene versichert Phaeton, dass er der Sohn des Sonnengottes sei, und rät ihm, den Vater im Sonnenpalast aufzusuchen und ein Zeugnis seiner Vaterschaft einzufordern. Der Sonnengott Helios nimmt Phaeton schließlich in seinem Palast auf und erkennt ihn als Sohn an. Durch einen Eid verpflichtet sich Helios sogar, dem Sohn ein Geschenk seiner Wahl zu gewähren. Phaeton hat daraufhin Großes vor: Er erbittet sich, für einen Tag den Sonnenwagen seines Vaters zu lenken. Helios versucht, seinen Sohn von diesem Plan abzubringen – jedoch vergeblich. Als die Nacht zu Ende geht, besteigt Phaeton den kostbaren Sonnenwagen. Das Viergespann rast los, Phaeton verliert schnell die Kontrolle über den Wagen und stürzt in die Tiefen des Alls. Als er die Erde streift, entzündet sich der Wagen und löst eine universale Katastrophe aus. Nur der Göttervater Zeus kann den Wahnsinn noch stoppen. Er schleudert zur Strafe einen Blitz: Die Pferde stürzen ins Meer und der brennende Phaeton in den Fluss Eridanus, in dessen Wasser die Flammen erlöschen und er schließlich tot landet.

Was sagt uns diese Geschichte aus der griechischen Mythologie? Was widerfährt uns, wenn ein Blitz in unserem Leben einschlägt?

Was macht eine Katastrophe wie eine Pandemie oder einen Börsencrash aus? Das Wort Katastrophe kommt aus dem Griechischen und bedeutet nichts anderes als »Umwendung«. Am meisten setzt den Menschen bei einer Katastrophe die Unsicherheit zu. An der Börse steht der Crash als mögliche Umwendung über allem, und manche fürchten diese Unsicherheit so sehr, dass sie sich nie an die Börse trauen. Andere hängen Crashpropheten an den Lippen und setzen alles daran, sich für den Crash zu rüsten oder ihn gar zu timen. Aber was wäre, wenn wir die Unsicherheit ein für alle Mal wegwischen, indem wir die Wahrscheinlichkeit für einen Crash ausrechnen?

Klingt absurd, geht aber mit der sogenannten Poisson-Verteilung ganz einfach. Erfunden hat sie der französische Mathematiker Siméon Denis Poisson, und sie erscheint immer dann sinnvoll, wenn wir Ereignisse betrachten, die einzeln und unvorhersehbar über einen kontinuierlichen Zeitraum auftreten. Das klingt wie geschaffen für die Berechnung der Wahrscheinlichkeit eines Crashs. Die Wahrscheinlichkeit P für eine bestimmte Zahl k von Ereignissen in einem fraglichen Zeitraum, in dem man λ Ereignisse erwarten sollte, ist dann:

$$P = \frac{\lambda^k}{k!} * e^{-\lambda}$$

Zur Erklärung: e ist die sogenannte Eulersche Zahl 2,718; k! ist die Fakultät von k und entspricht der Multiplikation aller natürlichen Zahlen bis einschließlich k. (Beispielsweise ist 1! = 1, 2! = 1 * 2 = 2, 3! = 1 * 2 * 3 = 6, und 0! ist definiert als 1). Aber das wird jetzt nur unnötig kompliziert. Wir machen es uns viel einfacher, weil wir ja nur wissen wollen, ob der Crash nun kommt oder nicht, also ob im kommenden Jahr ein Ereignis eintritt oder nicht. Dafür müssen wir nur die Wahrscheinlichkeit von k = 0 (also kein Ereignis) berechnen. Für k = 0 können wir die Formel vereinfachen zu:

$$P = e^{-\lambda}$$

Warum geht das so einfach? Weil λ^0 und 0! gleich 1 sind und wir dann beides streichen können. Es bleibt also nur noch die Eulersche Zahl übrig, die mit den richtigen Ereignissen bestückt werden muss. Aber jetzt kommt die entscheidende Frage: Welche erwarteten Ereignisse setzen wir in unsere Crash-Formel ein? Dazu müssen wir uns die Crash-Historie anschauen. Zunächst einmal ist ein Börsencrash nicht exakt definiert. Man spricht von einem Börsencrash, wenn die Kurse innerhalb einer vergleichsweise kurzen Zeitspanne drastisch fallen. Seit 1900 lassen sich folgende Crash-Ereignisse am weltweiten Aktienmarkt feststellen:[3]

1901: US-Panik
1907: US-Panik
1929: Wall Street Crash
1937: Große Depression
1962: Flash Crash
1987: Black Monday
1991: Japan-Crash
1997: Asienkrise
1998: Russland-Krise
2000: DotCom-Crash
2001: 9/11
2008: Finanzkrise
2010: Euro-Crash
2011: Bärenmarkt beim S&P 500
2015: China-Crash
2018: Crypto-Crash
2020: Covid-Crash

Insgesamt beläuft sich der untersuchte Zeitraum auf 120 Jahre – davon sind in 17 Jahren Crash-Ereignisse aufgetreten. Also ermitteln wir die Wahrscheinlichkeit in der Vergangenheit für einen Crash pro Jahr und setzen dafür die 17 Jahre ins Verhältnis zu den 120 Jahren. Dann erhalten wir die Zahl 0,14. In 14 Prozent der Jahre trat also ein Crash-Ereignis auf. Das war es aber noch nicht, denn jetzt kommt unsere Formel von oben ins Spiel:

$$P = e^{-0,14}$$

Das Ergebnis für die Wahrscheinlichkeit P beträgt also 87 Prozent. Das bedeutet: in 87 Prozent der Fälle haben wir kein Ereignis, also keinen Crash. Aber es geht noch genauer: Die Crash-Historie lässt sich sogar für die letzten 150 Jahre definieren:[4]

Start	Tiefpunkt	Ende	max. Kurseinbruch	Monate bis zum Tiefpunkt	Monate bis zur Erholung
März 1876	Jun 1877	Mai 1879	-34,3 %	15	23
Sep 1882	Jan 1885	Nov 1885	-21,8 %	28	10
Jan 1893	Aug 1893	Aug 1897	-25,1 %	7	48
Sep 1902	Okt 1903	Nov 1904	-25,9 %	13	13
Sep 1906	Nov 1907	Dez 1908	-34,1 %	14	13
Okt 1912	Okt 1914	Sep 1915	-25,3 %	24	11
Nov 1916	Dez 1917	Mai 1919	-27,9 %	13	17
Okt 1919	Juni 1921	April 1922	-26,4 %	20	10
Aug 1929	Juni 1932	Feb 1945	-83,7 %	34	152
Mai 1946	Nov 1946	Okt 1949	-21,8 %	6	35
Dez 1961	Jun 1962	April 1963	-22,2 %	6	10
Nov 1968	Juni 1970	März 1971	-29,2 %	19	9
Dez 1972	Sep 1974	Juni 1976	-42,6 %	21	21
Aug 1987	Nov 1987	Jan 1988	-29,6 %	3	2
Aug 2000	Sep 2002	Sep 2006	-42,7 %	25	48
Okt 2007	Feb 2009	März 2012	-50,7 %	16	37
Feb 2020	März 2020	Aug 2020	-35,0 %	1	5

Das Wichtige bei dieser Betrachtung: Ein Crash kann sich nicht nur über wenige Wochen und Monate ziehen wie beim Covid-Crash 2020, sondern kann gleich mehrere Jahre betreffen wie vom August 1929 bis zum Juni 1932. Wenn wir also auf Nummer sicher gehen wollen, werten wir einen solchen Mega-Crash wie 1929 nicht mit einem Jahr, sondern mit drei Jahren. Insgesamt waren 35 Jahre der 150 Jahre betroffen. Also ermitteln wir wieder die Wahrscheinlichkeit in der Vergangenheit für einen Crash pro Jahr und setzen dafür die 35 Jahre ins Verhältnis zu den 150 Jahren. Dann erhalten wir die Zahl 0,23. In 23 Prozent der Jahre trat also ein Crash-Ereignis auf oder die Folgen eines Crashes beeinflussten das Jahr negativ. Jetzt kommt wieder unsere Formel ins Spiel:

$$P = e^{-0,23}$$

Das Ergebnis für die Wahrscheinlichkeit P beträgt also diesmal 79,5 Prozent. Das bedeutet: In 79,5 Prozent der Fälle haben wir kein Ereignis, also keinen Crash oder die Folgen davon. Die exakte Wahrscheinlichkeit für einen Crash im Jahr 2021 betrug also gut 20 Prozent! Oder vielleicht doch nur 13 Prozent? Wer weiß das schon. Aber was bringen uns nun solche Zahlenexperimente? Leider gar nichts. Sie sind nur statistische Spielerei. Denn was sollte ich daraus für meine Anlagestrategie ableiten? Die einzige Lösung wäre, konsequent alle fünf Jahre auf einen Crash zu wetten. Wenn wir das Jahr 2020 als Ausgangsbasis nehmen, dann wäre der Crash 2025 fällig. Aber in welchem Monat überhaupt? Wer es mit solchen Prognosen ernst nimmt, müsste das ganze Jahr short sein, müsste also auf fallende Kurse wetten. Aber was passiert, wenn der Crash ausbleibt? Sollte man dann konsequenterweise auch gleich noch die nächsten Jahre shorten, so lange, bis es kracht?

Das Problem der Crashpropheten wird nach diesen Rechenspielen klar: Sie haben keine Lösung für das Problem, das sie selber den ganzen Tag rauf- und runterbeten. Es lässt sich keine sinnvolle Strategie entwerfen. Ich finde es richtig, dass Kritiker vor dem Crash warnen und Missstände ansprechen. Aber wenn es ums Investieren geht, verkaufen sie uns nur eine Belanglosigkeit. Dass früher oder später ein Crash kommen wird, ist zwar kein Naturgesetz, aber die Wahrscheinlichkeit sehr hoch. Wenn wir das Problem anhand der Physik des Erfolgs betrachten, dann haben wir also einen Fakt, der sozusagen von der Natur als exogener Schock vorbestimmt ist: Ein Crash wird früher oder später eintreten. Damit müssen wir leben. Aber wie reagieren wir darauf? Wir können der Emotion verfallen, bevor es überhaupt einen Crash gibt, und alles daransetzen, ihn zu umschiffen. Oder wir können es rational betrachten und das Beste daraus machen. Denn eines ist klar: Aktien sind historisch mit Abstand die beste Anlageklasse – auch wenn es statistisch gesehen regelmäßig scheppert. Was wären denn die Alternativen, um sein Vermögen langfristig zu schützen?

Wenn es um Beständigkeit und Werterhalt geht, werden gerne zwei Anlageklassen angeführt: Gold und Immobilien. Aber wer der Ratio vertraut, sollte sie beide nicht zu hoch gewichten, denn sie schneiden langfristig bei der Rendite schlecht ab. Gold brachte von 1900 bis 2018 real und in US-Dollar gerechnet gerade mal einen Zuwachs von 0,6 Prozent pro Jahr. Globale Wohnimmobilien schnitten mit 2,4 Prozent besser ab. Doch beide hatten bei weitem keine Chance gegen die Rendite des globalen Aktienmarktes mit satten 5,0 Prozent.[5]

Was bedeutet also rationales Denken für Investoren? Es heißt: Wir akzeptieren, dass uns schlimme Dinge passieren werden. Kurzfristig kann Börse sehr wehtun, aber langfristig gibt es ein sattes Schmerzensgeld in Form von Rendite.

Rationales Denken hilft aber nicht nur an der Börse. Der Psychologe Albert Ellis behauptete sogar, rationales Denken sei gesund. Ellis arbeitete in den 1940er- und 1950er-Jahren als Psychoanalytiker und beobachtete, dass die Symptome seiner Patienten nicht verschwanden, selbst wenn sie einen Zugang zu sich und ihrer Kindheit gefunden hatten. Wenn sie ein Problem lösten, trat sofort ein anderes auf. Wie lässt sich ein solcher Teufelskreis durchbrechen? Ellis entwickelte die sogenannte »rationale Therapie« – heute kennen wir sie als rational-emotive Verhaltenstherapie.[6] Ellis ging es darum, dass wir unsere irrationalen Gedanken als solche erkennen und mit rationalen Gedanken konfrontieren, um unser Denken zu verändern. Nehmen wir an, dir passiert etwas Schlimmes, beispielsweise verlierst du deinen Job. Dann kannst du Leid empfinden, musst dich aber nicht für wertlos halten und dein Leben abschreiben. Wer scheitert, der darf wütend und enttäuscht sein, aber er darf das Scheitern nicht zu seinem Glaubenssystem machen, denn sonst manifestieren sich Sätze wie »Mir passiert nie etwas Gutes« oder »Ich kann einfach nicht mit Geld umgehen« in unserem Gehirn. Irrationales Denken kennt nur Schwarz und Weiß und liefert uns eine Ausrede. Wer rational denkt, der akzeptiert, dass uns manchmal schlimme Dinge passieren, und nimmt das Leben trotzdem in die eigene Hand.

Wer rational denkt, der bekommt auch einen anderen Blick auf eine Pandemie: Die Wahrscheinlichkeit für eine Pandemie beträgt 0,1 bis 1,0 Prozent pro Jahr. Es handelt sich also um ein Extremereignis. Aber muss man sich selber bemitleiden, ausgerechnet so ein Pech zu haben und davon getroffen zu werden? Eigentlich nicht. Wenn wir eine Lebenserwartung von 80 Jahren voraussetzen, dann beträgt die Wahrscheinlichkeit 33 Prozent, einmal in seinem Leben von einer Pandemie betroffen zu sein.[7]

Der griechische Philosoph Epiktet stellte bereits vor knapp 2000 Jahren die These auf, dass Menschen und Dinge uns nicht aufregen würden. Wir regen uns nur auf, weil wir die Dinge so interpretieren, dass wir uns aufregen müssen.

Man kann keine Krise voraussagen, aber man kann sie messen!

Du kannst dir einen Crash wie ein Erdbeben vorstellen. Du kannst im Vorfeld viel darüber spekulieren, aber spüren wirst du es erst, wenn die Wände wackeln. »Nur Narren, Lügner und Scharlatane prognostizieren Erdbeben«, sagte Charles Richter, Namensgeber der Skala, die ihre Stärke misst.[8] Die Richter-Skala kann leider auch nur anzeigen, wie stark die Erde bebt, und nicht davor warnen. Wir wissen, dass sich ein Börsencrash zwar in der Theorie berechnen lässt, aber eine Prognose trotzdem absurd ist.

Viel wichtiger ist die Frage, woran man den Crash erkennt, wenn es dann endlich so weit ist. Wenn die Kurse plötzlich 5 Prozent tiefer stehen? Oder braucht es gar ein Minus von 10 oder 20 Prozent? Ein Crash lässt sich natürlich an den Aktienkursen ablesen: sie müssen in sehr kurzer Zeit stark fallen. Aber das ist nur die Fassade. Viel spannender ist es, was sich hinter den Kulissen abspielt. Profis schauen deswegen, ob sich das typische Muster einer Krise zeigt, und achten auf die Eigenkapitalkosten. Denn diese Kosten sind das Fieberthermometer einer wahren Krise und nicht nur einer kleinen Korrektur. Wie die Kosten für Eigenkapital in einer Krise durch die Decke schießen, lässt sich an der Grafik auf der nächsten Seite erkennen.

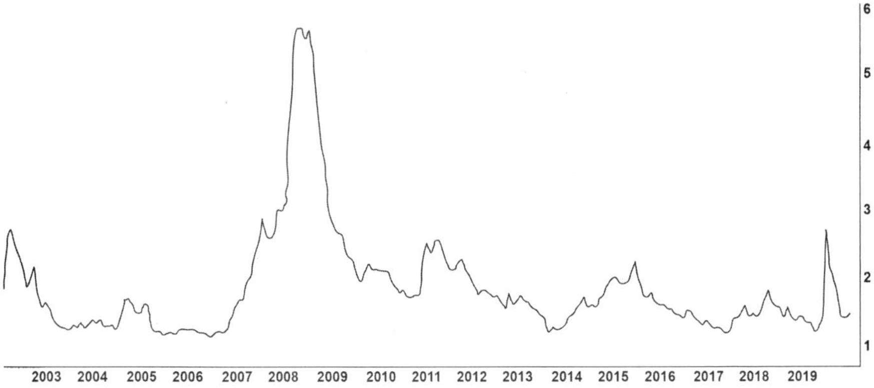

Abgebildet ist der Spread zwischen zehnjährigen US-Staatsanleihen und Unternehmensanleihen mit dem Rating BBB. Unter Spread kannst du dir einfach eine Differenz zwischen den beiden Größen vorstellen. Beispielsweise erkennen wir sofort das Ausmaß der Finanzkrise 2008. Dagegen sieht der Corona-Crash harmlos aus, aber der Ausschlag ist trotzdem eindeutig zu erkennen. Was hat es mit den Eigenkapitalkosten auf sich?

Grundsätzlich bedeutet die stark ansteigende Kurve, dass die Differenz zwischen Staatsanleihen und Unternehmensanleihen durch die Decke schießt, weil Unternehmen in einer Krise viel mehr bieten müssen, um an Geld zu kommen. Je schlechter das Rating, also die Kreditwürdigkeit, umso teurer kann es werden. Das Muster einer Krise ist nämlich immer dasselbe: Es gibt einen Auslöser – etwa das Coronavirus oder als 2008 die Immobilienblase platzte, Kredite nicht mehr bedient wurden und Banken ins Straucheln gerieten. Das führt dazu, dass zunächst ein bestimmtes Segment ins Wanken gerät. Auch von Corona waren nicht alle Unternehmen gleich betroffen. Für Online-Händler war es sogar ein Segen. Für Airlines dagegen war es ein Fluch – die Lufthansa verlor zwischenzeitlich 1 Million Euro an Liquidität pro Stunde.[9] Zuerst werden also typischerweise jene Aktien verprügelt, die am meisten betroffen sind. In der Corona-Krise stellten sich Investoren schnell die Frage, wer Probleme mit der Liquidität bekommen könnte. Wenn Städte abgeriegelt werden und Produktionshallen stillstehen, dann sind Lieferketten gefährdet und Cashflows drohen unterbrochen zu werden. Unternehmen mit dicken Cash-Beständen sind dann natürlich weniger unter Druck als Unternehmen, die knapp bei Kasse oder gar hoch verschuldet sind.

Aber warum fallen dann im Crash früher oder später alle Kurse und nicht nur diejenigen der betroffenen Unternehmen? Weil auch die anderen Unternehmen in einen Strudel hineingezogen werden. Eine wichtige Rolle spielen dabei die institutionellen Investoren – dazu zählen Versicherungen, Fonds, Pensionskassen oder Stiftungen. Denn diese Profis interessieren sich beim Investieren für zwei Parameter: Liquidität und Risikobudget. Setzen wir voraus, dass noch genug Liquidität vorhanden ist, dann wird aber das Risikobudget für viele Institutionelle zur Krux. Denn das Risikobudget wird bei Aktien über den Value at Risk (VaR) definiert – also den »Wert im Risiko«. Die Kennzahl bezeichnet ein Risikomaß für die Risikoposition eines Portfolios. Der VaR zu einem gegebenen Wahrscheinlichkeitsniveau gibt an, welche Verlusthöhe innerhalb eines gegebenen Zeitraums mit dieser Wahrscheinlichkeit nicht überschritten wird. Maßgeblich für den VaR ist die Schwankung, auch Volatilität genannt. Diese schießt bei einer Krise natürlich durch die Decke – und damit auch der VaR. Eine bestimmte Aktienquote bei einem niedrigen VaR verbraucht also viel weniger Risikobudget als bei hohem VaR.

Ob die Profis wollen oder nicht: sie müssen in einem solchen Umfeld Aktien abstoßen.

Generell gilt eine Regel im Crash: Cash ist King. Das gilt für Unternehmen, und deswegen müssen sie in der Krise viel mehr bieten, wenn sie sich beispielsweise Geld über Anleihen am Markt besorgen wollen. Das ist auch der Grund, warum in einer Krise oft alle Anlageklassen wie Aktien oder Gold fallen. 2020 erwischte es auch den Bitcoin heftig. Die Marktteilnehmer werden entweder durch Regularien gezwungen, Cash aufzubauen, oder sie versuchen, handlungsfähig zu bleiben. Für Gold müssen die institutionellen Anleger übrigens genauso viel Risikobudget bereithalten wie für Aktien. Gold bietet im Crash also keine Garantie auf Stabilität. Gold gilt zwar als sicherer Hafen und korreliert langfristig durchaus negativ mit Aktien, aber im Crash-Jahr 2008 verloren Investoren auch mit dem »Krisenmetall« 10 Prozent.

Fairerweise muss ich erwähnen, dass Gold im Jahr davor schon stark gestiegen war und von Anfang 2007 bis Ende 2008 eine Rendite von rund 40 Prozent brachte. Der S&P 500 verlor dagegen im selben Zeitraum 40 Prozent.[10]

Das Absurde an diesem ganzen Konstrukt: Die Profis müssen sich wegen der Regulatorik genauso verhalten wie Walter Mitty. Wenn alles rundläuft und Aktien steigen, dann können sie investieren. Und wenn die Kurse fallen, werden sie gezwungen, wie ein Anfänger zu handeln, der seinen Emotionen verfällt, und sie müssen verkaufen. Sie handeln also zyklisch und denken rückwärts statt vorwärts. Dabei ist ein Crash die große Chance, denn in einer Krise kann ich als Anleger so viel verdienen wie sonst nie. Auf den ersten Blick lassen sich Aktien einfach nur günstig kaufen, aber auf den zweiten Blick verdiene ich an der Börse, weil ich den Unternehmen Eigenkapital zur Verfügung stelle, wenn sie es dringend brauchen. Und dann zahlen sie natürlich auch mehr dafür. Das schlägt sich langfristig als höhere Rendite im Portfolio nieder. Genau diese hohen Eigenkapitalkosten lassen sich am Chart oben anhand des Spreads ablesen.

Wie sehr es sich auszahlen kann, wenn Investoren diese Situation nutzen, zeigt eine Statistik von JP Morgan: Nach dem Crash im März 2020 hatten die Experten eine Neubewertung der Ertragserwartungen für die langfristige Perspektive vorgenommen.[11]

Asset	30.09.2019	31.03.2020	Veränderung
Aktien weltweit	6,5 %	8,1 %	1,6 %
Large Caps USA	5,6 %	7,2 %	1,6 %
Large Caps Eurozone	5,8 %	8,2 %	2,4 %
Aktien Japan	5,5 %	6,5 %	1,0 %
Aktien Schwellenländer	9,2 %	10,5 %	1,3 %

Für den weltweiten Aktienmarkt errechneten die Analysten eine langfristige Mehrrendite von 1,6 Prozentpunkten, für Aktien in der Eurozone gar 2,4 Prozentpunkte. Wenn ein Crash kommt und du investieren kannst, bietet sich für dieses investierte Geld die Chance deines Lebens.

Wir als Privatanleger haben also ausnahmsweise einen Vorteil gegenüber den übermächtigen Profis: Wir haben keine Risikobudgets und keine Regulierung, an die wir uns halten müssen. Wir können mutig wie ein Bomberpilot zuschlagen und antizyklisch handeln, während die anderen dazu gezwungen werden, falsch zu handeln.

Learnings

- Eine Krise solltest du immer als Chance sehen.
- Eine Krise lässt sich nicht voraussagen, aber sie lässt sich messen.
- In einer Krise fallen oft alle Aktien und Anlageklassen, weil sich die Profis an Risikobudgets halten müssen und generell Liquidität hoch im Kurs steht.
- Gold schlägt sich im Risikobudget genauso nieder wie Aktien.
- Orientieren kannst du dich an den Eigenkapitalkosten der Unternehmen, geeignet dafür sind beispielsweise Spreads, also die Differenz zwischen den Renditen bei Unternehmensanleihen und Staatsanleihen. Anhaltspunkte findest du für Anleihen mit einem Rating von BBB unter diesem Link: https://fred.stlouisfed.org/series/BAMLC0A4CBBB und für Hochzinsanleihen (High Yields) unter diesem Link: https://fred.stlouisfed.org/series/BAMLH0A0HYM2

Money Management – So investiert man im Crash

Am 19.03.2020 lehne ich mich weit aus dem Fenster.

Wir haben eine Krise.

Corona überrollt uns.

Und der DAX ist in vier Wochen um 38 Prozent abgerauscht.

Aber ich erinnere mich daran, dass es meistens der beste Kaufzeitpunkt ist, wenn man nur noch rote Kurse sehen und besonders günstig nachkaufen will. Gier funktioniert nicht nur nach oben bei steigenden Kursen, sondern auch nach unten.

Ich habe meine Strategie für den Notfall klar definiert – deswegen kaufe ich weiter nach. Ich habe schon nach den ersten Rücksetzern ein wenig zugekauft, aber jetzt ist es laut meinem Plan an der Zeit, richtig Geld in die Hand zu nehmen.

Am 21.03.2020 lehne ich mich noch weiter aus dem Fenster. Wir machen bei *Mission Money* ein Video mit dem Titel: »Warum Lappen jammern – und ich jetzt NACHKAUFE!«[12] Im Video erkläre ich genau das, was ich zwei Tage vorher gemacht habe. Mehr als 55.000 Leute klicken das Video an. Mit so einer steilen These kann man sich schnell blamieren, wenn die Aktien in den nächsten Tagen weiter fallen. Aber das ist mir egal, denn ich zweifle nicht und glaube an meinen Plan.

Doch wie sieht so ein Plan für den Crash aus? Die Lösung heißt: Pyramidisieren. In der Abbildung unten erkennst du, wie du schrittweise und strategisch investieren kannst, wenn die Kurse fallen.

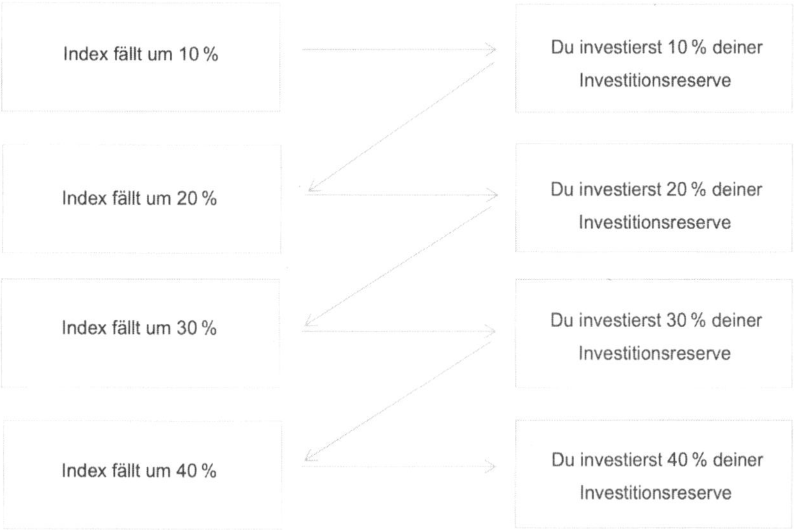

Nehmen wir den DAX als Beispiel, um ein Gefühl für den Crash-Plan zu kriegen. Und nehmen wir an, du bist zu 80 Prozent investiert, bevor die Kurse stürzen, und hältst 20 Prozent Investitionsreserve. Sagen wir mal, deine Cash-Reserve beträgt 10.000 Euro. Dann könntest du wie im Beispiel oben vorgehen. Wenn der Index um 10 Prozent gefallen ist, investierst du 10 Prozent deiner Reserve, kaufst also für 1.000 Euro nach. Wenn er um 20 Prozent gefallen ist, kaufst du für 2.000 Euro nach und so weiter. In der nächsten Abbildung erkennst du das Prinzip, und daraus ergibt sich auch der Name. Das Konzept des Nachkaufens ist wie eine Pyramide aufgebaut. Je tiefer die Kurse fallen, umso mehr wird nachgekauft.

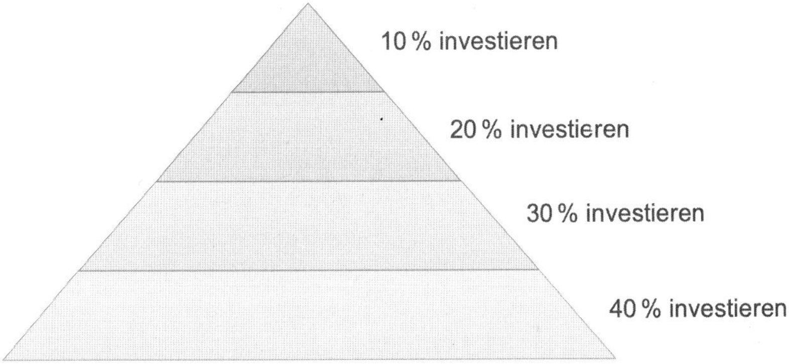

Dieses Modell ist aber nur ein Beispiel. Du kannst die Zahlen so gewichten, wie es am besten in deine Strategie und dein Budget passt. Entscheidend ist nur, dass du den Plan aufstellst und ihn dann auch durchziehst. Je breiter du die Pyramide unten anlegst, umso günstiger schlägst du zu, und umso größer ist deine Sicherheitsmarge. Aber umso größer ist auch das Risiko, dass du gar nicht zum Zug kommst. Pyramidisieren kannst du bei einem Index wie dem DAX oder Nasdaq anwenden, wenn du ETFs im Depot hast, aber es lässt sich genauso mit Einzelaktien umsetzen.

Keine Frage wurde mir im Jahr 2020 so oft gestellt wie: »Wie hast du das gemacht?« Tatsächlich habe ich bei meinem entscheidenden Nachkauf fast den Tiefpunkt getroffen, obwohl das nicht mal mein Ziel war. Ich versuche, in diesem Buch so praktisch wie möglich zu erklären und dir konkrete Werkzeuge an die Hand zu geben, wie sich eine Krise anhand der Spreads messen lässt, wie man stufenweise in den Markt einsteigt und wie man eine Vogelperspektive auf seine eigenen Emotionen bekommt. Aber zu Psychologie, Wissen und praktischer Erfahrung von mittlerweile 18 Jahren Börse – in den ersten fünf Jahren habe ich leider fast alles falsch gemacht, was man falsch machen kann – kommt auch noch etwas, das jeder selbst erleben muss und das man »unbewusste Kompetenz« nennt. Lass uns dazu die vier Stufen des Lernens anhand des Klavierspielens analysieren.[13]

Unbewusste Inkompetenz: Du wirst mit einem Thema oder einer Fähigkeit konfrontiert – und du bist überfordert. Du weißt nicht, was du tun sollst. Du weißt anfangs nicht mal, was du nicht weißt. Du machst Fehler, ohne es zu wissen. Wenn du beispielsweise ein Klavier spielen willst, dann weißt du, dass es sich um ein Klavier handelt und du auf Tasten drücken musst. Aber dann wird es auch schon eng.

Bewusste Inkompetenz: Im nächsten Schritt weißt du zwar theoretisch, was du machen müsstest. Aber du kannst es noch nicht umsetzen. Du kannst jetzt auch besser einschätzen, was du noch nicht weißt und diese Wissenslücken gezielt angehen. Vielleicht kannst du auf dem Klavier schon mit viel Mühe »Alle meine Entchen« spielen – aber du bist eben noch kein Klavierspieler, höchstens ein Klavier-Arbeiter.

Bewusste Kompetenz: Du weißt jetzt genau, was du wissen musst und wie du es hinbekommst. Du übst viel und machst immer weniger Fehler. Du hast einen regelmäßigen Fahrplan, und es wird zur Gewohnheit für dich, Klavier zu spielen. Du musst bei manchen Stücken schon gar nicht mehr auf die Noten schauen. Du wirst besser, aber es fehlt doch noch etwas.

Unbewusste Kompetenz: Du spielst blind am Klavier, und deine Finger wissen genau, was sie tun müssen. Erst am Ende des Stücks fällt dir auf, welche Fortschritte du in den letzten Jahren gemacht hast. Das Spielen ist dir ins Blut übergegangen, und die Übung hat deine Finger in eine Waffe verwandelt.

Unbewusste Kompetenz erlangen wir nur durch gnadenlose Praxis. Wir lernen durch Schmerz, indem wir selber Fehler machen und unser eigenes Geld im Feuer steht. Fürchte dich nicht vor Fehlern, du wirst sie machen – und sie werden deine größten Lehrmeister sein. Der Zwang, selber Antworten zu finden, fördert nämlich den Lernprozess. Und erst recht, wenn die Antworten falsch sind. Die Psychologin Janet Metcalfe und Kollegen haben wiederholt einen »hyperkorrektiven Effekt« nachgewiesen. Je überzeugter ein Lernender von seiner falschen Antwort ist, desto stärker prägt er sich die nachfolgend genannte Antwort ein.[14]

Ich kann dir nur die Antworten verraten, die ich für meine Probleme gefunden habe. Und ich hoffe, dass sie dir dabei helfen, deine eigenen Antworten zu finden.

Die Modelle der anderen – oder: Warum Querdenker oft einfach nur danebenliegen

»Was einmal gedacht wurde, kann nicht mehr zurückgenommen werden«, fasst Johann Wilhelm Möbius das ganze Drama zusammen. Er ist eine der Hauptpersonen in Friedrich Dürrenmatts Komödie *Die Physiker*. Möbius ist in der Tat Physiker, er galt einst als genial, aber mittlerweile als verrückt, seit ihm König Salomos Geist erschienen ist und er sich im privaten Sanatorium »Les Cerisiers« befindet. Unter der Aufsicht der »Irrenärztin« Fräulein Doktor Mathilde von Zahnd teilt er sich das Sanatorium mit zwei anderen Physikern: Ernst Heinrich Ernesti, genannt Einstein, weil er sich für das Physik-Genie hält, und Herbert Georg Beutler, genannt Newton, weil er sich für diesen zu halten scheint, aber eigentlich auch Einstein sein will und nur aus Rücksicht auf Ernesti den Newton mimt.

Der Clou an der Handlung: Möbius hat die Weltformel entdeckt, die in den falschen Händen zur Vernichtung der gesamten Menschheit führen könnte. Er ist auch gar nicht verrückt, sondern behauptet nur, ihm erscheine König Salomo, um sich damit selbst unglaubwürdig zu machen und so zu verhindern, dass seine revolutionäre Entdeckung missbraucht wird. Newton und Einstein sind dagegen in Wahrheit Agenten rivalisierender Geheimdienste und haben sich nur ins Irrenhaus einweisen lassen, um an Möbius' Weltformel zu gelangen. Die drei Physiker ermorden schließlich ihre Krankenschwestern, um ihre Geheimnisse zu vertuschen. Als die Polizei zu ermitteln beginnt, vernichtet Möbius seine Formel und überzeugt die beiden Agenten davon, dass sie die Formel geheim halten, um die Welt zu retten. Doch der Pakt der Physiker kommt zu spät. Die Irrenärztin von Zahnd hat bereits Möbius' Weltformel kopiert. Sie ist als Einzige wirklich verrückt, glaubt tatsächlich, im Auftrag König Salomos zu handeln und will die Weltherrschaft erringen. Die Physiker sitzen also als Mörder und Verrückte gebrandmarkt im Irrenhaus fest, und die wahre Irre ist schließlich im Besitz der Weltformel.

Was einmal gedacht wurde, kann nicht mehr zurückgenommen werden. Viele Experten versuchen, diese eine Weltformel für die Börse zu finden. Sie tüfteln an Modellen, Algorithmen und Zyklen. Natürlich unterliegen Börse und Wirtschaft Zyklen wie die Natur. Aber lässt sich das exakt berechnen? Allein bei der Wirtschaft wird es schon schwierig: Von 60 Rezessionen weltweit zwischen 1989 und 1998 sagten Experten im April des Vorjahres zwei korrekt voraus.[15]

Und wie sieht es mit der Börse aus? Nehmen wir an, du wärst tatsächlich ein Physiker, der einen roten Ballon vor sich hat. Jetzt sollst du berechnen, wie schnell dieser steigen wird. Dazu brauchst du als Experte nur die Gesetze der Aerodynamik zu beherrschen und dich mit Volumina, Gas und dem Einfluss des Windes auszukennen. Es gibt Formeln für solche Probleme. Die Börse verhält sich aber nicht wie ein roter Ballon. Theoretisch sind zwar viele Daten für eine Börsenformel vorhanden: beispielsweise die Schätzungen für Gewinne, das Bruttoinlandsprodukt (BIP), die Zinssätze und Inflationserwartungen. Aber andererseits führen neue Daten und Fakten zu neuen Daten und Fakten. An der Börse fließen diese Fakten in Gehirne von Millionen von Anlegern. Und die Frage ist dann, was sie daraus machen. Das Gas im Ballon kann sich über Nacht ändern, der Wind kann heute aus der einen und morgen aus der anderen Richtung wehen. Du bekommst mit deiner Börsenformel jeden Tag ein anderes Ergebnis. Ein falsches Modell zu verwenden, kann also viel gefährlicher sein, als gar keines zu nutzen.

Doch warum lässt sich die Börse nicht in eine Formel pressen, die sämtliche Faktoren berücksichtigt? Weil sie wie die Wirtschaft kein triviales System ist. Leider wird uns schon in der Schule ein ganz anderes Bild vermittelt. Uns werden Regeln eingetrichtert, und die ganze Welt sieht so aus:

$$a^2 + b^2 = c^2$$

In der Schule lernen wir, trivial zu denken. Also denken wir automatisch, die Börse wäre auch ein triviales System. Dann würde es so funktionieren:

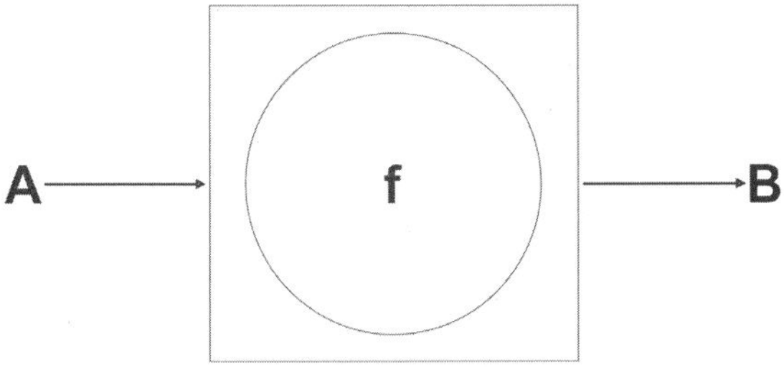

Triviales System

Wir kennen solche simplen Daumenregeln für Börse und Wirtschaft. Es passiert ein Ereignis A, und am Ende kommt dabei ein Ergebnis B heraus. Das beste Beispiel sind die Zinsen. Wenn sie steigen, dann gilt das als Gift für die Börse, und die Aktienkurse sollen fallen. Anfang 2021 schüttelte die Angst vor steigenden Zinsen die Börse tatsächlich durcheinander. Aber bedeuten steigende Zinsen automatisch, dass Aktien schlecht laufen müssen? Die Vergangenheit belegt das Gegenteil:[16]

Steigende Renditen Start	Steigende Renditen Ende	Monate	Veränderung beim »10 Year Treasury Yield«	Veränderung des S&P 500
26.12.62	29.08.66	44,7	1,70 %	**18,30 %**
16.03.67	29.12.69	34	3,60 %	**1,30 %**
23.03.71	16.09.75	54,6	3,20 %	**-18,1 %**
30.12.76	30.09.81	57,8	9,00 %	**8,70 %**
04.05.83	30.05.84	13,1	3,90 %	**-7,9 %**
29.08.86	16.10.87	13,8	3,30 %	**11,80 %**
15.10.93	07.11.94	12,9	2,90 %	**-1,4 %**
19.01.96	08.07.96	5,7	1,50 %	**6,70 %**
05.10.98	21.01.00	15,8	2,60 %	**45,80 %**
13.06.03	28.06.06	37	2,10 %	**26,00 %**

30.12.08	05.04.10	15,4	1,90 %	**33,30 %**
24.07.12	31.12.13	17,5	1,60 %	**38,10 %**
08.07.16	05.10.18	27,3	1,90 %	**35,50 %**
09.03.20	25.02.21	11,8	1,00 %	**39,40 %**
Durchschnitt		25,8	2,90 %	**17,00 %**
Median		16,6	2,40 %	**15,00 %**
% Positiv			100 %	78,60 %

In fast 80 Prozent der Fälle wirkten sich die steigenden Zinsen sogar positiv auf den amerikanischen Aktienindex S&P 500 aus. Die Vergangenheit sagt natürlich nichts über die Zukunft aus, aber die schöne Theorie war in der Praxis bislang wenig wert. Der Grund dafür, warum steigende Zinsen nicht per se fallende Kurse bedeuten: Wir haben es in unserem Wirtschaftssystem mit einem nichttrivialen System zu tun. Und das funktioniert so:[17]

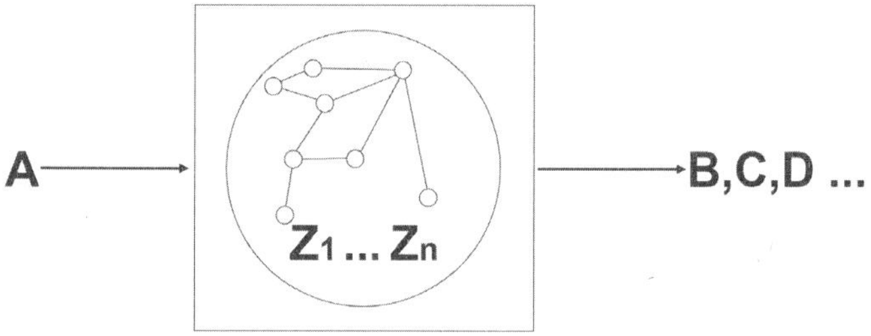

Nicht-triviales System

Der Output hängt in einem nicht-trivialen System also nicht nur vom Input ab, sondern auch vom Zustand des Systems. Wenn ein Ereignis A passiert, kann am Ende alles Mögliche dabei herauskommen. Ein Ergebnis B, C, D oder eben ganz was anderes. Und da kommen wir zu einem der wichtigsten Sätze, die ich jemals gelernt habe: Ein Modell ist nicht das System! Warum hat mir das niemand früher über Geld verraten?

Deswegen solltest du immer hellhörig werden, wenn dir Leute etwas verkaufen wollen, das auf einem Modell oder Algorithmus beruht. Das klingt alles nach Wissenschaft, aber es kann trotzdem einfach nur Bullshit sein. Gerade Algorithmen sind in Zeiten von Google und Quantencomputern en vogue und klingen nach Genie. Aber Algorithmen sind in erster Linie nichts anderes als Handlungsvorschriften zur Lösung eines Problems. Sogar ein Rezept für eine Suppe oder eine Anleitung von Ikea sind Algorithmen. Es lassen sich natürlich auch sehr komplexe Algorithmen mit Zufallskomponenten und Annäherungsverfahren bauen, aber ein Algorithmus allein verspricht noch lange nicht des Rätsels Lösung.

Warum kommt die Inflation denn nicht endlich?

Es steht in jedem Schulbuch und Börsenratgeber für Einsteiger: Wenn die Notenbanken die Zinsen senken, dann blüht die Wirtschaft auf und die Inflation steigt. Wenn es doch nur so einfach wäre. In der Eurozone notiert der Leitzins schon seit Jahren auf Rekordtief, trotzdem gingen weder Wirtschaftswachstum noch Inflation durch die Decke. Wie soll das gehen, wenn die Notenbanken seit Jahren wie verrückt Geld drucken und die Zinsen dauerhaft im Tiefflug sind? Ich erinnere mich an ein Interview mit Otmar Issing, ehemaliger Chefvolkswirt und ehemaliges Direktoriumsmitglied der Europäischen Zentralbank (EZB). Er brachte das Problem auf den Punkt: Die Geldmenge der Zentralbank ist zwar in den letzten Jahren rasant gestiegen, beispielsweise dadurch, dass die EZB massiv Anleihen aufgekauft hat. Aber diese Geldmenge liegt zum großen Teil auf irgendwelchen Konten und wird nicht aktiv. Die Geldmenge, die für die Kaufkraft relevant ist, ist in den letzten Jahren bei Weitem nicht so stark gestiegen. Das Geld überschwemmt also nicht die Supermärkte und lässt dort die Preise steigen, sondern vielmehr an den Finanzmärkten. Deswegen sprechen wir schon länger von der sogenannten Vermögenspreisinflation.[18] Die Preise von Sachwerten wie Aktien steigen schon seit Jahren, und auch an Immobilien, Kunst oder Edelmetallen ließ sich diese besondere Form der Inflation messen.

Aber es zeigt sich trotzdem: Ein Modell ist nicht das System. Aus A ergibt sich also nicht immer B. Wie vertrackt die Sache mit der Inflation ist, lässt sich allein an einer Formel ausmachen. Schauen wir uns dazu die sogenannte Fishersche Verkehrsgleichung des Ökonomen Irving Fisher an, die auch als Quantitätsgleichung bekannt ist. Sie gibt den Zusammenhang zwischen Geldmenge, Preisen und Bruttoinlandsprodukt an – und sieht so aus:[19]

$$M * V = P * Y$$

P steht für das Preisniveau, Y für das um Preissteigerungen bereinigte Bruttoinlandsprodukt, M für die Geldmenge und V für die Umlaufgeschwindigkeit des Geldes. Was passiert nun, wenn die EZB Staats- und Unternehmensanleihen aufkauft? Die Geldmenge M auf der linken Seite der Gleichung steigt. Doch was müsste passieren, damit wir es im Geldbeutel spüren? Das Preisniveau P auf der rechten Seite müsste steigen, damit es zu Inflation führt. Und warum hat es gerade in der Corona-Krise keine steigenden Preise gegeben wie von manchem Experten vorausgesagt? Beispielsweise, weil die Umlaufgeschwindigkeit des Geldes (V) fiel. In der Krise konnten wir viele Dinge nicht konsumieren, Tourismus und Gastgewerbe standen praktisch still. Es lief also weniger Geld durch den Kreislauf um, und die Inflation stieg deswegen nicht.

Also schießen dann die Preise nach einem Lockdown durch die Decke? Nicht unbedingt. Denn dann steigt wahrscheinlich die Umlaufgeschwindigkeit, weil die Leute wieder mehr konsumieren, aber im Gegenzug würde dann auch die Wirtschaft anziehen, also das um Preissteigerungen bereinigte Bruttoinlandsprodukt (Y). Am Preisniveau P muss sich demnach nicht zwingend etwas ändern, damit die Gleichung aufgeht.

Inflation lässt sich eben nicht mit Weisheiten aus Schulbüchern voraussagen – und im System schwirren viele Faktoren umher, die alles auf den Kopf stellen können.

Warum selbst Warren Buffett nicht alles weiß

»Die Börse hat sich von der Wirtschaft entkoppelt!«
»Diese Aktienkurse haben nichts mehr mit der Realität zu tun!«
»Eine solche Rally bildet die Ökonomie nicht mehr ab!«

Solche Kommentare hören Investoren in Dauerschleife, wenn die Börse gut läuft. Für manche scheint die Logik der Börse ganz einfach zu sein: Sie bildet exakt die Wirtschaft ab, und man muss nur einen Indikator zur Hand nehmen und schon weiß man, ob Aktien günstig oder teuer sind. Gerne wird auf den sogenannten Buffett-Indikator verwiesen. Schauen wir uns den Lieblingsindikator des legendären Investors einmal an.[20]

Wilshire 5000 Total Market Index im Verhältnis zum Bruttoinlandsprodukt der USA

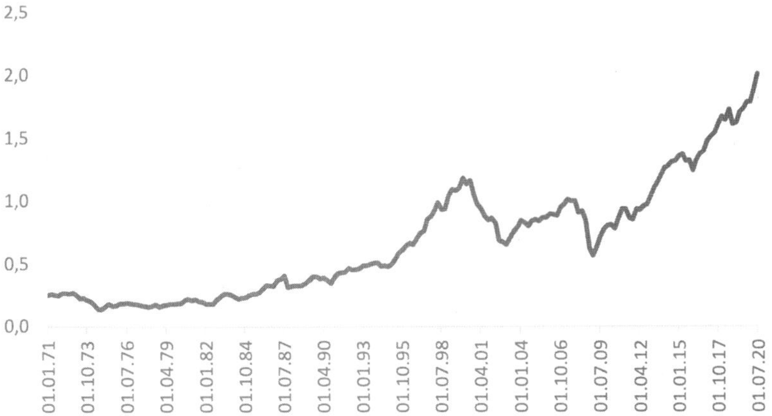

Der Indikator setzt die Marktkapitalisierung der Aktien eines Landes ins Verhältnis zum vierteljährlichen Bruttoinlandsprodukt des Landes. Auf diesem Weg lässt sich die Bewertung des Aktienmarkts mit dem Wachstum der Wirtschaft vergleichen. In diesem Beispiel handelt es sich konkret um die Wirtschaftsleistung der USA und die Marktkapitalisierung des Wilshire 5000, in dem 5.000 US-Aktien notiert sind.[21] Was sagt der Indikator nun konkret aus? Ein hoher Wert bedeutet, dass Aktien im Verhältnis teuer sind, weil sie dann stärker gestiegen sind als die Wirtschaftsleistung. Vor der Dotcom-Blase rund um die Jahrtausendwende und auch im Vorfeld des Crashes im Jahr 2008 ist der Indikator deutlich gestiegen. Vor dem Dotcom-Crash im ersten Quartal 2000 lag der Höchstwert bei rund 118 Prozent, vor dem Finanzkrisen-Crash bei 101 Prozent. Aber was passierte in den letzten Jahren? Das einstige Allzeithoch schlug der Indikator bereits im vierten Quartal 2013 mit einem Wert von mehr als 120 Prozent. Doch es folgte kein Crash, sondern der Wert kletterte wie die Börse immer weiter nach oben.

Welche Prognosefähigkeit hat dieser Indikator also? Außer Acht lassen sollten ihn Investoren natürlich nicht, da es schon bemerkenswert erscheint, wenn die Kurse von Aktien über Jahre viel stärker steigen als die Wirtschaft. Aber weniger Angst macht einem der Höchststand dieses Indikators, wenn man sich die Historie anschaut. Denn Börse und Bruttoinlandsprodukt hatten anscheinend noch nie so viel miteinander zu tun, wie die Parolen von oben vermuten lassen. Das zeigt der folgende Chart.

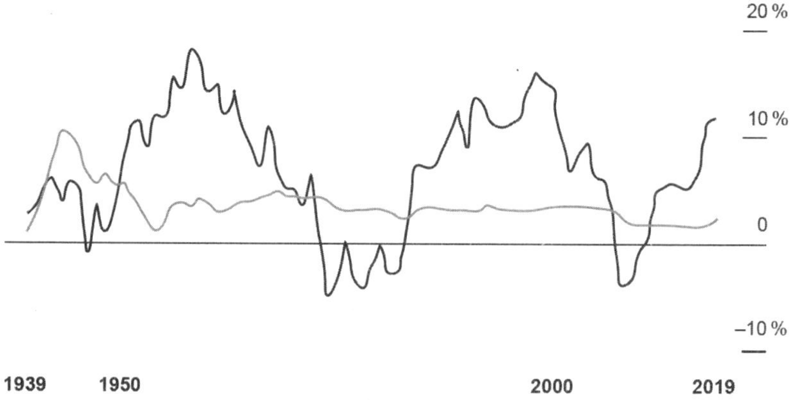

Wenn wir uns die Grafik anschauen, erkennen wir eine graue Linie (das rollierende und annualisierte 10-Jahres-Wachstum des realen Bruttoinlandprodukte) und eine schwarze Linie (den Total Return des S&P 500). Und wir erkennen, dass Börse und BIP seit mehr als 80 Jahren alles andere als im Gleichschritt gehen. Beispielsweise betrug die Korrelation zwischen den jährlichen Veränderungen beim realen oder inflationsbereinigten BIP und den jährlichen Renditen des S&P 500 (inklusive Dividenden) gerade mal 0,09 zwischen 1930 und 2019. Oder anders ausgedrückt: Es gab keine Korrelation. Was bedeutet Korrelation genau? Bei einem Wert von 1 gehen zwei Werte Hand in Hand und korrelieren zu 100 Prozent miteinander. Das Gegenteil ist eine negative Korrelation von –1. In einem solchen Fall bewegen sich zwei Werte genau in die entgegengesetzte Richtung voneinander. Wirtschaft und Börse treffen sich genau in der Mitte und sind damit wie ein Ehepaar, das eine Beziehung zu führen scheint, aber schon lange in getrennten Betten schläft. Die Statistik zeigt sich auch über andere Zeiträume: Die Korrelation lag über rollierende 10-Jahreszeiträume bei –0,04.[22]

Auf den ersten Blick hätte nur ein Verrückter im Jahr 2020 investiert: Corona wütete, die USA bereiteten sich auf einen schmutzigen Wahlkampf zwischen Donald Trump und Joe Biden vor, und dann schockierte Ende Mai auch noch der Tod von George Floyd die Nation. Der Afroamerikaner wurde in Minneapolis durch eine gewaltsame Festnahme getötet. Und was machte der Aktienmarkt? Er stieg! Denn er war noch nie ein Barometer für die Gesundheit oder die Stimmung in den USA. Die Börse interessiert sich weder für politische oder soziale Probleme noch für wirtschaftliche Rückschläge. Egal, wie schlecht und gefährlich die Welt erscheinen mag, Aktien können trotzdem steigen. Ein paar Beispiele dazu: In den 1930er-Jahren brachte der S&P 500 3 Prozent Rendite jährlich – Inflation und die Große Depression hatten das Land erschüttert. Er brachte ebenfalls 3 Prozent jährlich während der 1940er-Jahre, als der Zweite Weltkrieg tobte. Es gibt keine Blaupause dafür, wie sich Aktien während einer Krise verhalten.

Dasselbe Bild zeigt sich in Deutschland: Auch hierzulande schlafen Börse und Wirtschaft oft in getrennten Betten. Im Jahr 1967 ging die Wirtschaftsleistung um 0,3 Prozent zurück, der deutsche Aktienmarkt gewann mehr als 50 Prozent. 1975 schrumpfte das BIP um 0,9 Prozent, die Börse stieg um 40 Prozent. 1982 betrug das Minus beim BIP 0,4 Prozent, das Plus an der Börse fast 13 Prozent. 1993 stand ein Minus der Wirtschaftsleistung von 1 Prozent einem Plus von knapp 47 Prozent beim DAX gegenüber. 2003 ging das BIP um 0,7 Prozent zurück, der DAX gewann mehr als 39 Prozent.[23]

Woran liegt das? Natürlich könnte auch die Börse einen Einbruch der Wirtschaft über Jahrzehnte oder Jahrhunderte nicht verkraften. Aber die Börse bildet eben nicht die ganze Wirtschaft ab. Nach den Daten der Weltbank gab es im Jahr 2018 weltweit mehr als 43.000 börsennotierte Unternehmen.[24] Allein in Deutschland gab es 2018 aber schon knapp 3,3 Millionen Unternehmen.[25] Die Unternehmen an der Börse machen also nur einen Bruchteil der gesamten Wirtschaft aus.

Auf die aktuelle Krise bezogen lässt es sich drastisch formulieren: Die Börse interessiert sich dafür, wenn Amazon Rekordgewinne macht – aber nicht dafür, wenn die Eckkneipe oder dein Friseur dicht machen müssen. Die Börse kann sich also gar nicht von der Wirtschaft entkoppeln, weil sie noch nie an sie gekoppelt war.

Warum die Börse oft ein Eigenleben führt, wird deutlich, wenn wir uns die größten Positionen des MSCI-World-Aktienindex in der Tabelle unten anschauen.[26]

Unternehmen	Gewichtung	Branche
Apple	4,42 %	Technologie
Microsoft	3,11 %	Technologie
Amazon	2,70 %	Internetkommerz
Facebook A	1,28 %	Internetkommerz
Alphabet A	1,03 %	Internetkommerz
Tesla	1,02 %	Technologie
Alphabet C	1,02 %	Internetkommerz
Johnson & Johnson	0,81 %	Konsum
JP Morgan	0,75 %	Finanzen
Visa A	0,72 %	Technologie

Im MSCI World sind mehr als 1.600 Aktien aus 23 Industrieländern enthalten, aber die Dominanz der Internetkonzerne lässt sich auf den ersten Blick erkennen. Allein Apple, Microsoft und Amazon machten Anfang 2021 knapp 10 Prozent des Index aus. Wahrscheinlich hast du schon von den sogenannten FANG-Aktien gehört. FANG steht für die Anfangsbuchstaben der vier Giganten Facebook, Amazon, Netflix und Google. Später wurde das Akronym zu FANGMAN ausgebaut: Es kamen also noch Microsoft, Apple und Nvidia dazu. Und dann gibt es auch noch das Akronym GAFA für: Google, Apple, Facebook und Amazon. Der Tenor ist immer derselbe: Nur wenige Aktien machen noch den Unterschied an der Börse aus, und wenn Amazon und Apple immer neue Höhen erreichen, schieben sie den Markt damit allein an. Experten sprechen gerne davon, dass die Marktbreite fehle. Wenn also ein Index insgesamt steigt, aber beispielsweise nur 30 Prozent der Aktien steigen, dann steigt eben nicht der breite Markt, sondern nur ein Teil davon. Gerne wird auf die Digitalisierung und die Übermacht der Internetkonzerne verwiesen. Eigentlich sollen nur noch deren Aktien steigen und durch ihre hohe Gewichtung in den Indizes die Börse im Alleingang antreiben. Der Markt soll auf tönernen Füßen stehen, wenn er nur noch von wenigen Unternehmen getragen wird und alle anderen keine Rendite bringen.

Aber stimmt das wirklich? JP Morgan hat genau untersucht, wie sich die Performance eines Index aus vielen Einzelaktien zusammensetzt.[27] Der amerikanische Aktienindex Russell 3000 hat sich demnach seit 1980 mehr als verdreiundsiebzigfacht. Ein spektakulärer Erfolg – aber jetzt kommt der Hammer: In diesem Zeitraum haben 40 Prozent der Unternehmen im Index glatt versagt! Sie verloren mindestens 70 Prozent an Wert über diese Periode. Und da soll der Index trotzdem eine so starke Performance hingelegt haben? Ja, dafür reichten tatsächlich 7 Prozent der Unternehmen im Index, die außergewöhnlich gut performt haben. Nochmal zum Mitschreiben: Von den 3.000 größten Unternehmen in den USA in diesem breiten Index haben in den letzten 40 Jahren nur 210 Unternehmen im Schnitt richtig gut performt – und trotzdem ging der Index langfristig durch die Decke. Dass nur wenige Aktien den Markt bewegen, ist also weder neu noch außergewöhnlich. Es ist Normalität an der Börse. Warum hat mir das niemand früher verraten?

Nur auf einzelne Fakten zu schauen, kann tödlich sein. Doch wir verfallen immer wieder der Monokausalität. Wir schauen nur auf eine Ursache und leiten daraus eine Wirkung ab. Beispielsweise, dass der Dow Jones im letzten Jahr ein Allzeithoch erreichte und zum ersten Mal in seiner Geschichte die Marke von 30.000 Punkten knackte. Der erste Reflex: Ich muss verkaufen – Aktien sind viel zu teuer! Wer dann noch auf den Buffett-Indikator blickt, der fühlt sich wie auf dem Gipfel des höchsten Berges, auf einer zuvor nie erreichten Spitze, auf dem Dach der Welt. Also kann es nur nach unten gehen!

Aber die Börse ist kein Naturereignis wie der Mount-Everest, der sein Maximum bei 8.849 Metern erreicht. Sehr viele Faktoren beeinflussen das System Börse. Einer davon sind die Zinsen. Sie fallen seit

Jahren historisch niedrig aus und verändern alles. Du musst dir nur folgende Frage beantworten: Wie verändert sich der faire Wert einer Aktie bei unterschiedlichen Zinssätzen? Nehmen wir als erstes Beispiel Unternehmen A: Es verdient neun Jahre lang nichts und dann im zehnten Jahr 100 Euro. Wie viel ist dieses Unternehmen in einer Welt mit einem Zinssatz von 7 Prozent wert? Wenn du diskontierst, dann ergibt sich ein fairer Wert von 50 Euro. Jetzt senken wir die Zinsen von 7 Prozent auf 0 Prozent für Unternehmen B. Was ist dieses Unternehmen nun wert, wenn du diskontierst? Aus einem fairen Wert von 50 Euro werden plötzlich 100 Euro. Später in Kapitel 4 kommen wir dazu, wie man das genau ausrechnet. Aber du erkennst bereits, wie schnell sich alles ändert, wenn jemand nur an einer Stellschraube wie den Zinsen dreht.

Wenn wir das nichttriviale System Börse aus einer anderen Perspektive betrachten, wird noch klarer, warum Börse keine Mathematik ist. Die Investment-Legende George Soros erklärt das Phänomen mit der sogenannten Reflexivität, also der Rückbezüglichkeit.[28] Am besten verstehst du, was Soros damit meint, wenn du dir die Börse wie eine Masse von Menschen vorstellst, die gemeinsam auf einem Marktplatz stehen. Dann taucht ein Sprecher auf und verkündet neue Fakten. Etwa, dass die Notenbank die Zinsen anhebt, dass die Arbeitslosigkeit gestiegen ist oder die Gewinne der Unternehmen im Dow Jones um 10 Prozent gefallen sind. Die Fakten liegen auf der Hand und sind Realität – aber was machen die Menschen auf dem Marktplatz daraus? Der eine mag die Fakten als Grund auffassen, seine Aktien sofort zu verkaufen. Der andere ist positiv überrascht und kauft sofort. Ergo: Jeder Mensch reagiert anders auf bestimmte Fakten. Und dadurch ergibt sich eine Realität, also neue Fakten, zum Beispiel, dass mehr Menschen kaufen als verkaufen und die Kurse steigen.

Jetzt ließe sich behaupten, dass ein Markt doch insgesamt rational und effizient sei und immer ein Gleichgewicht finde. Das mag in der Theorie stimmen. Aber: Wie erklären sich dann Blasen und Crashes? Wie erklärt es sich, dass manche Aktien über Nacht 40 Prozent verlieren, obwohl sich fundamental nichts verändert hat? Weil sich eben jeder Mensch seine Realität selbst erschafft. Forscher haben gezeigt, wie unterschiedlich Wähler auf die Debatte zwischen Präsidentschaftskandidaten reagieren. Wer dachte, dass die Debatte voreingenommen war, der dachte auch, dass sie voreingenommen gegen seinen favorisierten Kandidaten war.[29] Eine Realität scheint es nicht zu geben, wenn beide Seiten unzufrieden sind. Wir lassen uns aber noch durch viel belanglosere Fakten verführen – beispielsweise durch den Geburtstag einer Person. Für eine Studie bekamen Freiwillige zwei verschiedene Versionen eines Aufsatzes über Rasputin vorgelegt, dem »verrückten Mönch aus Russland«. Rasputin war ein russischer Wanderprediger und Geistheiler. Er gewann in den letzten Jahren des Russischen Kaiserreichs bedeutenden Einfluss, obwohl er einen fragwürdigen Charakter hatte. Rasputin war ein Säufer, gewalttätig und misshandelte Frauen, war also offensichtlich niemand, den man schätzen würde, nachdem man einen Aufsatz über ihn gelesen hat. Die beiden Aufsätze über Rasputin waren identisch bis auf eine Ausnahme: Bei einem Aufsatz war das Geburtsdatum Rasputins identisch mit dem der Leser. Beim anderen Aufsatz war es nicht der Fall. Und das Ergebnis: Diese oberflächliche Gemeinsamkeit brachte die Leser mit dem identischen Geburtstag dazu, Rasputin deutlich besser zu beurteilen als die anderen Leser es taten.[30]

Wenn Menschen ihr rationales Denken so schnell über Bord werfen, lässt sich die Börse dann eher als Ökosystem betrachten? Diese Frage versuchten Experten am Santa Fe Institute zu beantworten. Sie untersuchen dort komplexe adaptive Systeme, also Systeme, die starken Wechselwirkungen ausgesetzt sind, weil viele Teile des Systems ständig ihr Verhalten anpassen und damit auch der Umgebung. Ein einfaches System besteht nur aus wenigen Teilen, die interagieren. Beispiele für komplexe adaptive Systeme sind dagegen Ökosysteme, Volkswirtschaften – und eben der Aktienmarkt. Jedes komplexe adaptive System kannst du dir wie ein Netz vorstellen, das aus vielen Akteuren besteht, die gleichzeitig agieren. Das Entscheidende: Die Akteure interagieren, sammeln Erfahrungen und passen sich an. Und wenn sich ein solches System ständig an die Umgebung anpasst, erscheint es unmöglich, ein absolutes Gleichgewicht zu finden. Denn kann sich ein Markt aus zigtausenden Teilnehmern auf eine rationale Gesamtmeinung einigen? An dieser Theorie lässt sich durchaus zweifeln.[31] Die Kollegen aus Santa Fe weisen darauf hin, dass viele Akteure am

Markt eher irrational agieren. Sie kaufen blind bei jedem Börsengang (IPO), weil sie gierig werden und die letzten Börsengänge verpasst haben. Sie wetten auf hohe Inflation, obwohl sie noch nicht mal etwas von der Umlaufgeschwindigkeit gehört haben. Oder sie versteifen sich auf ein Modell wie den Buffett-Indikator, ohne das System zu hinterfragen.

Noch fragwürdiger werden solche Indikatoren, wenn man auch noch das Bruttoinlandsprodukt (BIP) an sich auf die Probe stellt. Viele scheinen dem BIP hörig zu sein, und Experten überschlagen sich mit Prognosen, aber gottgegeben ist diese Kennzahl natürlich nicht. Im Gegenteil: Vor 80 Jahren gab es noch gar kein BIP.

Aber wie haben die Menschen dann früher den Wohlstand gemessen? Bereits im Jahr 1665 legte der Engländer William Petty als Erster eine Schätzung von einem »Nationaleinkommen« vor. Der Begriff wurde nie eindeutig definiert, von Epoche zu Epoche lag der Fokus auf einem anderen Aspekt. Adam Smith war überzeugt, dass der Wohlstand einer Nation nicht nur auf der Landwirtschaft beruhe, sondern auch auf der Industrie. Dienstleistungen trugen nach seiner Meinung jedoch »nichts zum Wert von irgendetwas bei«.[32] In Zeiten von Facebook, Netflix und Co. muten solche Aussagen fast schon humoristisch an. Aber natürlich konnte Smith das vor 300 Jahren noch nicht ahnen.

Anfang der 1930er-Jahre schickte US-Präsident Herbert Hoover schließlich Mitarbeiter seines Handelsministeriums durchs ganze Land, um zu klären, wie schlimm es wirklich um die USA stand. Die Arbeitslosigkeit wuchs, und immer mehr Unternehmen rutschten in die Pleite. Die Experten kamen schließlich mit einem Sammelsurium an Daten zurück, das auf eine Erholung hindeutete. Aber das beruhigte den Kongress nicht. Daraufhin wurde 1932 ein Professor namens Simon Kuznets beauftragt, eine Frage zu beantworten: Wie viele Dinge können wir erzeugen? In den folgenden Jahren legte Kuznets den Grundstein für jene Kennzahl, die später das BIP werden sollte.[33] Die Begeisterung für das BIP kannte danach keine Grenzen mehr, und bis heute muss sich jede Regierung daran messen lassen. Dabei haben selbst viele Volkswirte nicht mal eine Ahnung davon, wie es zustande kommt.[34] Das BIP ist also viel mehr eine Idee als ein Naturgesetz.

Die Illusion vom Gleichgewicht

»Die sind alle verrückt geworden«, schimpft Sherlock, »sogar ein Bekannter von mir hat jetzt schon AMC und GameStop gekauft!«

»Die Zocker-Aktien,« sage ich.

»Das muss man sich mal vorstellen. Solche Typen kaufen Aktien einfach nur, weil sie davon in einem Forum lesen und werden dann auch noch belohnt. GameStop ist 1.000 Prozent im Plus – und das in einem Monat! Praktisch ohne Grund. Die ganzen Kleinanleger haben sich bei Reddit zusammengerottet, um Hedgefonds einen auszuwischen, die solche Aktien geshortet haben. Sie wollen sich die Macht von den großen Investoren holen und jubeln gemeinsam Schrottaktien hoch!«

»Du kapierst einfach das Problem nicht. Es handeln nicht alle ständig rational! Emotionen dominieren kurzfristig. Eine gute Geschichte kann einen Aktienkurs weit nach oben treiben. Selbst die klassischen Ökonomen wie Paul Samuelson erkannten an, dass in einem System wie dem Aktienmarkt ein perfektes Gleichgewicht nicht möglich ist. Die Menschen sind nicht von Anfang an absolut rational.«

»Soll ich also auch irrational handeln? Willst du mir das damit sagen?«, fragt Sherlock.

»Natürlich nicht! Aber rationales Denken heißt auch, dass man nicht sein eigenes Denken bei allen anderen voraussetzt.«

»Das wird die Zocker noch teuer zu stehen kommen, dass sie nicht so denken wie ich. Systeme sind stabil und lernen mit solchen Anomalien umzugehen. Und dann ist Schluss mit lustig!«

»Kennst du die Geschichte von den fünf Blinden und dem Elefanten?«, frage ich.

»Nein!«

»Dann hör jetzt gut zu.«

Es waren einmal fünf weise Gelehrte. Sie alle waren blind. Diese Gelehrten wurden von ihrem König auf eine Reise geschickt und sollten herausfinden, was ein Elefant ist. Und so machten sich die Blinden auf die Reise nach Indien. Dort wurden sie von Helfern zu einem Elefanten geführt. Die fünf Gelehrten standen nun um das Tier herum und versuchten, sich durch Ertasten ein Bild von dem Elefanten zu machen. Als sie zurück zu ihrem König kamen, sollten sie ihm nun über den Elefanten berichten.

Der erste Weise hatte am Kopf des Tieres gestanden und den Rüssel des Elefanten betastet. Er sprach: »Ein Elefant ist wie ein langer Arm.«

Der zweite Gelehrte hatte das Ohr des Elefanten ertastet und sprach: »Nein, ein Elefant ist vielmehr wie ein großer Fächer.«

Der dritte Gelehrte sprach: »Aber nein, ein Elefant ist wie eine dicke Säule.« Er hatte ein Bein des Elefanten berührt.

Der vierte Weise sagte: »Also ich finde, ein Elefant ist wie eine kleine Strippe mit ein paar Haaren am Ende.« Denn er hatte nur den Schwanz des Elefanten ertastet.

Und der fünfte Weise berichtete seinem König: »Also ich sage, ein Elefant ist wie eine riesige Masse, mit Rundungen und ein paar Borsten darauf.« Dieser Gelehrte hatte den Rumpf des Tieres berührt.[35]

Was lernen wir aus der Geschichte? Jeder hat eine andere Sicht auf die Dinge – und wenn es viele Wahrheiten gibt, dann wird ein einzig wahres Gleichgewicht schnell zur Illusion. Wie manche Akteure an der Börse handeln, lässt sich rational nicht erklären. Sir Isaac Newton hat einst gesagt: »Ich kann die Bewegungen der Himmelskörper beschreiben, aber nicht die Verrücktheit der Menschen.« Die Verrücktheit der anderen musste er am eigenen Leib erfahren. Im Februar 1720 investierte Newton einen kleinen Teil seines Vermögens in Aktien der South Sea Company. Diese britische Aktiengesellschaft war 1711 gegründet worden und besaß das Monopol auf den Handel mit den südamerikanischen Kolonien Spaniens. Der Wert von Newtons Aktien verdreifachte sich innerhalb von drei Monaten, und er beschloss, sie zu verkaufen. Klingt nach einem guten Geschäft. Aber Newton musste schließlich dabei zuschauen, wie die Aktien immer weiter stiegen. Seine Freunde hatten die Aktien behalten und wurden immer reicher. Im Juli beging er dann einen Fehler, der jedem Anleger schon unterlaufen ist: Er investierte nach dem frühen Verkauf erneut in die South Sea Company. Aber er musste mehr als das Doppelte hinblättern. Für jene Aktien, die er für 300 Pfund pro Stück verkauft hatte, zahlte er nun 700 Pfund pro Stück. Und dieses Mal steckte er auch einen ordentlichen Teil seines Vermögens rein.

Ein halbes Jahr später kam die Quittung: Im November war alles aus! Die »Südseeblase« platzte. Newton versuchte, den Schaden noch zu begrenzen und auszusteigen, aber er bekam schließlich nur noch 100 Pfund je Aktie. Eine finanzielle Katastrophe, aber als Leiter der königlichen Münzanstalt bezog er immerhin ein sicheres Gehalt und rutschte nicht in die Pleite.[36]

Am Beispiel des Universalgenies Newton lässt sich auch das Problem Sherlocks erkennen: Ihn dominiert die Ratio. Sherlock sieht die Welt oft, wie sie sein sollte, aber nicht wie sie ist. Er denkt oft in Modellen und nicht im System, denn ihm fehlt das Verständnis für die Emotion und für die Unvernunft der anderen. Rationales Denken heißt aber nicht, dass wir voraussetzen, dass alle rational sind. Rationales Denken heißt für mich auch, sich seiner eigenen Schwächen und Limitierungen bewusst zu sein und besonders den irrationalen Überschwang der anderen im Blick zu haben.

Denn das Newton-Muster läuft an der Börse immer gleich ab: Wer bei steigenden Kursen nicht dabei ist, erklärt die anderen gerne für verrückt. Irgendwie muss man sich die Welt erklären, wenn die anderen dicke Gewinne einfahren und man selber an der Seitenlinie steht. Wer zuschaut wie Newton, erklärt die anderen solange für verrückt, bis er es nicht mehr aushält und dann teuer kauft. Denn früher oder später kann selbst der rationalste Mensch von seinen Emotionen übermannt werden. Am einfachsten lässt sich diese Falle umgehen, wenn du immer an der Börse investiert bist.

Vielen erscheint die Börse wegen der Unsicherheit verrückt. Börse lässt sich nicht berechnen. Und was Menschen nicht kontrollieren können, das macht ihnen Angst. Bereits 1827 hatte der schottische Botaniker Robert Brown beobachtet, dass sich Blütenstaubkörner oder andere kleine Teilchen, die in Wasser gelegt wurden, durch Zittern bewegten, und zwar dadurch, dass sie zufällig zusammenstießen.[37] Diese »Brownsche Bewegung« findet sich auch an der Börse. Wenn Informationen aufeinanderstoßen, weiß niemand, was die Börsianer daraus machen. Das verunsichert gerade Anfänger. Aber noch verrückter erscheint die Börse, wenn die Kurse sich auf einmal bewegen, obwohl gar keine neuen Informationen vorliegen.

Der Ökonom Lawrence Summers untersuchte die 100 größten täglichen Marktbewegungen und konnte nur 40 Prozent davon mit Ereignissen in Verbindung bringen, die in den Nachrichten gemeldet wurden.[38] Jeden Tag wird in den Nachrichten erklärt, warum die Aktienkurse gefallen oder gestiegen sind. Aber Nachrichten machen eben nicht immer die Kurse. Bestes Beispiel sind die Impfstoff-Aktien. Versetzen wir uns zurück in den Herbst 2020: Die ganze Welt fiebert dem Impfstoff gegen Corona entgegen. Es hagelt Zulassungen für Biotechnologieunternehmen wie Biontech, und es sollte noch Ende des Jahres mit den Impfungen rund um den Globus losgehen. Da müsste die Aktie von Biontech doch eigentlich durch die Decke gegangen sein, oder? In den Vormonaten durchaus. Im gesamten Jahr 2020 brachte die Aktie von Biontech eine Rendite von rund 118 Prozent, aber ausgerechnet als das Ziel immer näher kam, geriet die Aktie unter Druck. Im Dezember 2020 fielen die Nachrichten überwiegend positiv aus: Bereits am 8. Dezember wurde die Britin Margaret Keenan geimpft – und zwar mit dem Impfstoff, den Biontech und Pfizer entwickelt haben.[39] Und was machte der Aktienkurs? Biontech krachte von 95 Euro Anfang Dezember runter auf 70 Euro am Jahresende. Der Aktienkurs von Pfizer verlor im selben Zeitraum auch knapp 10 Prozent. Nur ein Durchhänger oder Zufall?

Die Großbank UBS hat in einer Studie dargelegt, wie Impfstoff-Aktien auf Nachrichten reagieren. Die Experten der Bank untersuchten den Zusammenhang zwischen signifikanten Nachrichten zu einem möglichen Impfstoff und der Reaktion des Aktienmarktes. Gemessen am US-Index S&P 500 waren allein die vier entscheidenden Tage im Jahr 2020 (bis 19.08.2020) verantwortlich für 6,5 Prozentpunkte der Performance des Index zwischen Mai und August. Aber: Haben auch die Aktien profitiert, die einem als erstes in den Sinn kommen? Eben Biontech, Curevac, Moderna und Co.? Das verblüffende Ergebnis: nein! Aktien aus dieser Branche korrelierten nicht so stark mit den Schlagzeilen. Und der Sektor Biotechnologie sogar negativ! Das muss man sich mal vorstellen.[40] Besonders positiv korrelierten Fluglinien, Hotels und Energie, weil die Börse schon einen Schritt weiter war. Impfstoff war gestern, aber die langfristigen Gewinner eines Impfstoffs wurden plötzlich interessant. Die Börse dachte also schon voraus und überlegte sich, welche Unternehmen profitieren würden, wenn die Welt zur Normalität zurückkehrt.

Wer also den Nachrichten hinterherläuft, der riskiert Fehler. Als Corona sich Anfang 2020 auf der Welt ausbreitete, konnte man sich Gedanken darüber machen, welche Aktien von einem Impfstoff profitieren könnten. Aber wer im Dezember 2020 in seiner Heimatzeitung las, dass der Impfstoff jetzt erfolgreich verabreicht wurde, der sollte sich fragen, ob nicht schon viele Investoren seit Monaten auf satten Gewinnen sitzen und diese bald abstoßen könnten. Börsenlegende André Kostolany sprach in diesem Zusammenhang gerne vom sogenannten »Fait accompli«, also von vollendeten Tatsachen.[41] Wenn alle vorher schon kaufen, dann sind einfach keine Käufer mehr da, wenn schließlich der Gewinn verkündet wird! Im Gegenteil: Manche Investoren verkaufen dann ihre Aktien – gerade, wenn sie sehr früh eingestiegen sind – und nehmen ihre Gewinne mit. Das drückt dann sogar auf den Kurs.

Wer solche Abläufe außer Acht lässt, für den kann die Börse schnell verrückt wirken. Und wer sich in das Netz aus Nachrichten begibt und seine Aktienkäufe danach ausrichtet, kann sich schnell verheddern. Der amerikanische Wirtschaftswissenschaftler Fischer Black nannte dieses Netz potentieller Falschinformationen »Rauschen«.[42] Gemeinsam mit Myron Scholes hat Black das Black-Scholes-Modell zur Bewertung von Finanzoptionen entwickelt. Die Ergebnisse dieser Arbeit führten 1997 zum »Wirtschaftsnobelpreis«. Black glaubte nicht, dass reine Informationen zu rationalen Preisen führen würden, sondern das meiste eben nur Rauschen sei und Investoren eher verwirre. »Das Rauschen«, erklärte Black, »führt dazu, dass unsere Beobachtungen unvollkommen sind.«

Konsumiere also lieber Medien, die in die Tiefe gehen und die Faktenlage weiterdrehen. Denn die Vergangenheit interessiert nicht, mit der Zukunft wird Geld verdient. Je mehr die anderen ins Schwitzen kommen, wenn die Medien über eine Katastrophe berichten, umso weniger musst du dir Sorgen machen. Denn alles, was die Schlagzeilen dominiert, ist für die Börse meistens schon Schnee von gestern.

Learnings

- Sei vorsichtig, wenn jemand die anderen für verrückt erklärt.
- Überschätze deine Realität nicht. Nur weil du etwas denkst, muss es noch lange nicht stimmen. Das größte Selbstvertrauen hilft nichts, wenn Geld ins Spiel kommt und deine Meinung nicht mehr zählt.
- Kaufe Aktien niemals nach den Nachrichten, die in der Tageszeitung stehen.
- Bedenke, dass die Börse oft Monate oder gar Jahre voraus ist.

Warum Denken tödlich sein kann

Ich sitze Anfang Juli 2016 im Zug nach Wien, es ist Freitagnachmittag, und ich will über das Wochenende alte Freunde besuchen. Aber als der Zug Salzburg verlässt und in Richtung Wien fährt, habe ich nur Tennis im Sinn: Ich höre die ganze Fahrt über Radio Wimbledon auf meinem iPhone. Der Weltranglistenerste Novak Djokovic spielt gegen den Außenseiter Sam Querrey. Und als Querrey überraschend den ersten Satz mit 7:6 gewinnt, werde ich nervös. Im Jahr 2016 habe ich meine obligatorische Wette abgeschlossen: Juventus Turin ist Meister geworden, der FC Bayern hat das DFB-Pokalfinale gegen Borussia Dortmund gewonnen und Juventus Turin das Pokalfinale gegen den AC Mailand. Der serbische Tennisspieler Djokovic hat in diesem Jahr zum ersten Mal die French Open gewonnen und scheint in diesen Tagen unbesiegbar zu sein. Und jetzt steht nur noch ein Ereignis aus, damit meine Wette aufgeht: Wimbledon. In meiner Kombiwette habe ich ebenfalls auf Djokovic gesetzt. Er hat das Rasenturnier in Großbritannien schon dreimal gewonnen und gilt jetzt auch als Topfavorit bei den Buchmachern. Aber ich habe schon Wochen vor dem entscheidenden Spiel gegen Querrey dieses Gefühl, das mir sagt: Das wird nichts. Und ich habe das Gefühl, dass ich etwas unternehmen muss.

Bei meiner obligatorischen Wette geht es nur um einen symbolischen Betrag, aber es bedeutet mir trotzdem viel, weil es mir ums Prinzip geht. Ich will es besser machen als früher und keinen Cent mehr verlieren. Deswegen verfolge ich in den Wochen vor Wimbledon jeden Schritt von Djokovic, träume sogar nachts davon, dass er sich verletzen wird. Rational kann ich es mir nicht erklären. Trotzdem will ich nichts riskieren und sichere meine Wette ab. Da ich im Fall von Djokovic' Sieg einen dicken Gewinn einfahre, habe ich ein ordentliches Budget, um das Geld auf andere potenzielle Sieger zu verteilen. Ich baue eine Excel-Tabelle mit 20 möglichen Siegern für das Turnier und verteile die Einsätze so, dass ich im *worst case* mit einer schwarzen Null abschließe und im *best case* immer noch einen ordentlichen Gewinn einfahre.

Als ich abends in Wien ankomme, zieht sich die Schlinge für Djokovic immer weiter zu. Der Topfavorit hat auch den zweiten Satz gegen Querrey mit 1:6 verloren. Es sieht nach einer schnellen Niederlage in drei Sätzen aus, aber Djokovic und ich haben Glück: Das Spiel wird wegen Regens unterbrochen und am nächsten Tag fortgesetzt. Eine solche Unterbrechung hilft eher dem Spieler, bei dem es gerade nicht läuft. Und so sollte es auch kommen. Das Spiel wird am kommenden Samstagnachmittag fortgesetzt, und Djokovic wirkt wie verwandelt. Während wir auf dem Naschmarkt in der Sonne sitzen und Weißweinschorle trinken, schaue ich alle zehn Sekunden auf den Liveticker auf meinem Smartphone. Djokovic reißt den dritten Satz schnell mit 6:3 an sich. Als es in die kritische Phase des vierten Satzes geht, greife ich wieder auf Radio Wimbledon zu und stecke mir einen Kopfhörer ins Ohr. Djokovic vergibt eine Chance nach der anderen und flucht so laut, dass ich die serbischen Schimpfworte deutlich bis nach Wien verstehe. Djokovic scheint besser zu spielen, aber er braucht lange, um sich einen Vorsprung zu erarbeiten. Als er es dann endlich mit dem Break zum 6:5 schafft, sieht es doch nach dem Sieg des Favoriten aus. Aber mein Gefühl sagt etwas anderes: Sofort setze ich das letzte Geld meines Budgets auf Querrey. Seine Quote schoss nach dem Break in die Höhe, weil jetzt alle mit einer Wende rechnen. Doch 15 Minuten später stöhnt die Tenniswelt auf: Querrey hat den vierten Satz noch umgebogen und Djokovic besiegt. Die Sensation ist so groß, dass ich sogar eine Push-Mitteilung von meiner Nachrichten-App bekomme: »Sensation: Weltranglistenerster Djokovic scheitert in der 3. Runde bei Wimbledon«. Und ich habe es schriftlich, dass mein Bauchgefühl mich nicht getäuscht hat.

»Ein Bauchgefühl ist weder eine Laune noch ein sechster Sinn noch Hellseherei noch Gottes Stimme. Es ist eine Form unbewusster Intelligenz«, erklärt der renommierte Risiko-Forscher Gerd Gigerenzer, »die Annahme, Intelligenz sei notwendigerweise bewusst und überlegt, ist ein Riesenirrtum.«[43] Das Bauchgefühl kommt nicht von ungefähr, denn in unserem Bauch verbirgt sich eine Schaltzentrale, ein Nervensystem, das wie unser Gehirn aufgebaut ist. Wissenschaftler bezeichnen es als enterisches Nervensystem oder auch als Bauchgehirn. Das Bauchgehirn besteht aus etwa 100 bis 200 Millionen Nervenzellen, und dadurch existiert eine physiologische Verbindung zwischen Psyche und Verdauungstrakt. Deswegen erleben wir Gefühle wie »Schmetterlinge im Bauch« oder wir spüren es, wenn uns Stress »auf den Magen schlägt«.[44]

Sollen wir Aktien also nach Bauchgefühl kaufen? Natürlich nicht! Es geht mir in diesem Kapitel vielmehr darum, wie wichtig Gefühl und Intuition für einige Entscheidungen in unserem Leben sein können und warum ein Excel-Sheet nicht immer die Lösung ist. Wenn wir bei Job oder Liebe nur rational denken, kann das schnell auf den Holzweg führen. Ich kann mich noch gut an die Zeit vor meinem Studium erinnern. Jeder hielt mir eine Statistik mit denjenigen Berufen unter die Nase, die das höchste Gehalt versprachen. Wenn ich danach entschieden hätte, wäre ich heute wahrscheinlich Jurist, Programmierer oder Wirtschaftsingenieur. Auch nicht schlecht, aber glücklicher wäre ich damit sicher nicht geworden.

Rationales Denken hilft beim Investieren, aber der Kopf kann im Alltag unser größter Feind sein. Der Witz über den Wirtschaftswissenschaftler trifft es gut, der einen 100-Euro-Schein auf der Straße findet und ihn nicht aufhebt, weil es keinen Sinn ergibt, dass der Schein da liegt und es sich um eine Fälschung handeln muss.

Menschen, die dagegen auf ihr Bauchgefühl vertrauen und sich schnell entscheiden, können durchaus gut fahren. Für eine Studie boten Forscher ihren Testpersonen zwei Poster zur Auswahl: entweder die Reproduktion eines impressionistischen Gemäldes oder ein lustiges Poster einer Cartoon-Katze.[45] Bevor sie ihre Entscheidung trafen, wurden einige Testpersonen darum gebeten, logisch darüber nachzudenken, warum sie denken würden, dass sie das eine oder andere Poster mögen oder nicht mögen würden (die Denker-Gruppe). Dagegen baten die Forscher die andere Gruppe, sich möglichst schnell und aus dem Bauch heraus zu entscheiden (die Nicht-Denker-Gruppe). Nun würde man annehmen, dass sich eine solche Entscheidung rational treffen lässt und es nicht schwer fällt, sich für einen Favoriten zu entscheiden. Doch im Nachgang zeigte sich, dass die Denker-Gruppe unzufriedener mit ihrer Auswahl des Kunstwerkes war. Der Grund: Die Denker hatten sich zu viele Gedanken auf einer anderen Ebene gemacht. Passt die Farbe des impressionistischen Gemäldes wirklich zu den Vorhängen? Was denken Gäste über meinen Humor, wenn sie Garfield an der Wand hängen sehen? Sie stellten sich also nicht vor, wie sie sich mit einem Poster an der Wand fühlen würden. Genau das taten im Gegenzug die Nicht-Denker. Sie versetzten sich in die Lage, wie sie sich selber fühlen würden und entschieden sich dann für ein Poster. In der Tat führte dieses Vorgefühl zur besseren Entscheidung.[46] Der Weltklasse-Schachspieler Magnus Carlsen beschreibt seine Entscheidungen so: »Oft kann ich einen bestimmten Zug nicht erklären, ich weiß nur, dass er sich richtig anfühlt, und es scheint so zu sein, dass meine Intuition öfter richtig ist als falsch.«[47]

Ohne Bauchgefühl geht es oft nicht. Und zu viel denken kann uns stoppen, wenn es darum geht, vorwärts zu kommen. War es rational, mit *Mission Money* zu starten? Ich weiß es nicht. War es rational, ein Buch zu schreiben? Ich weiß es nicht. Ist es rational, dieses Buch zu schreiben? Ich weiß es auch nicht. Und ich könnte dir rational auch nicht erklären, wie ich ein solches Buch schreibe. Es steckt natürlich eine Struktur dahinter, aber bei beiden Büchern erlebte ich das Gefühl, dass es sich praktisch von allein schreibt und das meiste aus der Intuition kommt. Rational denken hilft nicht immer weiter, weil wir nicht aus Zahlen bestehen, sondern Menschen sind.

Gute Entscheidungen zu treffen, heißt für mich, sich auf die wichtigsten Fakten zu konzentrieren. Beim Investieren lässt es sich beispielsweise schlicht halten, und wir brauchen kein Bauchgefühl. Bei Aktien handelt sich um die beste Anlageklasse, und wenn du breit investierst, kannst du langfristig kein Geld verlieren. Selbst mit einem Index wie dem Russell 3000 kannst du langfristig ein Vermögen machen, obwohl viele Unternehmen absaufen. Warum sollte man die Sache also komplizierter machen, als sie ist?

Rationales Denken heißt nicht Überdenken. Wer Dinge komplizierter macht, als sie sind, wird nie zum Handeln kommen. Das ist oftmals der Grund, warum intelligente Menschen wie Sherlock am Ende doch schlechte Entscheidungen treffen. Sie wissen sehr viel und denken so lange, bis sie zu dem Punkt kommen, dass alles einen Haken haben muss und eine einfache Lösung sowieso keine Lösung ist. Keith Stanovich, Professor an der University of Toronto, hat die Psychologie von Argumentationen mehr als ein Jahrzehnt lang untersucht. Seine Erkenntnisse: Der IQ eines Menschen ist geeignet, die mentalen Fähigkeiten wie Erinnerungsvermögen, Logik oder abstraktes Denken zu beurteilen. Aber die Tests sagen nichts darüber aus, ob jemand schlaue Entscheidungen im echten Leben trifft.[48]

Das Entscheidende ist nicht, was man denkt, sondern wie man denkt. Stanovich stellte fest, dass schlaue Menschen sich selbst hintergehen, indem sie Geschichten erfinden. So kann sich jeder eine Geschichte ausdenken, warum man keine Aktien kaufen soll. Wir führen sehr viele Dialoge im Kopf, das müssen wir uns klarmachen. Und die Entscheidungen hängen an den Glaubenssätzen, die wir uns ständig in unseren Selbstgesprächen vorhalten. Der *Self Talk* kann den Unterschied machen zwischen Erfolg und Pleite. Plato hatte bereits erkannt, dass wir beim Denken eigentlich mit uns selbst sprechen. Unser Verstand stellt sich selbst Fragen und beantwortet sie.[49]

Das kann uns verrückt machen und zu falschen Entscheidungen verleiten. Der Bestsellerautor Eckart Tolle vertritt sogar die These, dass Denken eine Krankheit sei.[50] Das Denken lässt sich aber gezielt abschalten, um den Fokus zu verbessern (mehr in Kapitel 7). Wissenschaftler nennen diese Abschaltung[51] »vorübergehende Hypofrontalität«. Hypo ist das Gegenteil von hyper und bedeutet »weniger als normal«. Ein klarer Fokus in diesen Zeiten ist wichtiger denn je: Noch nie prasselten so viele Informationen auf uns ein. Mir selbst fällt es auch schwer, alle Informationen und Meinungen auszublenden, die ständig auf mich einstürzen: Interviews, Research, YouTube, Instagram und Bücher. Es droht schnell die Gefahr, dass wir in folgenden Status verfallen: »So open minded that your brain falls out.« Wir sind also so aufgeschlossen für die Meinungen anderer, dass sprichwörtlich unser Gehirn rausfällt und wir unsere Strategie nicht durchziehen. Dann landen wir am Ende beim zweiten Problem, das auch Stanovich ausgemacht hat: Für ein komplexes System wie die Börse kann es nur eine komplexe Lösung geben. Man hat ständig das Gefühl, reagieren zu müssen. Aber das ist ein Trugschluss. Die Börse ist zwar ein komplexes und nichttriviales System, das Investieren aber trotzdem kinderleicht.

Noch gefährlicher kann es werden, wenn unser Gehirn Geschichten erfindet und uns falsche Sicherheit vorgaukelt. Besonders das Internet kann zu einem Scheinwissen beitragen. Bei vielen Unternehmen vermittelt es uns das Gefühl, dass wir sie kennen würden, nur weil wir den Namen fünfmal gegoogelt oder ein Video auf YouTube gesehen haben. In einem Artikel mit dem Titel »The Internet and the Investor« (2001) behaupten die Wissenschaftler Terrance Odean und Brad Barber, das Internet könnte den Anlegern vielleicht mehr Schaden als Nutzen bringen. Klingt erst mal komisch, denn wir haben so viel Wissen und Informationen zur Verfügung wie nie zuvor. Aber Odean und Barber meinen, dass man online immer genau das findet, wonach man sucht. Wenn du also eine Aktie eh schon kaufen willst, dann suchst du eben genau nach jenen Belegen, die deine Meinung stützen. »Das Internet hat in der Geldanlage Veränderungen bewirkt, die das übertriebene Selbstvertrauen der Online-Anleger dadurch verstärken, dass sie die Illusion von Wissen und Kontrolle erzeugen«, erläutern die Wissenschaftler.

Wissen kann sogar hinderlich sein, wenn es darum geht, zu einer besseren Entscheidung zu kommen. Der Risikoforscher Gerd Gigerenzer erklärt in seinem Buch *Risiko*, wie er auf die sogenannte Rekognitionsheuristik stieß.[52] Für ein Experiment brauchte er eine Reihe leichter und schwerer Fragen. Da die Versuchsteilnehmer Deutsche waren, fragten die Wissenschaftler nach der Einwohnerzahl deutscher Städte (leicht) und amerikanischer Städte (schwer). Zum Beispiel mussten die Teilnehmer beantworten, ob mehr Menschen in Detroit oder Milwaukee leben. Oder: »Welche Stadt hat mehr Einwohner: Bielefeld oder Hannover?« Das Ergebnis überraschte die Forscher. Die Deutschen schnitten bei den amerikanischen Städten viel besser ab, obwohl sie über diese viel weniger wussten. Die Erklärung: Bei weniger Wissen bedienten sich die Teilnehmer einer einfachen Faustregel. Wenn du den Namen einer Stadt erkennst, aber nicht den einer anderen, dann schließe daraus, dass die erkannte Stadt mehr Einwohner hat. Deswegen fiel es leicht, sich für Detroit zu entscheiden. Milwaukee kannten nur die wenigsten. Zwischen Bielefeld und Hannover fiel die Entscheidung schon schwerer, weil natürlich beide Städte vertraut waren. Umgekehrt schnitten Amerikaner ebenfalls bei den deutschen Städten besser ab, die ihnen teilweise unbekannt waren.

Aber wie umgehen wir solche Fallstricke? Du kannst deinen Blick mit dem sogenannten »Schleier des Nichtwissens« schärfen. Du begibst dich dafür in eine neutrale Position und betrachtest das Spiel nicht als Spieler, sondern von außen. Es ermöglicht dir eine andere Perspektive, wenn du ein Problem neu betrachtest und vor allem mit den Augen von jemandem, der weder Emotionen damit verbindet noch viel über das Thema weiß.

Und der ultimative Trick, um finanzielle Entscheidungen zu treffen, ist die Automatisierung. Damit umgehen wir die Gefahr, unseren Denkfehlern oder Emotionen zu verfallen, und wir schonen unsere mentalen Ressourcen. Wer nämlich wenige Entscheidungen trifft, der spart sich eine Menge an Willenskraft, die er dann für andere Dinge aufwenden kann. Dahinter steckt die Idee eines »Willenskraftmuskels«.[53] Sie basiert zum Teil auf unserem Verständnis des vorderen cingulären Kortex (auf Englisch heißt er *anterior cingulate cortex* – abgekürzt ACC), einem kleinen C-förmigen Teil des Gehirns direkt an der Schläfe. Wissenschaftler glauben, dass der ACC der Sitz der Willenskraft ist. Stell dir vor, dein ACC verwalte eine Art Bankkonto, aber die Währung lautet Energie statt Euro. Wenn du in den Tag startest, verfügt dieses Konto über viel Energie, aber jedes Mal, wenn du eine Entscheidung treffen oder dich mental anstrengen musst, entnimmst du etwas von diesem Konto. Es kostet dich auch schon Energie, wenn du deine Klamotten raussuchen musst. Was du isst, kostet schon wieder Energie. Wenn du jeden Tag überlegst, wie du deine Strategie an die Nachrichten anpassen könntest, kostet dich das sehr viel Energie, und der Erfolg wird sich wahrscheinlich nie einstellen. Wenn wir unsere mentale Währung für unwichtige Dinge verschwenden, sinkt das Konto immer weiter, und wir haben dann für die wenigen wichtigen Entscheidungen keine Energie mehr. Das nennt sich auch Entscheidungsermüdung. Je mehr Entscheidungen du triffst, umso schlechter wird dein Urteilsvermögen.

Wie viel soll man also denken? Ich würde dir gerne eine einfache Antwort geben, aber es ist kompliziert. Es hängt nämlich von der Erfahrung ab. Studien an ausgezeichneten Spielern in verschiedenen Sportarten zeigen, dass ihre Leistung abnimmt, wenn sie auf ihr Tun achten oder zu lange überlegen. Wenn beispielsweise erfahrene Golfspieler angewiesen werden, sich auf ihren Schwung zu konzentrieren, werden sie tatsächlich schlechter.[54] Und jetzt kommt der springende Punkt: Bei Anfängern gilt das Gegenteil. Sie verbessern sich in der Regel, wenn sie sich mehr auf ihr Spiel konzentrieren.

Gerade als Anfänger solltest du also versuchen, bewusster über deine Entscheidungen nachzudenken und dir klarzumachen, welche Kompetenzen du schon besitzt und welche dir noch fehlen. Mit der Zeit wirst du über viele Dinge gar nicht mehr bewusst nachdenken müssen. Das Investieren sollten wir aber generell nicht komplizierter machen, als es ist. Und wenn du dir eine Sache von Sherlock nicht abschauen solltest, dann seine Denker-Krankheit. Ich kann mir diesen Impuls in Wien bis heute nicht erklären, aber ich weiß, dass die Ratio nicht alles regeln kann.

Test Yourself

Für schnellere Entscheidungen können Heuristiken wie Ockhams Rasiermesser helfen. Vereinfacht ausgedrückt besagt dieses Gesetz: Von mehreren hinreichend möglichen Erklärungen für ein und denselben Sachverhalt ist die einfachste Theorie allen anderen vorzuziehen. Eine Theorie ist einfach, wenn sie möglichst wenige Variablen und Hypothesen enthält und wenn diese in klaren logischen Beziehungen zueinander stehen, aus denen der zu erklärende Sachverhalt logisch folgt.

Und wie kommen wir raus aus der Denker-Falle?

1. Mache dir bewusst, wie du dich mit dir selbst unterhältst. Die Stimme in unserem Kopf kann uns stark beeinflussen, wenn wir sie nicht bewusst wahrnehmen.
2. Versuche immer wieder zu abstrahieren, welche deiner Gedanken stimmen, welche zu kritisch und welche zu positiv sind.
3. Akzeptiere, dass sich nicht alle Entscheidungen im Leben mit dem Kopf und komplizierten Prozessen treffen lassen.
4. Gerade als Anfänger solltest du jedoch langsam gehen und klare Regeln fürs Investieren aufstellen.
5. Wenn du eine Aktie kaufen willst, dann recherchiere breit und suche nicht nur nach Gründen für einen Kauf, sondern erst recht nach Contra-Argumenten.
6. Achte auf langfristige Trends und nicht auf kurzfristige Statistiken und Muster.
7. Komplexe Systeme wie die Börse erfordern nicht zwingend komplexe Lösungen.

Warum der Durchschnitt noch tödlicher sein kann

»Kann man in einem See ertrinken, der im Schnitt 1,80 Meter tief ist?«, frage ich Sherlock.

»Wenn du ein Gartenzwerg bist wahrscheinlich schon. Oder wenn du nicht verstehst, wie Durchschnittswerte funktionieren. Ich kenne den Comic von dem Wissenschaftler, der im See ertrunken ist.«

Innerlich biss ich mir mal wieder auf die Lippe, denn ich hätte ahnen müssen, dass Sherlock diesen Witz schon kennt: Genau genommen geht es um dieses Problem:

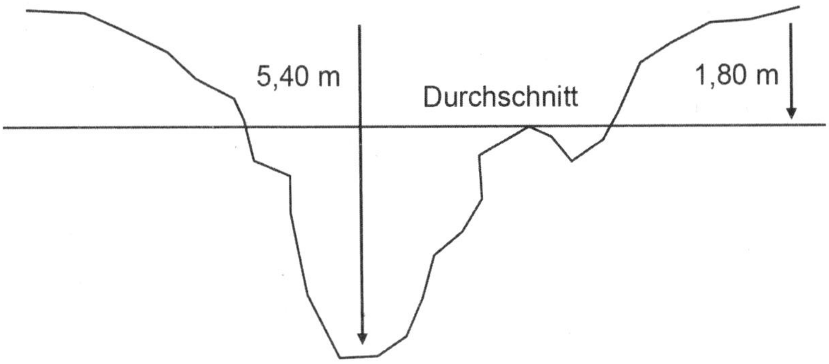

Die Tücke am Durchschnitt: Er verzerrt unseren Blick für die Extreme. Wenn ein See im Schnitt 1,80 Meter tief ist, sagt das noch lange nichts über die tiefste Stelle aus. Wer sich wie ein Wissenschaftler nur auf die Theorie verlässt, der kann schnell ertrinken. Der Durchschnitt ist eben das, was wir am Ende kriegen, aber nicht das, was wir jeden Tag erleben. Den exakten Durchschnitt erleben wir praktisch nie. Genauso wie der See an jeder Stelle eine andere Tiefe aufweist als der Durchschnitt, genauso bewegt sich die Börse ständig über oder unter dem Durchschnitt. Denn die Börse verläuft in Zyklen. Ständig dreht sich alles um eine Frage: Was macht die Börse als nächstes? Die einzige sinnvolle Antwort, die sich geben lässt: Sie wird schwanken.

Wichtig ist es, das Wesen von Zyklen und Kursbewegungen zu verstehen. Betrachten wir dazu das Beispiel einer Rakete. Wenn du sie abschießt, dann sieht ihr Verlauf ungefähr so aus:

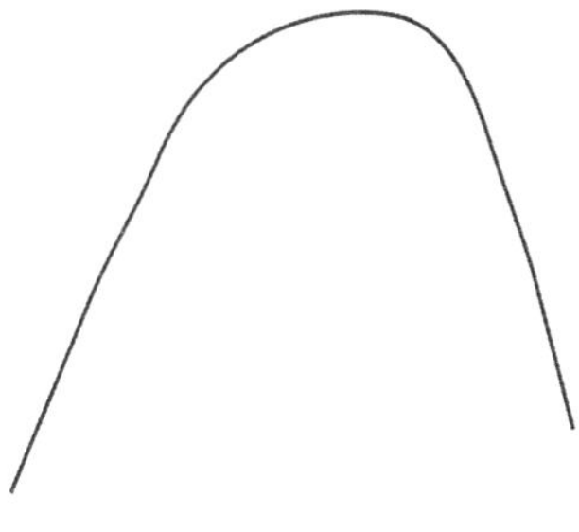

Die Rakete steigt und fällt in einem parabolischen Bogen. Die Gravitation zieht alles, was steigt, irgendwann wieder Richtung Erde. Dieses physikalische Gesetz müssen wir akzeptieren. Aktien oder Märkte werden auch von Zyklen dominiert, und früher oder später bekommt jeder Hype einen Dämpfer. Aber das Problem dabei ist: Wenn wir nur einen Ausschnitt der Kurve betrachten und reinzoomen, sieht der Verlauf der Rakete auf einmal so aus:

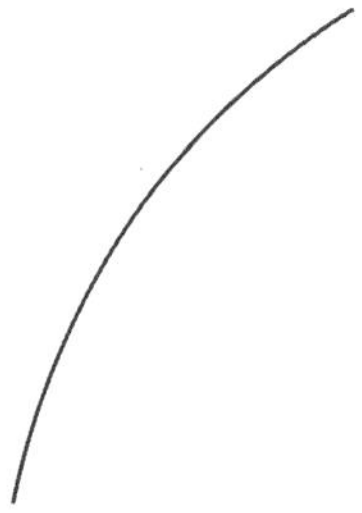

Und dann zoomen wir nochmal rein – und schon sieht eine Kurve viel mehr aus wie eine Linie:

Je kleiner der Ausschnitt ist, umso gerader sieht die Linie aus. Wenn also eine Rakete abgeschossen wird und eine Aktie stark steigt, kaufen manche, weil sie das Gefühl haben, es würde ewig so weitergehen. Aber wenn eine andere Kraft auf den zunächst linearen Anstieg einwirkt, geht es ganz schnell in die andere Richtung. Bei einem unerfahrenen Trader, der eine Rakete im Steigen kauft und sich kurz einen Kaffee holt, kann sie schon fünf Minuten später in seinem Wohnzimmer einschlagen und das Geld weg sein.

Schauen wir uns das Problem genauer an und klären die Frage, wie Börsenkurse und Bewertungen überhaupt zustande kommen: natürlich durch Angebot und Nachfrage, aber das greift viel zu kurz. Es lohnt sich, darauf zu blicken, wer da nachfragt. Die Wissenschaft unterscheidet beim Investieren zwischen mehreren Typen: den Fundamentalisten, den Chartisten und auch noch den Noise Tradern.[55]

Fangen wir mit den Fundamentalisten an: Der Name erklärt schon, dass dieser Anlegertyp sich tatsächlich die Mühe macht und ein Unternehmen fundamental analysiert. Fundamentalisten kaufen also eine Aktie nur, wenn sie sie für unterbewertet halten und vorher sauber die Unternehmensgewinne der Zukunft abgezinst haben. (Wie eine klassische Fundamental-Analyse aussieht, zeige ich dir in Kapitel 6.)

Die zweite Gruppe an der Börse bilden die Chartisten: Sie leiten ihre Kursprognosen für eine Aktie nicht aus den fundamentalen Daten eines Unternehmens ab, sondern richten sich nach dem Kursverlauf. Aber jetzt kommt ein wichtiger Einschnitt: Der Name Chartist verleitet dazu, dass wir diese Gruppe für Charttechniker halten. Das stimmt so allerdings nicht. Chartisten schauen schlichtweg auf die Qualität eines Wertpapiers und nicht auf die Qualität eines Unternehmens. Natürlich orientieren sie sich dabei auch am Chart einer Aktie. Wenn sie einen Kauftrend erkennen, dann investieren sie in ein Wertpapier, und wenn sie einen Verkaufstrend erkennen, dann verkaufen sie wiederum. Die Chartisten unterstellen, dass sich die Mehrzahl der Anleger in ähnlichen Situationen immer wieder gleich verhält, also in Euphorie-Phasen kauft und in Panik-Phasen verkauft. Diese Verhaltensmuster kommen im Kursverlauf einer Aktie zum Ausdruck. Wer die typischen Formationen richtig deutet, kann daraus oftmals Trendprognosen ableiten. Chartisten setzen beispielsweise auf Strategien wie Trendfolge und Momentum.

Die letzte Gruppe bilden die sogenannten Noise Trader, die auf Grundlage des Marktrauschens handeln. Sie achten also nicht auf kursrelevante Fundamentaldaten und unterscheiden sich von den Chartisten nochmal ein wenig, weil sie keinen klaren Kompass haben. Sie richten sich wie ein Fähnchen im Wind nach dem Rauschen. Mal schauen sie auf die fundamentalen Daten, mal führen ihre Emotionen zu einer Entscheidung, und dann kann sie auch der Kursverlauf zum Handeln bringen.

Nun kommt die Frage aller Fragen: Welcher dieser Anlegertypen ist in der Mehrzahl und dominiert das Geschehen an den Märkten? Wer darüber nachdenkt, kommt im ersten Schritt zu folgender Logik:

Bei den Profis muss es sich um Fundamentalisten handeln. Fondsmanager und Analysten analysieren Aktien fundamental und kaufen diese nur, wenn sie unterbewertet sind. Solche Profis fallen nicht auf Emotionen herein. Die Chartisten und Noise Trader vermutet man eher bei den Privatanlegern. Aber genau das ist ein Trugschluss, auf den ich auch hereingefallen bin. Denn wir erinnern uns an das Kapitel über den Crash und haben dort gelernt, dass sich gerade die Profis an ihre Risikobudgets halten müssen. Was passiert also in der Realität? Die Regulatorik zwingt viele Profis dazu, zyklisch und damit wie ein Chartist zu handeln. Wenn also alles gut läuft, dann können Fondsmanager mehr Aktien halten. Und wenn die Schwankung steigt und Aktien fallen, dann müssen die Profis teilweise Aktien abstoßen. Ein Fundamentalist würde genau andersherum handeln und die Aktien eher abstoßen, wenn sie teuer erscheinen und im Crash nachkaufen, wenn sie billiger werden. Profis dürfen also oftmals nicht nach fundamentalen Aspekten Aktien kaufen. Auch bei den Privatanlegern betreiben wahrscheinlich viele kein fundamentales Research, sondern verlassen sich auf fremdes Research oder Nachrichten. Die Fundamentalisten dürften auch hier eher die Ausnahme sein.

Jetzt schauen wir uns das typische Raketenmuster nochmal an und stellen uns vor, es würde sich um eine Aktie handeln.

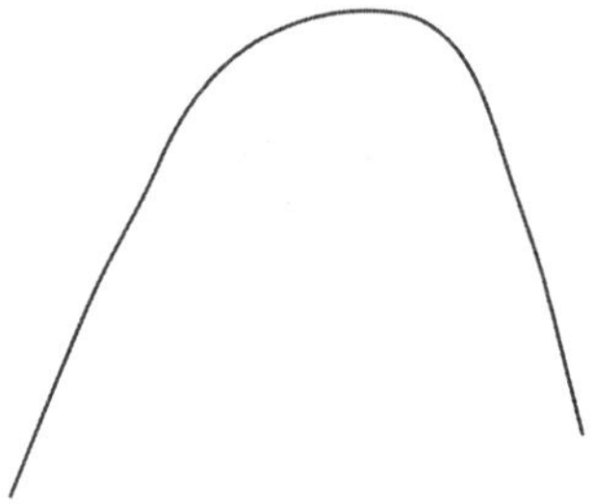

Stark vereinfacht lässt sich der typische Ablauf so beschreiben: Am Anfang kaufen wahrscheinlich nur die Fundamentalisten, wenn eine Aktie günstig bewertet ist. Dann nimmt der Kurs Fahrt auf und lockt die ersten Chartisten an. Die Aktie bekommt mehr Auftrieb und lockt immer mehr Chartisten an. Eine Aktie erscheint dann charttechnisch attraktiver, weist ein immer besseres Momentum auf und zeigt relative

Stärke. Je stärker der Kurs anzieht, umso mehr Aufmerksamkeit zieht die Aktie auf sich. Je teurer die Aktie wird, umso mehr Fundamentalisten werden sich jedoch verabschieden. Die Chartisten reiten dagegen weiter auf der Trendwelle, doch irgendwann sind sehr viele Chartisten investiert, und die Zahl der potenziellen Käufer sinkt. Am Ende bleiben dann nur noch die Noise Trader übrig, die gierig werden und Angst haben, etwas zu verpassen. Ein klassischer Noise Trader hätte auch bei den Impfstoff-Aktien erst ganz am Ende zugeschlagen.

Irgendwann kommt es dann bei jeder Aktie zu einem Wendepunkt, genau wie bei der Flugkurve der Rakete. Wenn die Käufer fehlen und sich der Trend umkehrt, dann verabschieden sich auch irgendwann die Chartisten. Eine Aktie, die fällt und zunehmend schlechter läuft, passt weder in eine Momentum-Strategie noch zu einer Trendfolge. Ein Abwärtsstrudel entsteht und besonders nervös werden diejenigen, die spät eingestiegen sind und jetzt schon auf dicken Verlusten sitzen. Auf dem Weg nach unten steigen immer mehr Investoren aus. Und am teuersten bezahlen meistens die Noise Trader.

»Diese Aktie kannst du blind kaufen, die macht dir 20 Prozent im Jahr!«

Solche Sätze höre ich immer wieder. Aber es gibt keine Aktie, die jedes Jahr 20 Prozent macht. Deswegen solltest du nie Geld investieren, das du dringend brauchst, und schon gar keine Schulden aufnehmen, um Aktien zu kaufen!

Genauso gefährlich ist es, den Immobilienmarkt zu pauschalisieren. Aussagen wie »In dieser Stadt kannst du blind kaufen!« hört man ständig, besonders in Städten wie München. Natürlich zählt bei Immobilien in erster Linie die Lage. Attraktive Standorte, die viele Menschen anziehen, legen steigende Preise nahe. Aber das sollte den Blick nicht verzerren. In den Medien lesen wir, dass die Immobilienpreise in den letzten Jahren nur gestiegen sind. Das stimmt, aber dabei handelt es sich nur um ein kurzfristiges Phänomen. Wie sieht es langfristig aus? Der Investmentprofi Gerd Kommer schreibt zu den historischen Renditen von Immobilien, dass die Datenqualität historischer Gesamtrenditen zwar sehr schlecht sei, aber sich trotzdem der Schluss ergibt, dass Immobilien ganz klar schlechter abschneiden als der globale Aktienmarkt.[56] Kommer gibt für den Zeitraum zwischen 1900 und 2017 für globale Wohnimmobilien gerade mal eine jährliche Durchschnittsrendite von 2,4 Prozent an. Damit schlagen Immobilien nur knapp die Rendite von Anleihen mit 2,0 Prozent. Bei Aktien liegt die Rendite mit 5,2 Prozent im Vergleich deutlich höher.

Jetzt lässt sich auch bei diesem Beispiel argumentieren, dass ein Durchschnittswert nichts aussagt und die besten Lagen doch wahrscheinlich viel mehr Gewinne gebracht haben. Aber auch das stimmt so pauschal nicht. Denn selbst die beste Lage garantiert keinen Reichtum durch Immobiliengeschäfte. Das beweist der sogenannte Herengracht-Index von Finanzprofessor Piet Eichholz von der Maastricht-Universität.[57] Eichholz erstellte einen Index für die Immobilienpreise in der Prachtgracht von 1628 bis 1973. Die Herengracht gilt als teuerstes Pflaster in Amsterdam, und Eichholz suchte sie sich für eine langfristige Analyse aus, weil sich die Qualität der Gebäude schon seit Jahrhunderten auf einem konstant hohen Niveau befindet. Das Ergebnis: Die Preise der Immobilien haben sich inflationsbereinigt verdoppelt. Allerdings hat das fast 350 Jahre gedauert. Von 1628 bis 1973 lag die jährliche Rendite gerade mal bei 0,2 Prozent! Auch nach dem Zweiten Weltkrieg lag die reale Preissteigerung nur bei 3,2 Prozent pro Jahr.

Immobilien unterliegen ebenfalls Zyklen und steigen nicht linear und ewig in den Himmel. So wirkt sich die Bevölkerung eines Landes massiv auf die Preise aus und natürlich auch, wie viele Immobilien es gibt und wie viele gebaut werden. Wenn du dich an ein Thema wie Immobilien heranwagst, dann solltest du nicht auf die steigenden Preise der letzten zehn Jahre schauen, sondern darauf, wie sich das Angebot und die Nachfrage in Zukunft entwickeln könnten. Ein Zyklus bei den Immobilien hängt natürlich auch an der Wirtschaft. Wenn sie boomt, dann verdienen die Menschen mehr und können sich eher Immobilien leisten. Finanzierungen gehen viel schneller über den Tisch. Die Nachfrage steigt also, und das Angebot kann nicht über Nacht bedient werden. Das Angebot kann aber mit Verzögerung aufgeholt werden. Für Bauunternehmer ergibt sich ein lukratives Geschäft, sie wären Narren, wenn sie keine Häuser bauen würden. Aber was passiert, wenn sehr viele Bauunternehmer auf diese Idee kommen und sich die Wirtschaft dann abkühlt? Dann wird es schwieriger, sich Geld zu leihen, denn das Geld sitzt im Abschwung generell nicht mehr so locker, um sich ein Haus zu kaufen. Die Nachfrage bricht also ein, das Angebot wurde durch den Boom zuvor aber massiv ausgeweitet. Die Preise dürften dann erst mal nicht mehr steigen.

Das Spiel funktioniert aber auch andersherum. Der Investor Howard Marks beschreibt in seinem Buch *Mastering the Market Cycle,* welche Grafik ihn am meisten in seinem Leben überwältigte.[58] Diese Grafik will ich dir nicht vorenthalten:

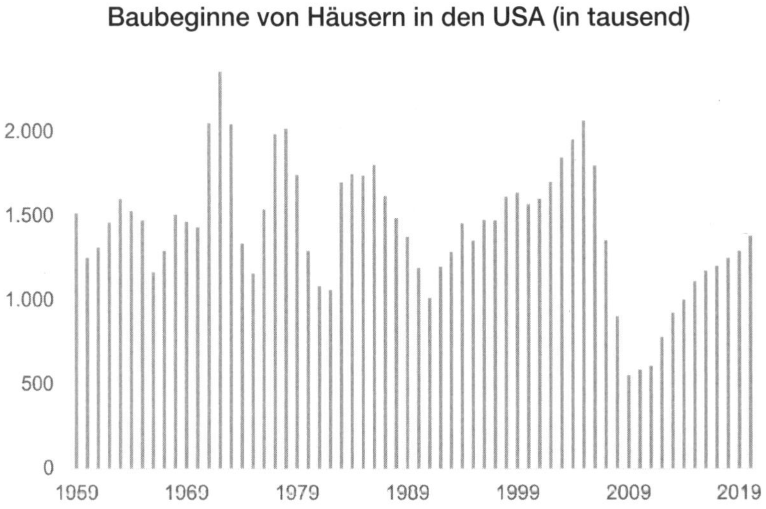

Quelle: US-Zensus-Büro[59]

Sie zeigt eine langfristige Übersicht davon, wie viele Häuser in den USA jährlich gebaut werden. Das Jahr 2010 stach Marks besonders ins Auge: Die Baubeginne lagen auf einem historischen Tief. Weniger Häuser waren zuletzt 1945 gebaut worden, die Zahl aus dem Jahr 2010 entsprach exakt der aus dem Jahr 1940. Nach der Finanzkrise verwunderte es auf den ersten Blick kaum, dass die Branche am Boden lag, niemand wollte sich die Finger verbrennen, nachdem die Immobilienblase geplatzt war. Aber Marks verblüffte vor allem der Vergleich zu 1940 hinsichtlich der Bevölkerung. Damals lebten in den USA nur knapp 132 Millionen Menschen. Im Jahr 2010 waren es dagegen fast 309 Millionen. Für Marks war klar: Der Immobilienmarkt würde sich stark erholen. Mit seiner Investmentgesellschaft Oaktree investierte er stark in Hypotheken und Darlehen, die mit Bauland hinterlegt waren. Und sie kauften auch gleich noch die größte private Baugesellschaft in Nordamerika. Die Wetten sollten aufgehen.

Noch wichtiger ist es, bei der Demographie genau hinzuschauen. Auf den ersten Blick zählt nur die Zahl der Einwohner. Wenn sie fällt, könnte das Druck auf den Immobilienmarkt ausüben. Aber es zählt auch noch die Altersstruktur und die demographische Entwicklung eines Landes in den kommenden Jahren. Da sich die Bevölkerungspyramide in Deutschland bereits stark verändert hat, legt das nahe, dass künftig deutlich mehr Wohnraum verfügbar sein könnte, da gerade heute viele ältere Menschen über sehr viel Wohnraum verfügen. Im Gegenzug sind in den letzten Jahren sehr viele Kinder der geburtenstarken Jahrgänge von zu Hause ausgezogen und haben Wohnraum nachgefragt. Das Angebot kam oft nicht hinterher. Dieser Effekt wird in Zukunft ausbleiben. Wer in Immobilien investieren will, muss solche Trends unbedingt auf dem Zettel haben.[60]

So einfach wie bei der Wette von Oaktree auf ein Comeback des Immobilien-Marktes läuft es in der Realität leider selten. Trotzdem tappen viele immer wieder in die Falle. Denn ein Zyklus kann sich gerade nach oben sehr lange ausdehnen. Denk an den Buffett-Indikator: Er notierte schon 2014 auf einem Rekordhoch. Ein Wendepunkt und damit ein neuer Zyklus? Nein, die Aktien stiegen noch Jahre weiter. Viele Anleger lassen sich auch davon verunsichern, dass ein Index wie der DAX ein neues Allzeithoch erreicht. Auch wenn die Presse bei jedem Allzeithoch von einer »Sensation« schreiben wird, sind Allzeithochs eigentlich ein Non-Event. Denn was folgt früher oder später auf ein Allzeithoch? Genau, ein neues Allzeithoch. Wer also beim Allzeithoch verkauft, ist sicher beim nächsten nicht dabei.

Genau andersherum bergen Zyklen noch eine Gefahr: Wir verfallen schnell dem Glauben, dass alles, was gefallen ist, früher oder später wieder steigen muss und sich seinem Durchschnitt nähert. Wenn ein gesamter Markt am Boden liegt, dann bietet sich ein Einstieg an, aber bei Einzelaktien ist der blinde Glaube an den Durchschnitt ein gefährliches Spiel. Denn jede Aktie, die am Boden liegt, tut das nicht ohne Grund. Der Markt mag sich manchmal irren, aber es besteht ein großes Risiko, dass eine Aktie im Keller hängen bleibt oder ganz absäuft. Der Wirtschaftsprofessor Richard Foster, der an der Yale School of Management lehrt, fand heraus, dass die durchschnittliche Lebensdauer eines im Börsenindex Standard & Poor's 500 gelisteten Unternehmens von 67 Jahren in den 1920er-Jahren auf heute nur noch 15 Jahre gesunken ist. Alle zwei Wochen verschwindet ein S&P-500-Unternehmen vom Markt. Bis 2027 sollen drei Viertel der 500 größten Unternehmen in den USA durch neue ersetzt werden.[61]

Das beste Beispiel sind Value-Aktien. Sie sollen unterbewertet sein und deswegen Aufholpotenzial versprechen. Vor allem Anfänger lassen sich gerne von Kennzahlen wie dem KGV blenden. Aber eine vermeintlich günstige Bewertung ist noch lange kein Grund für einen Kauf. Ich kenne viele Aktien, die schon seit einem Jahrzehnt ein niedriges KGV aufweisen, daran hat sich aber oft nichts geändert. Eine schlechte Kursentwicklung garantiert noch lange keinen Turnaround. Der MSCI World Value schnitt im Zeitraum von 2007 bis 2020 sogar deutlich schlechter ab als der MSCI World. In 12 von 14 Jahren lag der Value-Index hinter dem klassischen Index, der Aktien nicht nach Value-Kriterien, sondern einfach nach der Marktkapitalisierung auswählt.[62] Ein Grund für das verlorene Jahrzehnt der Value-Werte: Wachstumsaktien, auch als Growth-Aktien bekannt und damit das Gegenstück zu Value, wie Amazon, Google, Netflix und Tesla dominierten diese Jahre. Die Growth-Raketen hoben ab und stiegen sehr lange in den Himmel – es kann eben niemand sagen, wann sich ein Trend umkehrt. Und manche Trends gehen oft länger, als sich viele vorstellen können.

Zyklen beeinflussen Immobilien und Aktien. Aber nur weil wir wissen, dass es Zyklen gibt, wissen wir noch lange nicht, wie sie ablaufen. Denn die Zyklen bewegen sich rund um einen Durchschnitt. Mal schießen sie Jahre darüber hinaus oder dümpeln im Keller vor sich hin. Durchschnittswerte sind also vielmehr eine Illusion wie das Gleichgewicht, denn du wirst sie selten erleben. Der Durchschnitt ist das, was wir in einem langen Leben als Investor am Ende verdienen. Aber was wir tagtäglich erleben, sieht meistens ganz anders aus.

Learnings

- Das Einzige, was sich an der Börse prognostizieren lässt: Sie wird schwanken.
- Ein Durchschnitt ist das, was über lange Zeiträume passiert – aber nicht die Realität, die wir jeden Tag erleben.
- Kurzfristig sehen viele Kurven aus wie Linien.
- Achte auf die drei Anlegertypen: Fundamentalisten, Chartisten und Noise Trader.
- Die Chartisten dominieren an der Börse, und viele institutionelle Investoren sind durch die Regulierung gezwungen, wie Chartisten zu handeln.
- Auch Immobilien unterliegen Zyklen und steigen nicht jedes Jahr im Wert.
- Selbst Immobilien in bester Lage können langfristig nur durchschnittlich abschneiden.
- Kaufe nie eine Aktie in der Hoffnung, dass sie zu ihrem langfristigen Durchschnitt zurückkehrt.

KAPITEL 4
RISIKO, RESILIENZ UND DER ZUFALL – ODER: UNBESIEGBAR IN EINER WELT VOLLER UNGEWISSHEIT

»Sagt dir Prokrustes etwas?« fragt mich Sherlock, während wir durch die Uffizien in Florenz schlendern.

»War das nicht dieser Irre, der anderen die Füße abgehackt hat?«, antworte ich und erinnere mich daran, dass Sherlock mir schon öfter von ihm erzählt hat.

»Prokrustes ist ein Riese aus der griechischen Mythologie. Er bot Reisenden ein Bett an und hatte immer das passende. Denn wenn seine Gäste zu groß für das Bett waren, hackte er ihnen die Füße ab; waren sie zu klein, hämmerte und reckte er ihnen die Glieder auseinander, indem er sie auf einem Amboss streckte. Deswegen nennt man ihn auch den Ausstrecker.«

»Und was willst du mir damit sagen?«, frage ich, während wir vor einem Gemälde von Sandro Botticelli stehen.

»Du warst genau wie dieser Verrückte. Du hast dir Wetten ausgesucht und dir dann die Realität so zurechtgestutzt, wie sie dir gepasst hat, wie ein Glücksritter, der fest an den großen Lottogewinn glaubt. Du hast in Möglichkeiten gedacht und nicht in Wahrscheinlichkeiten. Dabei ist es bei den riskanten Dingen ganz einfach mit den Wahrscheinlichkeiten. Sie sind klar definiert.«

Und dann erzählt mir Sherlock die Geschichte von Chevalier de Méré. Der französische Adlige liebte das Glücksspiel und stellte deshalb im Jahr 1654 dem berühmten französischen Mathematiker

Blaise Pascal folgende Aufgabe: »Wie teilt man die Einsätze in einem noch nicht beendeten Glücksspiel auf, wenn einer der Spieler einen Vorsprung hat?«[1] Diese Frage war damals bereits berühmt. Die gleiche Frage hatte nämlich 200 Jahre zuvor bereits der Mönch Luca Pacioli gestellt, aber 200 Jahre lang hatte niemand eine Lösung gefunden. Pascal ließ sich davon nicht abschrecken, stattdessen bat er Pierre Fermat um Hilfe, einen Anwalt, der auch brillanter Mathematiker war. Zwischen Pascal und Fermat gab es einen Briefwechsel, der schließlich zur Grundlage der Wahrscheinlichkeitstheorie wurde, wie wir sie heute kennen. Wie lösten sie das Problem? Zunächst auf unterschiedlichen Wegen: Fermat verwendete Algebra, Pascal dagegen Geometrie. Doch beiden gelang es, ein System aufzustellen, um die Wahrscheinlichkeiten zu bestimmen. Tatsächlich lässt sich Pascals Zahlendreieck auch heute noch für ganz praktische Sachen nutzen: Beispielsweise um die Wahrscheinlichkeit dafür zu berechnen, dass eine Mannschaft eine Serie gewinnt, wenn sie das erste Spiel gewonnen hat. Es ist der Beginn von dem, was wir heute Entscheidungstheorie nennen, also optimal zu entscheiden, obwohl wir die Zukunft nicht kennen.

Die Zukunft ist ungewiss – und damit müssen Investoren umgehen. Wer sich an der Börse besser entscheiden will, der muss erst einmal verstehen, was Wahrscheinlichkeiten und Risiko überhaupt sind. Am wichtigsten ist die strikte Unterscheidung zwischen Risiko und Ungewissheit.

Mit Ungewissheit müssen wir uns überall im Leben herumschlagen: in der Liebe, bei unserer Gesundheit und eben auch bei Aktien. Ungewissheit bedeutet: Wenn einige Risiken unbekannt sind, verlangen gute Entscheidungen auch Intuition und kluge Faustregeln. Börse und Liebe lassen sich eben nicht berechnen. Kritiker behaupten gerne, dass es an der Börse zugehen würde wie im Casino. Aber dieser Vergleich hinkt so sehr, dass er schon umkippt. Denn im Casino ist die Wahrscheinlichkeit klar definiert, wie beispielsweise beim Roulette. Lustigerweise denken aber viele, dass es sich im Casino um die Unberechenbarkeit schlechthin handelt und uns dort Gefühle und Glück helfen würden. Aber eigentlich gibt es nichts Rationaleres als ein Casino. Man hat es mit astreinen Risiken zu tun. Statistiker könnten sich kaum wohler fühlen. Um gute Entscheidungen in einem solchen Umfeld zu treffen, braucht es logisches und statistisches Denken.

An der Börse lassen sich Risiken dagegen nicht genau definieren. Anleger und Banken scheitern regelmäßig daran. Erst dadurch werden Schocks möglich wie 2008 beim Platzen der Immobilienblase in den USA. Beispielsweise meldete David Viniar, Finanzvorstand bei Goldman Sachs, riesige Verluste, weil die Risikomodelle der Bank völlig überraschend an mehreren Tagen hintereinander 25-Sigma-Ereignisse verzeichneten. Doch wie unwahrscheinlich ist ein solches 25-Sigma-Ereignis? Sigma ist das Symbol für die Standardabweichung in Statistik und Wahrscheinlichkeitsrechnung. Je höher das Sigma, desto unwahrscheinlicher ist also ein Ereignis. Laut den Risikomodellen geht man davon aus, dass ein 3-Sigma-Ereignis alle zwei Jahre an einem einzigen Tag auftritt, ein 5-Sigma-Ereignis nur einmal seit der letzten Eiszeit. Und ein 7-bis-8-Sigma-Ereignis einmal seit dem Urknall. Und jetzt überleg mal, wie wahrscheinlich ein 25-Sigma-Ereignis sein soll. Es ist unvorstellbar, es existiert praktisch nicht –[2] aber eben nur solange nicht, bis es eintritt.

Modelle können auch nur mit Daten aus der Vergangenheit rechnen und nicht die Zukunft voraussagen. Denn wie soll man Dinge berechnen, die noch gar nicht existieren? Joseph E. Stiglitz, ehemaliger Chefökonom der Weltbank, sagte nach der Krise von 2008: »Es stimmt einfach nicht, dass eine Welt mit fast vollständiger Information einer Welt mit vollständiger Information entspricht.«[3] Risiko darfst du niemals mit Ungewissheit verwechseln!

Aber lassen sich Risiken am Finanzmarkt überhaupt nicht quantifizieren? In der Theorie ist es kein Problem, wir landen schnell bei der sogenannten Kapital-Markt-Linie:

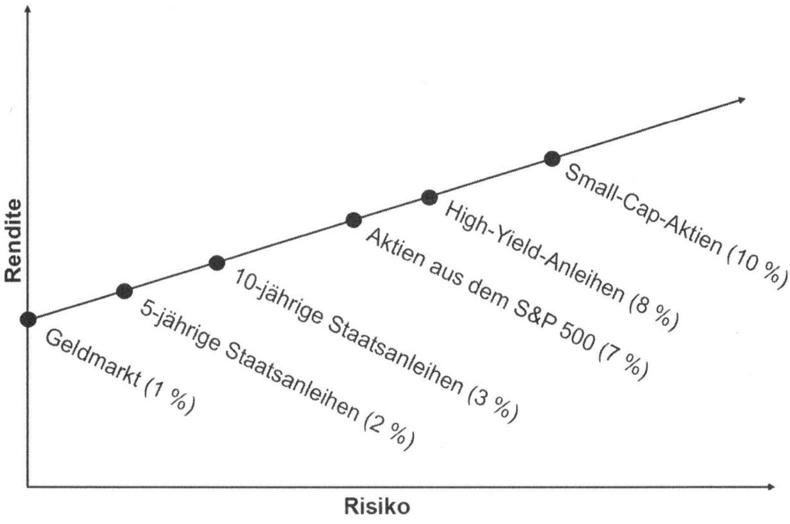

Rendite und Risiko lassen sich in der Theorie leicht darstellen. Am Geldmarkt etwa gibt es wenig Rendite, weil das Risiko als niedrig gilt. Small-Cap-Aktien versprechen dagegen sehr hohe Renditen bei hohem Risiko. Aber wie kommen solche Modelle zustande? Gerade bei Aktien haben Laien immer wieder das Gefühl, dass es sich um einen faulen Zauber handeln muss. Es muss doch einen Haken geben. Warum sollte man Geld geschenkt bekommen? Geschenkt gibt es natürlich nichts, denn wir als Investoren stellen unser Geld ins Feuer und können darüber auch so lange nicht verfügen, wie wir es den Unternehmen als Eigenkapital zur Verfügung stellen. In der Theorie und auch in der Praxis wollen Investoren für ihre Risiken entschädigt werden. Wer höhere Risiken eingeht, der will auch besser dafür entlohnt werden.

Ein wichtiger Aspekt dabei ist die sogenannte Aktien-Risikoprämie. Es geht darum, dass der Aktienmarkt grundsätzlich als riskanter gilt als der Anleihenmarkt. Deswegen vergleicht man auch das höhere Potenzial des Aktienmarktes mit dem sogenannten risikolosen Zinssatz, also in der Regel mit einer US-Staatsanleihe oder einer deutschen Bundesanleihe. Der Zinssatz heißt risikolos, weil man davon ausgeht, dass der Staat die Zahlungen für seine Darlehen nicht ausfallen lässt. Jetzt vergleichen wir eine potenzielle Aktienmarktrendite von 7 Prozent mit einer risikofreien Rendite von US-Staatsanleihen von 2 Prozent. Die Differenz soll also dafür entschädigen, dass man ein höheres Risiko am Aktienmarkt eingeht – das nennt sich Aktienrisiko. Die Aktien-Risikoprämie liegt in unserem Beispiel also bei 5 Prozent. Du kannst es dir quasi als Entschädigung oder Schmerzensgeld für das höhere Risiko vorstellen.

Aber sind diese 5 Prozent gerechtfertigt oder vielleicht sogar viel zu wenig als Entschädigung? Jetzt kommt der Clou: Als Aktionär bekommst du tatsächlich mehr, als dir eigentlich zusteht. Das liegt am sogenannten Equity-Premium-Puzzle. Demnach ist die Höhe der Aktienprämie aus ökonomischer Sicht ein Rätsel. Oder anders ausgedrückt: Du bekommst für Aktien viel mehr Rendite, als sich durch das Risiko eigentlich rechtfertigen lässt.[4] Und Aktien sind im Zeitverlauf sogar noch attraktiver geworden. Aswath Damodaran, Professor für Finanzwirtschaft an der Stern School of Business der New York University, hat die historischen Aktienrisikoprämien untersucht und dabei herausgefunden, dass sie sich im Zeitverlauf massiv verändert haben. Betrugen sie im Jahr 1961 für den S&P 500 noch weniger als 3 Prozent, notierten sie im Jahr 2019 bereits bei 5,20 Prozent.[5]

Aktien bringen uns also mehr Rendite, als uns eigentlich zusteht. Das klingt genial, aber die theoretische Kapital-Markt-Linie müssen wir trotzdem differenziert betrachten. Der erste Denkfehler: Du musst nur das Risiko hochfahren und bekommst dafür garantiert mehr Rendite. Wer Risiko versteht, dem muss klar sein, dass er sein Geld auch verlieren kann. Beispielsweise bringt nicht jede Small-Cap-Aktie 10 Prozent. Viele werden schlechter laufen, manche gar pleitegehen. Sonst wäre ja jeder ein Narr, der nicht das maximale Risiko suchen würde. Es gilt nicht die Gleichung: Das höchste Risiko bringt automatisch die höchste Rendite. Howard Marks sagt dazu: »Die größte Quelle für Investment-Risiken ist der Glaube daran, dass es keine Risiken gibt.«[6]

Nun verhalten sich Investoren eben nicht immer vernünftig. In der Euphorie gehen sie höhere Risiken ein und verlangen weniger Ge-

genleistung – während einer Depression agieren sie möglicherweise zu vorsichtig. Das wichtigste Learning: Solche Risiken sind sehr theoretisch und können in einer Welt voller Ungewissheit schnell hinfällig werden. Das beste Beispiel ist der Sigma-Schock bei Goldman Sachs. Die Forschung belegt sogar, dass die Kapital-Markt-Linie mit der Realität wenig zu tun hat. Es gibt nämlich eine sogenannte Risiko-Anomalie. Die Wirtschaftswissenschaftler Robert Haugen und Nardin Baker haben sie zwischen den Jahren 1990 und 2011 für 33 Märkte nachgewiesen,[7] der Wirtschaftswissenschaftler Pim Van Vliet sogar für einen Zeitraum zwischen 1926 und 2018.[8] Die gerade Linie oben suggeriert ein lineares Verhältnis zwischen Rendite und Risiko. Mehr Risiko soll also mehr Rendite bringen. Aber das hält der Realität nicht stand. Die Risiko-Anomalie belegt, dass teilweise sogar das Gegenteil der Fall ist: Aktien, die wenig schwanken, bringen langfristig sogar mehr Rendite als Aktien mit hoher Volatilität. Warum die Schwankung als Risikomaß auch seine Tücken hat, erkläre ich gleich. Aber trotzdem ist es faszinierend, dass Risiko weniger Rendite bringt, als es uns die Theorie weismacht.

Wer also blind Risiken sucht, nur mit riskanten Aktien zockt und sich die Welt zurechtstutzt wie Prokrustes, der fährt am Ende wahrscheinlich viel weniger Rendite ein als jemand, der die Ungewissheit akzeptiert und sich an eine kluge Faustregel hält: Ich investiere breit gestreut in das Wachstum der Weltwirtschaft.

Learnings

- Risiko ist nicht identisch mit Ungewissheit.
- Entscheidungen bei Risiko sind deswegen auch nicht dieselben wie bei Ungewissheit.
- Bei klar definierten Risiken wie im Casino braucht es statistisches Denken und Logik.
- Bei Ungewissheit dagegen bieten sich auch Intuition und kluge Faustregeln an.
- Achte auf die Risiko-Anomalie – Rendite und Risiko laufen nicht linear.
- Aktien mit geringer Schwankung bringen im Schnitt mehr Rendite als Aktien mit hoher Schwankung.

Das Problem mit dem dicken Ende

Mit Prognosen ist es so eine Sache, besonders wenn sie die Zukunft betreffen. Denn die kann manchmal ganz anders aussehen, als sie selbst die klügsten Köpfe voraussehen.

»Ich denke, dass es für vielleicht fünf Computer einen Weltmarkt gibt«, sagte 1943 Thomas Watson, Chef von IBM.[9]

Es sollte anders kommen, aber selbst der Status quo hat manchmal seine Tücken. Der Philosoph John Stuart Mill schrieb 1843 in *A System of Logic*, dass alle Schwäne weiß seien. Karl Popper benutzte den Schwarzen-Schwan-Irrtum dafür, um zu beweisen, dass sich Wissen nicht verifizieren, sondern nur falsifizieren lässt. Und auch Bertrand Russell schlug in dieselbe Kerbe.[10] Es galt in Europa lange als sicher, dass schwarze Schwäne nicht existierten. Aber dann brachen niederländische Eroberer auf zu einer Expedition mit dem Ziel Neu-Holland (das heutige Australien). Über die bekannte Route via Kap der Guten Hoffnung und durch den Indischen Ozean machten sie sich auf den Weg und entdeckten in Westaustralien schließlich das Unvorstellbare: den schwarzen Trauerschwan. Der Seefahrer und Entdecker Willem de Vlamingh gilt heute als Entdecker des schwarzen Schwans, und der Swan River in Western Australia, der durch die Metropolitan Area Perth fließt, ist tatsächlich danach benannt.[11]

Unvorstellbar erschien auch ein schwarzer Schwan, der die Welt am 11. September 2001 schockte. Terroristen entführten vier Flugzeuge und verübten damit Selbstmordattentate – unter anderem auf das Pentagon und das World Trade Center in New York. Fast 3.000 Menschen starben, die Welt stand unter Schock, und die Börse kollabierte. In New York schloss die Börse sogar bis zum 17. September: die längste Schließung seit der Großen Depression. Modelle können eben die bekannten Unbekannten berücksichtigen, aber nicht die unbekannten Unbekannten. Solche Ausreißer sind wie schwarze Schwäne für manche unvorstellbar, aber sie kommen trotzdem vor. Der Autor und Forscher Nassim Taleb wurde durch sein Buch »Der Schwarze Schwan« berühmt und definiert solche Ausnahmen folgendermaßen:

- Es ist ein Ausreißer, denn es liegt außerhalb des Bereichs der üblichen Erwartungen, weil nichts aus der Vergangenheit überzeugend auf seine Möglichkeit hindeutet.
- Es hat extreme Auswirkungen.
- Obwohl es ein Ausreißer ist, sorgt die Natur des Menschen dafür, dass wir im Nachhinein Erklärungen für sein Auftreten zusammenbrauen, sodass es erklärbar und vorhersehbar wird.[12]

Laut Taleb stammen unsere Erwartungen bezüglich dessen, was wir sehen, aus der Glockenkurve der Vorhersagbarkeit – er nennt es »Mediocristan«. Die Welt besteht im Gegensatz dazu aber aus gravierenden, unvorhersehbaren und mächtigen Ereignissen, die er »Extremistan« nennt. In Talebs Welt »kriecht die Geschichte nicht, sondern sie springt«. Taleb hat dieses Phänomen aber nicht erfunden, Statistiker sprechen vom sogenannten »Fat Tail«. Bei einer Normalverteilung ist die Glockenkurve in der Mitte breit und hoch, sie fällt nach beiden Seiten ab und wird dort immer flacher. Die unten liegenden Enden rechts und links nennt man Tails, also Ausläufer. Und wenn diese Ausläufer aufgebläht sind, statt einfach auszulaufen wie bei einer Normalverteilung, dann spricht man von Fat Tails. Nach Taleb äußert sich ein Schwarzer Schwan als Fat Tail.

Der Erste, der wissenschaftlich über Wahrscheinlichkeiten nachdachte und darüber, wie gut Informationen sein müssen, war Jacob Bernoulli. Er gehörte zu einer berühmten holländisch-schweizerischen Mathematiker-Familie und ist unter anderem für die Binomialverteilung (auch Bernoulli-Verteilung) bekannt geworden. Sie beschreibt die Anzahl der Erfolge in einer Serie von gleichartigen und unabhängigen Versuchen, die jeweils genau zwei mögliche Ergebnisse haben (»Erfolg« oder »Misserfolg«). Solche Versuchsserien werden auch Bernoulli-Prozesse genannt. Das lässt sich mit einem Galtonbrett veranschaulichen, auch Zufallsbrett genannt. Es ist ein mechanisches Modell, um die Binomialverteilung zu demonstrieren. Das Galtonbrett besteht aus einer regelmäßigen Anordnung von Hindernissen. Man wirft eine Kugel von oben ein, die jeweils nach links oder rechts abprallen kann. Bei jedem Hindernis besteht also eine Wahrscheinlichkeit von jeweils

50 Prozent, dass die Kugel entweder nach links oder rechts rollt. Nach dem Passieren der Hindernisse werden die Kugeln in Fächern aufgefangen und dort gezählt. Die meisten Kugeln landen schließlich in der Mitte und nur wenige an den äußeren Rändern. So sieht eine Normalverteilung aus. Die Wahrscheinlichkeit sechsmal nach rechts oder links zu fallen, ist eben sehr gering und liegt nur bei 1 zu 64. Eine solche Verteilung hat einen Mittelwert und eine Standardabweichung (s), die uns verrät, wie hoch die Streuung ausfällt. Wir können aus der Häufigkeit der Abweichungen im Bereich 1s oder 2s ableiten, wie häufig extreme Abweichungen vorkommen.

Wie lässt sich so etwas fürs echte Leben umsetzen? Stellen wir uns vor, wir würden die Größe von 100 deutschen Männern messen. Dann würden wir wahrscheinlich bei einer Durchschnittsgröße von 1,77 Meter und einer Standardabweichung von acht Zentimeter landen. Knapp 70 aller Probanden liegen im Bereich +/- 1s – also zwischen 1,69 und 1,85 Meter. Nur zwei von 100 Männern liegen mehr als zwei Standardabweichungen über dem Mittel, also über 1,93 Meter. Aber wo führt das mit der Größe noch hin, wenn wir bei einer Weltbevölkerung von 8 Milliarden gerade mal 100 Menschen gemessen haben? Wir können nicht genau sagen, wie groß und klein die Extreme auf der Welt sind, aber wir können trotzdem sehr präzise Voraussagen treffen. Es wird ungefähr so viele Männer über 2,01 Meter (+ drei Standardabweichungen) geben, wie die Normalverteilung nahelegt. Und wir können auch ausschließen, dass es Männer gibt, die vier Meter groß sind.

Aber jetzt übertragen wir das Problem mit der Größe auf die Finanzmärkte. Nach 100 Messungen wüssten wir schlichtweg nicht, ob es nicht auch Männer mit 25 Meter Größe geben könnte. Die Kurse an der Börse können sich über Nacht verzigfachen oder abstürzen, es kann zu Kettenreaktionen kommen. Kriege, Terroranschläge und Naturkatastrophen sind ebenfalls typische Beispiele für solche Verteilungen. Gerade für sie gilt: Ein einziger großer Krieg, Anschlag oder Sturm kann mehr Schaden anrichten als 100 kleine Ereignisse. In Domänen, von denen wir wissen, dass sie fat-tailed sind, müssen wir viel vorsichtiger damit sein, aus historischen Daten auf die Zukunft zu schließen.

Corona und der Einfluss auf die Börse sind das beste Beispiel, wie die Vergangenheit versagen kann, wenn es um die Prognose für die Zukunft geht. Einen Verlauf wie beim Corona-Crash hat es nie zuvor gegeben, er sprengte alle bisherigen Muster. Noch nie zuvor stürzten die Kurse so schnell. In nur 28 Tagen büßte der DAX fast 40 Prozent ein.[13] Die Zeit während des Crashes wird mir immer in Erinnerung bleiben. Ich hatte noch nie so viele Studien in der Hand. Die Research-Abteilungen der Banken schossen aus allen Rohren, und meistens ging es darum, wie ein Crash typischerweise abläuft. »From peak to trough« war der Satz, den ich jeden Tag zehnmal las. Alle rätselten, wie tief der Markt vom Hoch bis zum Tief fallen kann. Aus den Mustern der Vergangenheit ließ sich folgender Verlauf erkennen: Erst stürzt die Börse ab, dann erholt sie sich – und dann stürzt sie typischerweise wieder ab. Beispielsweise dauerte es beim letzten Crash während der Finanzkrise 16 Monate, bis der Markt sein Tief fand. Aber was brachten diese Statistiken in einer Welt voller Ungewissheit und Fat Tails? Nichts! Denn es gab kein neues Tief und auch keine Bullenfalle. Das ist eine Falle, in die Käufer typischerweise tappen, wenn sich die Kurse nach einem Absturz stark erholen, nur um dann noch heftiger abzustürzen.

Was nützen uns also die Vergangenheit und Modelle überhaupt, wenn wir versuchen, uns in einer Welt der Ungewissheit zu bewegen? Nassim Taleb hat das Problem mit der berühmten Truthahn-Geschichte erklärt. Versetzen wir uns mal in den Kopf des Federviehs. Am ersten Tag seines Lebens kam ein Mann, und der Truthahn musste fürchten, dass er ihn tötet. Aber der Mann war freundlich und fütterte ihn sogar. Aber wie würde das weitergehen? Die Wahrscheinlichkeit dafür lässt sich nach der Laplace-Regel berechnen:

Die Wahrscheinlichkeit, dass etwas erneut passiert, wenn es schon n Male vorher passiert ist = $(n+1)/(n+2)$

In unserem Beispiel ist n die Zahl der Tage, die der Bauer den Truthahn gefüttert hat. Also beträgt die Wahrscheinlichkeit nach dem ersten Tag 2/3, dass der Bauer es am nächsten Tag wieder so machen wird. Nach dem zweiten Tag steigt sie auf 3/4 und so weiter. Die Wahrscheinlichkeit für die Alternative, dass der Truthahn getötet wird, sinkt dagegen immer weiter. Am Tag 100 liegt sie fast bei null. Aber: Ausgerechnet an diesem Tag steht Thanksgiving an und die Wahrscheinlichkeit, dass es dem Truthahn an den Kragen geht, ist höher als je zuvor. Doch der Truthahn wusste das schlichtweg nicht.

Anzunehmen, dass alle Risiken bekannt sind, ist also eine Falle. Wir geben uns einer Illusion der Gewissheit hin. Ebenso wie das Denken des Truthahns funktionieren auch viele Modelle. Experten beurteilten genau auf diese Weise die Risiken für den Immobilienmarkt in den USA. Wie schief das gehen kann, hat so mancher Robo-Advisor während des Corona-Crashs vorgemacht. Ein Robo-Advisor ist ein algorithmen-basiertes System, das automatische Empfehlungen zur Vermögensanlage gibt und diese auch umsetzen kann. Die Gefahr: Manche Risikomodelle basieren auf der Schwankungsbreite. Wenn also die Vola sprunghaft steigt (wie im März 2020), dann werten das die Robos als Verkaufssignal. Auf den ersten Blick ist das eine smarte Idee, weil hohe Volatilität statistisch eher mit fallenden Kursen einhergeht. Aber wer die Aktien nicht hat, wenn sie fallen, der hat sie oft auch nicht, wenn sie steigen. Die Robo-Advisor verkauften also im Crash mit sattem Verlust und verpassten, dann wiedereinzusteigen. Denn wer garantiert, dass die Vola nicht auch bei steigenden Kursen hoch bleibt? Die Robos hatten also ihre Verluste realisiert und schafften dann den Einstieg nicht mehr, als Privatanleger ihre Chance witterten und kauften. Weil die Robos die Aufholjagd verpassten, sah ihre Rendite schließlich im Vergleich verheerend aus. Die schlaue Strategie verlor auch gegen jene, die einfach gar nichts gemacht haben. Ein Modell ist eben nie das System.

Corona ist für Taleb übrigens kein schwarzer Schwan, sondern ein typischer »White Swan«, also ein Ereignis, das in der einen oder anderen Form eher regelmäßig auftritt. Pandemien und Epidemien gebe es seit Tausenden von Jahren, sie seien folglich nicht grundsätzlich neue Erfahrungen. Nur der Zeitpunkt und der genaue Charakter eines neuen Ausbruchs seien unbekannt gewesen. Zudem habe es seit Jahren eindringliche Warnungen von Wissenschaftlern und anderen gegeben. Und in den Schubladen von Regierungen hätten fertige, aber unbeachtet gebliebene Aktionspläne gelegen.[14]

Ohne Vola keine Cola

»Würdest du lieber auf eine Mannschaft setzen, die sehr konstant spielt, oder eine, die sehr anfällig für Schwankungen ist?«, frage ich Sherlock.

»Natürlich wäre Konstanz besser, aber darauf willst du nicht hinaus, oder?«

»Machen wir es anschaulicher«, sage ich und zeichne Sherlock zwei Linien auf.

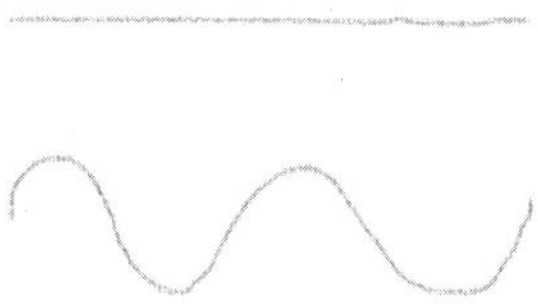

»Wenn ich mir die letzten zehn Spiele vorstelle, dann sieht es bei der ersten Mannschaft aus, als hätte sie jedes Mal unentschieden gespielt. Das würde bei einem Punkt je Unentschieden zehn Punkte in der Endabrechnung machen, eine sehr konstante Leistung. Wenn wir bei der anderen Mannschaft bei schwankender Leistung aber davon ausgehen, dass sie fünfmal verloren, aber auch fünfmal gewonnen hat, dann würden wir bei 15 Punkten landen. Also müsste man auf die Konstanz pfeifen!«

Sherlock hat das Problem erkannt: Bei Veränderungen schauen wir gerne auf die möglichen Verluste – aber nicht auf die Gewinne. Erfolge und Irrtümer können kurzfristig sehr ähnlich aussehen. So geht es Menschen, die ihren sicheren Job kündigen und sich selbstständig machen. Freunde und Bekannte warnen dann vor dem Ungewissen. Das liegt daran, dass uns immer wieder die Story vom perfekten Lebenslauf aufgetischt wird: von den Wunderkindern, deren Lebensweg bereits bei der Geburt vorgezeichnet schien und die linear an ihrem Ziel arbeiteten, bis sie es schließlich erreichten. Viele Erfolgsgeschichten verlaufen aber nicht linear, sondern wirken eher wie ein Labyrinth, wenn man sie genauer betrachtet. Versuch und Irrtum wiederholen sich bis zum großen Wurf. Der Kreativitätsforscher Dean Keith Simonton hat gezeigt, dass die Chancen auf einen sensationellen Erfolg umso größer sind, je produktiver ein herausragender Erfinder ist und je mehr Fehlversuche er unternimmt.[15] Jeder kennt die bekannten Werke von Shakespeare wie *Macbeth* und *Hamlet* – aber insgesamt schrieb er 37 Dramen und 154 Sonette.[16] Thomas Edison hielt mehr als 1.000 Patente, von denen die meisten unbedeutend waren, viele weitere Anträge auf ein Patent wurden abgelehnt.

Auch an der Börse verläuft der Weg zum Erfolg nicht linear. Kurzfristig können Investoren wie die Verlierer aussehen, wenn die Kurse fallen, aber langfristig werden sie zu den Gewinnern zählen. Denn kurzfristig sehen wir nur die Schwankung, und die kann aufs Gemüt schlagen. Was wir aber nicht sehen, ist die langfristige Rendite, die der Aktienmarkt abwirft! Diese Ergebnisse zeigen sich eben erst nach fünf, zehn oder 20 Jahren. Diesem Problem hat sich der französische Ökonom Frédéric Bastiat in seinem Essay »Was man sieht und was man nicht sieht« gewidmet. Er schreibt darin: »Das führt dazu, dass der schlechte Volkswirt eine kleine gegenwärtige Verbesserung anstrebt, aus der ein großes Übel entsteht, während der wahre Volkswirt eine große zukünftige Verbesserung erstrebt auf die Gefahr eines kleinen gegenwärtigen Übels.«[17]

Wer immer auf Unentschieden spielt und kurzfristig jegliche Verluste ausschließen will, der wird nie ein Vermögen aufbauen. Trotzdem erliegen viele einer Scheinsicherheit und wählen lieber das Sparbuch statt den Aktienmarkt. Dabei birgt ein Sparbuch viel größere Risiken als ein strategisches Investment in die Weltwirtschaft. Das Sparbuch schwankt zwar nicht, aber das ist auch schon der einzige Vorteil. Vergleichen wir dazu das Leben eines Angestellten und eines Selbstständigen. Unser Angestellter heißt Frank, er ist 42 Jahre alt und arbeitet als Sachbearbeiter für eine Münchner Versicherung. Er weiß genau, was er geben muss und was er dafür bekommt. Er arbeitet 40 Stunden in der Woche und bekommt dafür exakt 4.568 Euro brutto pro Monat. Davon lässt es sich gut leben. Aber wie sieht es mit einer Gehaltserhöhung aus? Schwierig. Egal, wie gut und wie viel Frank arbeitet, mehr Geld gibt es frühestens beim 20. Firmenjubiläum – vielleicht sind dann 500 Euro mehr drin. Franks Chancen auf den großen Durchbruch sind also marginal, aber dafür genießt er hohe Sicherheit, oder? Das kann man auch anders sehen. Was wäre, wenn die Versicherung in Schieflage gerät, Frank seinen Job verliert, und das möglicherweise in einer Wirtschaftskrise? Dann ist Frank dringend auf einen neuen Job angewiesen – eine beklemmende Situation in einer Krise. Oder Frank müsste sich neu erfinden und selbstständig machen, um nicht mehr abhängig zu sein. Fazit: Franks Leben wirkt auf den ersten Blick geradlinig. Chancen und Risiken fallen gering aus. Aber auf den zweiten Blick fallen die möglichen Risiken deutlich mehr ins Gewicht als die Chancen.

So verhält es sich auch beim Sparbuch. In Zeiten von Null- oder gar Negativzinsen gibt es nichts zu gewinnen. Im Gegenteil: Die Inflation frisst sogar dein Erspartes auf. Dazu kommen noch mögliche Risiken. Das Finanzsystem geriet bereits 2008 ins Wanken. Das Geld auf der Bank ist also auch nicht zu 100 Prozent sicher. Und es gehört streng genommen nicht mal mehr dir. Das Geld gehört juristisch gesehen der Bank, du hast es ihr sozusagen geliehen. Es gehört erst wieder dir, wenn du es physisch auszahlen lässt – also am Automaten oder Schalter.

Zum Vergleich schauen wir uns den selbstständigen Online-Unternehmer Stefan an. Er ist 38 Jahre alt und Experte für digitales Branding, Online-Marketing und Storytelling. Stefan berät Unternehmen dabei, wie sie über Social-Media Kunden gewinnen und mehr Umsatz mit ihren Online-Shops machen. Nebenbei gibt Stefan Tipps auf YouTube und teilt seine Erfahrungen auf Instagram und TikTok mit seinen Followern. In schlechten Monaten verdient Stefan auch mal nur 2.000 Euro – in guten Monaten dagegen 20.000 Euro oder mehr. Im Schnitt bleibt deutlich mehr hängen als bei einem Angestellten. Stefans Einkommen steigt langfristig an. Er kann sich auch seine Zeit einteilen, wie er will. Wenn er mehr Gas gibt, dann schlägt sich das auf seinem Konto nieder. Beispielsweise muss er nur mehr Content für YouTube produzieren, um höhere Einnahmen durch Klicks, also Werbung zu generieren. Was auf den ersten Blick aussieht wie Instabilität, kann am Ende die ultimative Stabilität sein – wenn die Extreme sich ausbalancieren und am Ende das Positive überwiegt. Ohne Vola gibt es eben keine Cola.

Trotzdem leben wir in einer Welt voller Scheinsicherheit. Das Phänomen des Zero-Risk-Bias begegnet uns überall.[18] Menschen hassen das Wort Restrisiko und wollen hören, dass kein Risiko bleibt, koste es, was es wolle. Deswegen schließen Leute überteuerte Versicherungen für Gegenstände ab, die gerade mal 50 Euro kosten, und sie glauben an ausgefeilte Timing-Strategien an der Börse. Gerade an der Börse drehen sich viele Geschäftsmodelle darum, den Leuten Sicherheit vorzugaukeln. Schauen wir uns dazu den Vergleich von zwei Fondsmanagern an. Viktor Vorsicht wirbt mit einer besonders schlauen Methode, um die Risiken in den Griff zu kriegen. Er garantiert, dass sein Fonds nie mehr schwankt als der Markt. Die zweite Fondsmanagerin heißt Ulrike Ultrastabil, und sie interessiert sich weder für den Markt noch für Schwankungen. Sie akzeptiert die Ungewissheit und fokussiert sich auf die Qualität ihres Portfolios.

Viele fühlen sich wahrscheinlich von der Scheinsicherheit von Viktor Vorsicht angezogen. Aber was könnte das Ergebnis sein? Wenn der Markt wie beim Corona-Crash stark schwankt, in einem Jahr 40 Prozent ins Minus rutscht und das im Jahr darauf mit einem Plus von 60 Prozent wettmacht, dann hat Vorsicht unter dem Strich Geld verbrannt, obwohl sein Marketing-Slogan doch gar nicht mal so schlecht klang. Aus 1.000 Euro wären 960 Euro geworden! Aber so wird er dir das niemals verkaufen. Im Gegenteil: Er wird den Verlust verschleiern und mit einfacher Rendite rechnen. Das heißt: Er wird das Minus von 40 Prozent gegen das Plus von 60 Prozent aufrechnen und es als Plus von 20 Prozent verkaufen. Aber man muss die Renditen aufzinsen, weil man so rechnen muss, als hätte man das Geld auch tatsächlich investiert, und dann bleibt eben ein Minus übrig.

Und Herrn Vorsicht kommt noch ein wichtiger Kniff zu Hilfe: das sogenannte relative Risiko. Dabei müssen sich Investoren nur an einer sogenannten Benchmark messen lassen, etwa einem Index wie dem MSCI World. Wenn sie nah an der Benchmark abschneiden, dann weisen sie ein niedriges relatives Risiko auf, selbst wenn sie Geld verbrennen. Ulrike Ultrastabil pfeift dagegen auf solche lästigen Kennzahlen: Ihre Aktien haben sich vom Markt entkoppelt und sind zwei Jahre in Folge um 20 Prozent gestiegen. Das wäre eine gute Leistung, vor allem in einem wackligen Marktumfeld. Aber ihre Aktien wären einmal um 60 Prozentpunkte besser als der Markt und einmal um 40 Prozentpunkte schlechter gewesen. Die relative Schwankung im Vergleich zum Markt wäre also extrem hoch ausgefallen, obwohl die absolute Schwankung tatsächlich null beträgt.

Den Traum vom Nullrisiko träumen auch Bürokraten schon lange. Was haben sie nicht schon alles unternommen, um Anleger vor Verlusten zu schützen. Vielleicht musstest du selber schon mal in einem Formular ankreuzen, wie viel Erfahrung du bereits hast und welche Verluste du zu akzeptieren bereit bist. Bankberater fürchten nichts mehr als einen Kunden, der nach einer Woche 30 Prozent verloren hat und dann wütend anruft und sich beschwert, warum er nicht gewarnt wurde. Aber woran orientieren sich Banker, wenn sie ihre Kunden warnen wollen? Ein Heiliger Gral für die Risikomessung ist beispielsweise die Sharpe Ratio. Sie setzt die Überrendite gegenüber dem risikofreien Zinssatz ins Verhältnis zur Volatilität. Namensgeber ist der amerikanische Wirtschaftswissenschaftler William F. Sharpe. Die Idee hinter der Kennzahl: Sie soll die Überrendite pro Einheit des übernommenen Risikos angeben und berechnet sich folgendermaßen:

Sharpe Ratio = $R_p - R_f / \delta_p$
R_p = Rendite des Portfolios
R_f = Risikoloser Zins
δ_p = Standardabweichung der Überrendite des Portfolios

Die Regel besagt: Ein Wertpapier ist umso attraktiver, je höher die Sharpe Ratio ausfällt. Wenn eine Aktie also eine Sharpe Ratio von 2 bringt, dann ist sie einer Aktie mit einer Sharpe Ratio von 1 vorzuziehen. Aber was sagt das wirklich über Risiko und vor allem über die Rendite aus? Das große Problem bei der Sharpe Ratio ist nämlich, dass hohe Schwankung automatisch negativ ausgelegt wird. Es wird also gar nicht unterschieden, ob eine Aktie steigt oder fällt. Hohe Schwankungen werden als böse abgestempelt. Wenn also ein Fondsmanager eine Rendite von 0,1 Prozent pro Jahr abliefert – vor Kosten versteht sich – und dabei praktisch keine Schwankungen aufweist, dann schneidet er unter Risikogesichtspunkten besser ab als ein Fondsmanager, der 30 Prozent abliefert, aber eben bei heftigen Schwankungen.

Von solchen Zahlen solltest du dich nie blenden lassen. Jeder Fondsmanager kann sich trotz einer schlechten Leistung hinter einer Kennzahl verstecken und sich damit rechtfertigen. Wir können das ganze Spiel zwischen Ulrike Ultrastabil und Viktor Vorsicht auch umdrehen – und mit einem Schlag wird eine ganz andere Geschichte daraus. Ulrike schnitt zwar besser ab und schaffte in zwei Jahren hintereinander eine starke Performance. Aber wer garantiert, dass sie das mit ihrer Aktienauswahl auch in den kommenden zehn Jahren schafft? Niemand! Wenn wir fair und realistisch urteilen, dann hat Viktor zwar schlecht abgeschnitten, aber da sich hinter seiner Strategie wohl nur ein Fonds versteckt, der den Markt abbildet, wird er damit langfristig zumindest eine Strategie fahren, die garantiert eine ordentliche Rendite bringt. Schwachsinnig wäre es allerdings trotzdem, in seinen Fonds zu investieren, da er als aktiv gemanagter Fonds viel teurer ist als ein ETF und sich die Marktrendite also auch viel günstiger einsammeln lässt.

Mit Zahlen lassen sich also viele Geschichten erzählen, je nachdem, welches Ziel der Erzähler damit verfolgt.

Warum Reiten gefährlicher ist als Ecstasy

Was ist gefährlicher: Drogen nehmen oder Fahrrad fahren?

Es klingt absurd, aber die Antwort könnte dich überraschen. David Spiegelhalter, Professor für Risikokommunikation an der Cambridge University, hat ausgerechnet, dass eine Pille Ecstasy einzunehmen ungefähr so gefährlich ist wie eine Fahrt auf dem Motorrad mit zehn Stundenkilometern oder auf einem Fahrrad mit 25 Stundenkilometern. Dieses Beispiel führt der Psychiater David Nutt in seinem Bestseller *Drugs – Without the Hot Air* an.[19]

Aber wie berechnet man so etwas überhaupt? Experten wie Spiegelhalter arbeiten mit sogenannten Micromorts. Das ist eine Maßeinheit, die sich der amerikanische Entscheidungstheoretiker Ronald Howard 1980 ausgedacht hat. Ein Micromort bedeutet konkret die Wahrscheinlichkeit von eins zu einer Million, dass man stirbt. Ein Beispiel dazu: Du spielst russisches Roulette mit einer Münze und folgender Regel: Du musst die Münze zwanzigmal werfen, und nur wenn bei allen 20 Würfen Kopf statt Zahl fällt, musst du dich erschießen. Das entspricht ziemlich genau der Wahrscheinlichkeit von eins zu einer Million. So lassen sich Risiken veranschaulichen und miteinander vergleichen. Das Risiko, bei einem Marathonlauf zu sterben, liegt im Schnitt bei sieben zu einer Million oder sieben Micromort, beim Tauchen bei fünf Micromort und beim Schlucken einer Ecstasy-Pille eben bei einem halben Micromort.[20]

Aber wie kam der Psychiater Nutt überhaupt auf die Idee, die Risiken des Drogenkonsums mit denen beim Fahrradfahren zu vergleichen? Im Jahr 2008 betrat eine Frau sein Büro in Bristol. Nutt ist darauf spezialisiert, Gehirntraumata zu behandeln, und diese Frau hatte genau ein solches Problem: Eine schwere Verletzung am Kopf hatte ihre Persönlichkeit verändert. Sie empfand kein Vergnügen mehr, war ängstlich, impulsiv und teilweise sogar gewalttätig. Nutt hatte die Erfahrung gemacht, dass oftmals Drogenmissbrauch der Grund für solche Kopftraumata war. Aber diese Frau hatte mit Drogen nichts am Hut. Sie hatte sich beim Reiten verletzt. Nutt prüfte daraufhin die Daten des Reitsports und war überrascht: Auf 350 Ausritte kam eine ernsthafte Verletzung oder ein tödlicher Unfall. Zu diesem Zeitpunkt war Nutt ausgerechnet Vorsitzender des britischen Beratungsgremiums für Drogenmissbrauch. Er stufte also die Gefährlichkeit von Substanzen ein und berichtete der Regierung darüber. In dieser Zeit schwappte gerade die MDMA-Welle über England und wurde zum Staatsfeind Nummer eins erklärt. Aber Nutt hatte seine Zweifel.[21]

Er verglich daraufhin die Todesfälle beim Reitsport mit denen, die durch MDMA hervorgerufen wurden. Dabei stellte Nutt ein nachteiliges Ereignis auf 6.000 eingeworfene Tabletten fest. Das verglich er mit der Bilanz von einem Unfall bei 350 Ausritten und veröffentlichte das Ergebnis. Überall im Land lauteten die Schlagzeilen: »Britischer Arzt behauptet, Ecstasy sei sicherer als Reiten.«[22] Die Diskussion kochte hoch, Nutt wurde vor den Innenminister zitiert und für seine unverantwortlichen und aufrührerischen Aussagen öffentlich gerügt. Nutt konnte sich darüber nur wundern: »Ecstasy ist eine gefährliche Droge. Aber wie gefährlich genau? Derartige Vergleiche sind sinnvoll, weil sie dazu beitragen können, dass die Menschen Entscheidungen über ihr Verhalten treffen, die auf realistischen Abschätzungen der Risiken beruhen. An Politikern prallen solche Vergleiche jedoch fast ausnahmslos ab.«[23]

Nutt machte sich sogar den Spaß und druckte den Austausch mit dem Innenminister in seinem Buch ab:[24]

»Innenminister: Sie können doch nicht die Nachteile einer illegalen Aktivität mit einem legalen Verhalten vergleichen.

Nutt: Warum nicht?

Innenminister: Weil eines davon illegal ist.

Nutt: Und warum ist es illegal?

Innenminister: Weil es schädlich ist.

Nutt: Müssen wir nicht Schädlichkeiten vergleichen, um zu bestimmen, ob es illegal sein sollte?

Innenminister: Sie können nicht die Nachteile einer illegalen Aktivität mit einem legalen Verhalten vergleichen.«

Der Vergleich von Ecstasy mit dem Reitsport soll kein Aufruf zum Drogenkonsum sein, sondern nur zeigen, wie oft etwas dämonisiert wird, das eigentlich gar nicht so gefährlich ist. Das beste Beispiel sind Aktien. Aber selbst der Flugverkehr kann dem irrationalen Verhalten zum Opfer fallen. Das Flugzeug gilt als eines der sichersten Fortbewegungsmittel überhaupt. Statistisch gesehen kannst du dich 18 Stunden oder 12.000 Kilometer lang in der Luft aufhalten und erreichst damit eine Todeswahrscheinlichkeit von eins zu einer Million, also genau ein Micromort wie beim Beispiel mit dem russischen Roulette. Im Auto genügen dagegen nur 530 Kilometer, um mit einer Eins-zu-einer-Million-Wahrscheinlichkeit zu sterben. Trotzdem können Schocks Ängste in uns auslösen und unseren Blick auf die Risiken verzerren. Das beste Beispiel dafür sind die Terroranschläge vom 11. September 2001. Nach der Katastrophe ging der Flugverkehr signifikant zurück. Ein solches Verhalten erscheint auf den ersten Blick verständlich, aber die Folgen waren negativ. Denn viele Menschen stiegen auf das deutlich gefährlichere Auto um. Die Folge: Es starben viel mehr Menschen durch Autounfälle als normalerweise.[25]

Wir denken leider oft in Möglichkeiten statt in Wahrscheinlichkeiten. Und das kann einen verrückt machen. Ja, es ist möglich, dass der Flieger abstürzt, in dem ich sitze. Ja, es ist möglich, dass ich heute Opfer eines Bombenanschlags werde. Aber es ist eben extrem unwahrscheinlich. Genauso unwahrscheinlich ist es, mit Aktien langfristig Geld zu verlieren. Trotzdem haben so viele Angst vor dem Investieren.

Die Resilienz-Falle – oder: Was wir von der Hydra lernen können

Zur Zeit des Zweiten Weltkriegs lebte in Moskau ein stadtbekannter Professor für Statistik. Der Hochschullehrer war ein Zahlenmensch durch und durch. Von den vielen Luftangriffen der Deutschen ließ er sich nicht aus der Fassung bringen. Obwohl die meisten Bürger der Stadt während der Bombardements in die Luftschutzkeller eilten, verharrte der Professor mit stoischer Ruhe in seiner Wohnung. Seinen Freunden erklärte er, Moskau zähle sieben Millionen Einwohner, da müsse er nicht damit rechnen, dass es ausgerechnet ihn treffe. Doch eines Tages tauchte der Professor unerwartet im Luftschutzkeller auf. Seine Freunde stellten ihn zur Rede und wollten wissen, was ihn dazu bewogen habe, nun plötzlich die Meinung zu ändern. Darauf antwortete der Statistiker: »Schauen Sie, in Moskau leben sieben Millionen Menschen und ein Elefant. Letzte Nacht hat es den Elefanten erwischt.«

Diese Anekdote stammt aus Peter Bernsteins Buch *Wider die Götter*[26] und verdeutlicht das Problem, wie schnell wir unser rationales Denken über Bord werfen. Wir haben alle Schwachstellen. Wenn etwas passiert, das uns emotional packt, oder das wir nicht erwartet hätten, dann reagieren wir schnell über und versuchen, alles zu unternehmen, um gewisse Risiken auszuschließen. Doch wer es mit der Sicherheit übertreibt, der steht schnell vor dem Dornröschen-Dilemma.

Ein König und seine Königin wollten einst die Geburt ihrer sehnlichst erwarteten Tochter feiern und luden auch die Feen ein. Doch es gab nur zwölf goldene Teller im Haus, also erhielt eine der weisen Frauen eben keine Einladung. Das erzürnte die böse Fee, sie erschien trotzdem und revanchierte sich mit einem tödlichen Fluch: Sie kündigte an, dass sich die Königstochter in ihrem fünfzehnten Lebensjahr an einer Spindel stechen und tot hinfallen werde.[27] Im Märchen »Dornröschen« der Gebrüder Grimm wird der Fluch zwar noch abgemildert, statt dem Tod soll nur ein hundertjähriger Schlaf über das Mädchen kommen, doch dieser Fluch bestimmt das Leben des kleinen Mädchens. Der König will sein Kind nämlich vor dem Unglück bewahren und befiehlt, dass alle Spindeln im Königreich verbrannt werden.

Sein Gedanke lässt sich nachvollziehen, aber hilft es jemandem weiter, wenn er behütet wird wie ein rohes Ei?

Viel sinnvoller erscheint es in einer Welt voller Ungewissheit, ein Immunsystem aufzubauen. König Mithridates IV., König von Pontos in Kleinasien, war nach der Ermordung seines Vaters untergetaucht, und in dieser Zeit, so geht die Sage, habe er sich gegen Vergiftung immunisiert, indem er unschädliche Mengen Gift in nach und nach zunehmenden Quantitäten zu sich nahm.[28] Ähnlich funktionieren Impfungen, und so behandelt man auch Allergien. Unser Immunsystem kann nur stabiler werden, wenn es Viren und Bakterien ausgesetzt wird. Studien zeigen, dass Kinder, die auch mal im Dreck spielen und nicht hypersteril aufwachsen, deutlich weniger anfällig für Allergien und Asthma sind.[29] Wer sich dagegen wie Dornröschen das ganze Leben im Elfenbeinturm aufhält und nie Gefahren von außen ausgesetzt wird, der kann die inneren Fähigkeiten nicht stärken.

Auch unseren Geist müssen wir nicht vor jeglichem Stress schützen, denn er verfügt ebenfalls über eine Art Immunsystem, die sogenannte Resilienz. Der Begriff der Resilienz kommt ursprünglich aus der Werkstoffphysik: Das Material verformt sich durch äußere Einwirkung und kehrt danach wieder in den Ausgangszustand zurück. Wir werden resilient durch Optimismus, dadurch, dass wir schlimme Dinge akzeptieren und uns nicht so leicht aus der Bahn werfen lassen. Wer resilient ist, der sieht sich nicht als Opfer, sondern schafft es, andere Perspektiven einzunehmen, nimmt sein eigenes Schicksal in die Hand und verfolgt Ziele trotz Widerständen.[30] Die Börse ist das beste Beispiel: Die einen akzeptieren es, dass hin und wieder ein Crash vorkommt und sehen ihn als Chance, um günstiger zu kaufen. Die anderen stecken heute noch in der zweiten Trauerphase fest und schimpfen, dass doch alles Wahnsinn sei und Börse nur etwas für Zocker. Bei der Corona-Krise sah es ähnlich aus: Die einen jammerten, dass alles so schlimm sei und sie endlich wieder in die Kneipe wollen. Die anderen haben die Krise als Chance erkannt und die Zeit genutzt, sich Programmieren beigebracht, eine neue Sprache gelernt, endlich für einen Marathon trainiert oder einen Social-Media-Kanal aufgebaut.

Doch das heißt nicht, dass wir uns den ganzen Tag damit beschäftigen sollten, für jenen Tag resilient zu werden, an dem sich vieles ändern könnte. Helmuth Lethen hat genau diese Dynamik in den 1920er- und 1930er-Jahren ausgemacht. In seinem Buch *Verhaltenslehren der Kälte*[31] beschreibt er Subjekte, die extrem wachsam sind und immer damit rechnen, von anderen geschädigt zu werden. Sie befinden sich also permanent im Alarmzustand. Gefühle machen angreifbar, also werden die Emotionen weggesperrt. Das Subjekt baut sich einen immer stärkeren Schutzpanzer auf: eine Form von Resilienz – aber sicher keine richtige. Auch bei der Resilienz muss die Balance stimmen.

Als Musterbeispiel für Resilienz gilt der Phönix, der aus der Asche aufstieg. Wenn er stirbt, geht er in Flammen auf und wird schließlich aus seiner eigenen Asche wiedergeboren. Wenn man das auf Gesellschaft und Wirtschaft überträgt, dann würde das bedeuten, dass nach einer Krise alles genauso ist wie vorher. Aber warum sollten wir nach einem Rückschlag nur in den Ausgangszustand zurückkehren und nicht versuchen, einen besseren Zustand zu erreichen? Erfahrung ist nicht das, was wir erleben, sondern das, was wir daraus lernen. Resilienz ist also ein Konzept, das eine gute Grundlage bildet. Aber aus meiner Sicht ist »Resilienz+« besser. Das Musterbeispiel für »Resilienz+« ist die Hydra. Wenn man ihr einen Kopf abschlägt, dann wachsen gleich zwei nach.

Stress kann eben auch Fortschritt auslösen. Der Technikhistoriker Henry Petroski formulierte sogar die These, dass der Untergang der Titanic eine positive Seite hatte. Gerade weil die Katastrophe so groß war und das Schiff so spektakulär unterging, verhinderte das, dass weiter immer größere Schiffe gebaut wurden und die Katastrophe am Ende noch schlimmer ausgefallen wäre.[32] Krisen können ein System stabiler machen. Denn auch die Wirtschaft verfügt über ein Immunsystem und kommt immer wieder ins Gleichgewicht. Was nur viele verunsichert: Dieses Gleichgewicht sieht nach jeder Krise anders aus. Die Wirtschaft ist das Paradebeispiel für »Resilienz+«. Während der Corona-Krise hat sich beispielsweise das Gewicht noch viel mehr in die Online-Welt verschoben. Profiteure von E-Commerce verdienten gut, Profiteure vom Boom des Home-Office bekamen einen Schub – massiv unter Druck gerieten dagegen Restaurants, Geschäfte, Hotels oder Fluggesellschaften. Der Kapitalismus ist gnadenlos und bringt viele Verlierer hervor. Ein einzelnes Unternehmen lässt sich als triviales System betrachten und kann jederzeit untergehen wie die Titanic. Gerade für Unternehmen, die keine hohen Eigenkapitalrenditen erzielen, wird die Luft schnell dünn. Denn was passiert in einer Krise? Wir erinnern uns daran, dass das Eigenkapital knapp wird und Investoren sich zurückhalten. Dadurch steigen die Anforderungen an die Eigenkapitalrenditen der Unternehmen. Einige schaffen es dann nicht mehr, sich zu refinanzieren und werden insolvent. Der große Rest jedoch wird stabiler und rentabler als zuvor.

Dieses Konzept der »Resilienz+« nennt sich auch Ultrastabilität. Erfolgreiche Investoren verstehen, dass die Welt insgesamt immer besser wird und die Wirtschaft immer in ein neues Gleichgewicht findet.[33] Trotzdem nutzen manche die Angst vor der Ungewissheit aus und wollen Gewissheit verkaufen. Sie versprechen das Patentrezept, um Vermögen zu schützen. Die einen sichern Aktien gegen fallende Kurse ab und berauben sich damit jeglicher Rendite – die anderen haben Gold oder Bitcoin als die ultimative Lösung auserkoren. Aber wer solchen Patentrezepten auf den Leim geht, der riskiert die sogenannte Iatrogenik – das bedeutet »vom Heiler verursacht«. Ein Beispiel für Iatrogenik ist der Tod George Washingtons. Es finden sich viele Hinweise darauf, dass mehrere Aderlässe seiner Gesundheit mehr geschadet als genutzt haben. Beim Aderlass werden verhältnismäßig große Mengen an Blut entnommen. Bei Washington scheint der Heiler also eher Schaden angerichtet als Heilung gebracht zu haben.[34]

Dahinter steckt das sogenannte »Agency-Problem«. Es tritt auf, wenn eine Seite (der Agent) persönliche Interessen verfolgt, die nicht mit den Interessen desjenigen übereinstimmen, der seine Dienste in Anspruch nimmt. Ein Beispiel können Fonds sein. Derjenige, der einen Fonds auflegt, will damit in erster Linie Geld verdienen, und es kann ihm grundsätzlich egal sein, was derjenige davon hat, der sein Geld in den Fonds investiert und damit die Gebühren trägt. Wenn der Fondsmanager eine stringente Geschichte erzählt, die seinen Fonds für die Zielgruppe interessant macht, etwa wie die beiden fiktiven Fondsmanager, die wir vorher analysiert haben, dann lässt sich damit gutes Geld verdienen, obwohl eine Seite möglicherweise nichts davon hat. In der Realität stellt sich besonders bei Fondsmanagern die Frage nach der Glaubwürdigkeit, wenn sie ihren Kunden in einer Welt voller

Unsicherheit eine scheinbare Sicherheit verkaufen – etwa indem sie den Anschein erwecken, sie könnten den Markt timen oder rund um die Uhr gegen Risiken absichern.

Die Welt und die Wirtschaft entwickeln sich weiter, trotzdem klammern sich viele an alte Muster. Sie versteifen sich auf ihr Standbein, merken dabei aber nicht, dass sie auf einem Bein nicht stabil stehen. Eine Gefahr der Resilienz besteht darin, dass man sich nur darauf konzentriert, immer wieder in den Ausgangszustand zurückzukehren und die Unsicherheit nicht als Chance zu begreifen. Der Psychologe und Experte in Organisationsverhalten Karl Weick beobachtete, dass Experten sich nicht an unbekannte Situationen anpassen, sondern sich bei Waldbränden oder Flugzwischenfällen unter dem Druck der Ereignisse starr »auf die Dinge zurückzogen, mit denen sie sich auskannten«.[35] Vielleicht kennst du dieses Phänomen: wenn du aufgeregt bist, weil du nicht weißt, was genau auf dich zukommen wird, zum Beispiel, wenn du auf eine Bühne musst oder ein Vorstellungsgespräch hast. Wir landen wieder beim Yerkes-Dodson-Gesetz: Zu viel Anspannung ist schlecht, aber gar keine ist genauso schlecht. Ich habe das mehrfach auf der Bühne erlebt. Gerade weil ich angespannt war, konnte ich performen. Allerdings waren gewisse Abläufe genau geplant. Dieses Prinzip lässt sich als eine Kombination aus Standbein und Spielbein beschreiben. So verhindern wir, dass wir entweder von unseren Emotionen überrannt werden und nichts mehr geht oder wir alles planen und dann so verkopft sind wie ein Roboter und uns der eigenen Stärken und Kreativität berauben.

Das Standbein gibt uns Sicherheit: Durch Disziplin und Routinen legen wir die Basis – dazu gehört auch eine gute mentale Verfassung, die wir aus den Säulen der Resilienz entnehmen können wie etwa Optimismus, Akzeptanz und Selbstbestimmung. In einer Krise hilft ein solides Standbein. Aber ohne Kreativität geht es nicht. Dadurch erfinden sich manche Unternehmen neu, oder es entstehen gar neue Giganten wie 2008 während der Finanzkrise Airbnb, Uber, Zalando und auch der Bitcoin.[36] »Resilienz+« heißt nicht, in den Ausgangszustand zurückzukehren, sondern das Spielbein zu nutzen und besser zu werden.

Abbie Griffin, Professorin an der University of Utah, studiert moderne Erfinder – sie nennt sie »Serienerfinder«. Was hat sie über die

Eigenschaften dieser Personen herausgefunden? Serienerfinder zeigen demnach eine »hohe Toleranz für Uneindeutigkeit«; »denken in Systemen«; »verfügen über technisches Wissen aus peripheren Gebieten«; »greifen zu Analogien aus benachbarten Gebieten, um sich Input für den Entscheidungsprozess zu beschaffen«; »Fähigkeit, unabhängige Informationsversatzstücke auf neuartige Weise miteinander zu verknüpfen«; »synthetisieren Informationen aus vielfältigen Quellen«; »scheinen zwischen verschiedenen Ideen hin und her zu flitzen«; »breitgefächerte Interessen«; »lesen mehr (und breiter) als andere Technologen und verfolgen ein breites Spektrum an fachfremden Interessen«; »haben das Bedürfnis, sich fachübergreifende Kenntnisse anzueignen«; »Serieninnovatoren haben zudem das Bedürfnis, mit verschiedenen Menschen mit technischem Fachwissen außerhalb ihres eigenen Fachgebietes zu kommunizieren«. Wird nun klarer, warum sich ein Spielbein in einer Welt voller Ungewissheit lohnen könnte?[37]

Wer an der Börse Erfolg haben will, der muss die Ungewissheit feiern und sie als Spiel sehen. Wer sich kurzfristig auf die Schwankungen einlässt, wird langfristig gewinnen. Wenn ich eines gelernt habe, dann, dass Sicherheit an der Börse Geld kostet. Ich erinnere mich an ein Interview mit Ken Fisher im Juni 2020, als noch sehr viel Unsicherheit herrschte und Corona die Welt in Atem hielt. Die Investmentlegende fand einen treffenden Vergleich: Die Börse sei kein Teddybär. Wer nur investiere, wenn es flauschig und sicher sei, der verliere viel Rendite.[38] So geht es vielen Anfängern wie mir damals im Jahr 2007 auch. Wenn es ruppig wird, dann wollen viele einen Teddybären und erkennen die Chance nicht, die sich bietet. Wer Risiken übernimmt, wird langfristig dafür belohnt.

Krisen gehören dazu und jeder, der versucht, ein Aktiendepot zu bauen, das nie fällt, aber trotzdem Rendite bringen soll, der wird verzweifeln. Nimm dich in Acht vor Menschen, die das ganze Leben auf zwei Standbeinen stehen und nie einen Schritt vorwärts machen. Investiere lieber in ein Konstrukt wie die Weltwirtschaft, das manchmal ins Wanken gerät – aber trotzdem immer wieder einen Schritt nach vorne macht.

Warum Investoren ihr Smartphone hassen sollten

»Wie oft am Tag schauen wir auf unser Smartphone? Was schätzt du?«, fragt mich Sherlock, während er zwei Typen am Nachbartisch beobachtet, die beide seit zehn Minuten auf ihr Smartphone starren und weder ein Wort gewechselt noch einen Schluck von den Orangensäften getrunken haben, die vor ihnen stehen.

Wir sitzen in einem Café in San Sebastian und trinken Tinto de Verano, einen Sommerwein, den die Spanier aus Rotwein und Limonade mixen. Wir beobachten Surfer, die ihre Boards zum Strand tragen und Smartphone-Nutzer, die auf ihre Smartphones starren.

»Wenn ich rechne, dass wir acht Stunden am Tag schlafen und im Schnitt dreimal pro Stunde aufs Smartphone schauen, dann käme ich auf 48 Mal pro Tag«, sage ich.

»Gar nicht so schlecht«, sagt Sherlock, »in Studien liegt der Durchschnitt bei 85 Mal pro Tag – aber wir wissen ja, dass der Durchschnitt uns in die Irre führen kann. Also ich glaube, dass die beiden am Nachbartisch locker auf 150 Mal pro Tag kommen.«

»Und jetzt stell dir vor, sie schauen dabei noch regelmäßig in ihr Depot.«

»Dann bringen die zwischenzeitlichen Verluste sie noch um den Verstand, bevor sie ihren Orangensaft getrunken haben«, sagt Sherlock.

»Jeder weiß, dass es nichts bringt, ständig ins Depot zu schauen, aber warum lassen wir uns immer wieder davon anstecken?«, frage ich Sherlock und muss schmunzeln, weil ich mir Newton vorstelle, wie er verzweifelt auf sein Smartphone schaut und panisch beim Allzeithoch kauft.

»Der Geist ist oft willig, aber das Fleisch ist eben doch immer schwach«, sagt Sherlock und überlegt einen kurzen Moment, bevor er weiterspricht, »›Denn das Gute, das ich will, das tue ich nicht; sondern das Böse, das ich nicht will, das tue ich.‹ So oder so ähnlich hat es Luther gesagt.«

Jeder Investor kennt diesen Drang, die Kurse zu kontrollieren. Aber die ständige Kontrolle ist unser größter Feind. Wie gefährlich es für Investoren ist, ständig aufs Smartphone zu schauen, fanden die

Wissenschaftler Richard Thaler und Shlomo Benartzi heraus. Aber der Reihe nach. Ursprünglich wollten die beiden erforschen, warum wir Risiken falsch bewerten und doch so viele Menschen Angst vor Aktien haben. Den Durchbruch schafften Thaler und Benartzi mit ihrem Artikel »Myopic Loss Aversion and the Equity Risk Premium Puzzle«. Sie wollten herausfinden, warum die Risikoprämie für Aktien so hoch ausfiel. Also, warum Aktien mehr Rendite bringen als für ihr Risiko gerechtfertigt ist? Und warum hält überhaupt jemand Anleihen, wenn man doch weiß, dass Aktien im Laufe der Jahre eine bessere Performance gebracht haben? Also, warum Anleger so kurzsichtig agieren (»myopic«)?

Die Antworten finden sich in den Forschungsergebnissen von Daniel Kahneman und Amos Tversky wieder: Verlustaversion und mentale Buchführung. Die Verlustaversion kennst du bereits. Sie bedeutet, dass Verluste doppelt so schmerzvoll für uns sind wie Gewinne im Gegenzug erfreulich![39] Aber jetzt kommt noch die mentale Buchführung dazu. Damit ist gemeint, wie wir Menschen finanzielle Ergebnisse verarbeiten. Um die beiden Punkte zu verbinden, untersuchten Thaler und Benartzi ein Problem neu, das Paul Samuelson einst aufgeworfen hatte. 1963 fragte er einen Kollegen, ob dieser bereit wäre, folgende Wette einzugehen: mit einer Wahrscheinlichkeit von 50 Prozent 200 Dollar zu gewinnen – oder mit einer Wahrscheinlichkeit von 50 Prozent 100 Dollar zu verlieren. Die Reaktion? Der Kollege lehnte höflich ab, erklärte aber, dass er das Spiel unter folgender Bedingung sehr gerne spiele würde: Er dürfe hundertmal spielen und müsste nicht dabei zuschauen. Diese Reaktion brachte Thaler und Benartzi auf eine Idee.

Denn was ist die Kernaussage von Samuelsons Kollegen? Er würde spielen, wenn der Zeithorizont deutlich länger ausfiele und er nicht die Schmerzen bei den zwischenzeitlichen Verlusten miterleben müsste. Genau das übertrugen Thaler und Benartzi aufs Investieren. Die Idee: Je länger ein Anleger eine Anlage hält, umso attraktiver sollte sie werden – aber nur, wenn sie nicht häufig bewertet wird. Denn das Problem kennt jeder Anfänger an der Börse: Wenn man erst mal echtes Geld investiert hat, dann schaut man alle fünf Minuten auf den Kurs, hofft, dass er durch die Decke geht und zuckt zusammen, wenn er auch nur um drei Prozent fällt. Ich habe das am eigenen Leib mit

16 Jahren erlebt, als ich die Entwicklung der Allianz-Aktie (meine erste Aktie damals) den ganzen Tag per Videotext verfolgt habe (damals gab es leider noch kein iPhone).

Jetzt kommen wir also zum Kern des Problems: Viele stauben die Aktienrisikoprämie nicht ab, weil sie Angst vor Verlusten haben und weil sich die potenziellen Verluste jede Sekunde nachverfolgen lassen. Überleg doch mal, wie oft du am Tag dein iPhone zückst, um die Kurse zu prüfen. Um diese giftige Mischung aus Angst vor Verlusten und Zukunftsblindheit zu benennen, wählten Thaler und Benartzi den Begriff myopische Verlustaversion. Und jetzt kommen wir zur alles entscheidenden Frage: Wann wäre der Punkt erreicht, an dem ein Anleger endlich die Angst vor Verlusten über Bord wirft und die attraktiveren Aktien den Anleihen vorziehen würde? Auch das untersuchten Thaler und Benartzi. Das Ergebnis: Einmal im Jahr müsste er ins Depot schauen und seine Aktien bewerten. Dafür untersuchten die Wissenschaftler die Rendite, Standardabweichung und die Wahrscheinlichkeit positiver Renditen bei Aktien für einen Zeithorizont von einer Stunde, einem Tag, einer Woche, einem Monat, einem Jahr, zehn Jahren und hundert Jahren. Dann wandten sie darauf eine Nutzenfunktion an. Sie basierte auf einem Verlustaversions-Faktor von 2. Die konkrete Formel dazu lautet:

Nutzen = Wahrscheinlichkeit einer Preissteigerung – Wahrscheinlichkeit eines Preisrückgangs x 2.

Das Ergebnis: Bei den historischen Renditen, die sie verwendeten, schnitt die Nutzenfunktion die Grenzlinie zum positiven Bereich erst bei einer Haltedauer von einem Jahr. Die Quintessenz: Je öfter ein Anleger ins Depot schaut, umso weniger fühlt er sich zu riskanten Anlagen hingezogen. »Die Verlustaversion ist eine Tatsache, mit der man sich abfinden muss«, kommentieren Thaler und Benartzi ihr Werk. »Hingegen ist die Häufigkeit der Bewertungen eine Verfahrensentscheidung, die man vermutlich verändern könnte, jedenfalls im Prinzip.«[40]

Da wären wir wieder bei Kostolanys zeitlosem Tipp nach dem Motto: Aktien kaufen, Schlaftabletten nehmen und irgendwann reich aufwachen – oder lieber mal den Orangensaft austrinken und das Smartphone beiseitelegen. Ständig ins Depot zu schauen, ist wahrscheinlich der Killer schlechthin, wenn es um den langfristigen Erfolg an der Börse geht. Machen wir ein Beispiel dazu, wie man Chancen verpassen kann, wenn man ständig ins Depot schaut. Die Aktie von Microsoft brachte in den folgenden Jahren folgende Renditen:

2010: -2,5 %
2011: -5,7 %
2012: 1,6 %
2013: 32,4 %
2014: 44,5 %

Laut der Berechnung der Verlustaversion brachte die fünfjährige Investition in Microsoft einen negativen emotionalen Nutzen (drei emotional positive Einheiten minus zwei emotional negative Einheiten mal zwei). Unter dem Strich hätte die Investition aber eine satte Rendite gebracht, denn die Aktie von Microsoft kam in den Folgejahren erst so richtig ins Rollen. Natürlich unterliegt dieses Beispiel dem Hindsight Bias: Im Nachhinein sind wir immer schlauer. Aber es zeigt eindeutig: Wer keine Geduld an der Börse hat, der verpasst Chancen. Und viele Anleger wären bei Microsoft wahrscheinlich schon nach dem ersten oder spätestens nach dem dritten Jahr ausgestiegen, weil die Aktie kurzfristig sogar Verluste brachte. Die Rally danach hätten sie verpasst.

Fragst du dich jetzt, welche Performance-Messung beim eigenen Depot am schädlichsten war? Ein-Stunden-Schritte brachten den größten negativen Nutzen für Anleger. Und jetzt stell dir mal vor, du schaust alle zehn Minuten in dein Depot und konfrontierst dich ständig mit zwischenzeitlichen Verlusten.

Warum wir ständig in die Zukunft schauen und trotzdem keine Hellseher sind

Im Jahr 1997 veröffentlichte ein Verhaltensökonom von der University of California namens Terrance Odean einen Artikel mit dem Titel »Do Investors Trade Too Much?«. Um diese Frage zu beantworten, überprüfte er die Performance von 10.000 anonymen Anlegern. Odean verfolgte über einen Zeitraum von sieben Jahren (1987 bis 1993) exakt 97.483 Trades. Die Konten wurden von einem Discountbroker zufällig ausgewählt. Dabei stellte er als erstes fest, dass die Anleger jedes Jahr fast 80 Prozent ihres Portfolios verkauften und zurückkauften – das macht eine Umschlagsrate von 78 Prozent. Dann verglich er die Portfolios über drei Zeiträume (vier Monate, ein Jahr und zwei Jahre) mit dem Marktdurchschnitt. Dabei stellte er in allen Fällen zwei verblüffende Trends fest:

- Die Aktien, die die Anleger kauften, blieben konsequent hinter dem Markt zurück,
- und die Aktien, die sie verkauften, schlugen den Markt.[41]

Odean wollte es aber noch genauer wissen: Er untersuchte schließlich das Handelsverhalten und die Performance von 66.465 Haushalten. In dem Artikel »Trading is Hazardous To Your Wealth« verglich er zusammen mit Brad Barber, Finanzprofessor an der University of California in Davis, die Ergebnisse von Menschen, die häufig handeln, mit den Ergebnissen von Menschen, die nicht so oft handeln. Sie fanden heraus, dass die aktivsten Trader im Schnitt die schlechtesten Ergebnisse erzielten und dass diejenigen, die am wenigsten handelten, die höchsten Renditen schafften.[42]

Die Börsenweisheit »Hin und her macht Taschen leer« scheint also mehr als eine Weisheit zu sein. In der Theorie ist das Investieren sehr einfach, aber unser Gehirn stellt uns trotzdem ständig Fragen: Steigt die Börse morgen? Könnte sich meine Aktie bis Jahresende verdoppeln? Und wie kann ich mein Schicksal jetzt verbessern?

Aber warum zerbrechen wir uns überhaupt den Kopf? Was steckt hinter der Wissenschaft des »Später«? Die Basis dafür ist die Evolution unseres Gehirns – denn dabei entwickelte sich der sogenannte Frontallappen. Ein Fortschritt, der sich auf einer Reise von rund zwei Millionen Jahren abgespielt haben muss, genau definieren lässt es sich nicht. Aber fest steht: Das Gehirn des Homo habilis wog einst deutlich weniger als die Version des Homo sapiens mit schließlich 1,5 Kilo.[43] Ein Großteil dieses Wachstums ging auf Kosten des neu geschaffenen Frontallappens. Wie der Name schon verrät, sitzt der Frontallappen im vorderen Bereich des Kopfes, schräg über den Augen. Er scheint wichtig gewesen zu sein, denn für seine Entwicklung veränderte sich sogar die Form des menschlichen Kopfes. Heute gilt dieser Bereich als menschlichster Teil des Gehirns, manche Autoren bezeichnen den Frontallappen sogar als das »Organ der Zivilisation«.

Diese Ansicht ist aber durchaus neu, denn zunächst ließ sich annehmen, dass ein Mensch ohne Frontallappen auch zurechtkommen würde. Grund dafür ist der Fall des Phineas Gage. Er arbeitete als Vorarbeiter bei der amerikanischen Eisenbahngesellschaft Rutland & Burlington Railroad. Am 13. September 1848 führte er eine Sprengung durch und löste dabei eine etwa 1,10 Meter lange und 3 Zentimeter dicke Eisenstange, die von unten nach oben durch seinen Schädel schoss. Die Stange trat unterhalb des linken Wangenknochens in den Kopf ein und oben am Kopf wieder aus.

Danach beginnt die faszinierende Geschichte: Während des Unfalls blieb Gage bei Bewusstsein und war auch später in der Lage, über den gesamten Hergang des Unfalls zu berichten. Er schaffte es sogar, wenige Minuten nach dem Knock-out von allein aufzustehen und verblüffte damit seine Mitarbeiter. Gages Wunden heilten, lediglich sein linkes Auge wurde irreversibel zerstört, aber er war bald wieder an an seinem Arbeitsplatz. Der Unfall war für die neurowissenschaftliche Forschung von großer Bedeutung. Nach Angaben seines Arztes, John D. Harlow, war er nach wenigen Wochen körperlich wiederhergestellt. Auf den ersten Blick fehlte ihm nichts: Wahrnehmung, Gedächtnis, Intelligenz und Sprachfähigkeit waren intakt, auch seine Motorik funktionierte. Man kann sich kaum vorstellen, dass jemand ganz normal weiterleben kann, nachdem eine Eisenstange seinen Schädel durchbohrt hatte. Eine Verletzung des Frontallappens erschien zunächst völlig unbedeutend. Aber auf den zweiten Blick trug Gage eben doch Schäden davon: In der Zeit nach dem Unfall veränderte sich seine Persönlichkeit. Aus dem besonnenen und ausgeglichenen Gage wurde ein kindischer, impulsiver und unzuverlässiger Mensch. Dieses Krankheitsbild ist heutzutage in der Neurologie als Frontalhirnsyndrom bekannt.[44]

Aber was macht es mit einem Menschen genau, wenn sein Frontallappen zerstört ist? Dieser Frage ging auch der Arzt Antonio Egas Moniz in den 1930er-Jahren nach. Er suchte nach einem Weg, seine hochgradig aufgeregten Psychose-Patienten ruhigzustellen und stieß dabei auf eine Behandlungsmethode namens Lobotomie. Dabei werden die Nervenbahnen in der vorderen Gehirnregion durchtrennt, also genau jener Frontallappen beschädigt wie beim Bolzenunfall des Phineas Gage. Die Lobotomie hatte bereits bei Affen eine Wirkung gezeigt: Sie waren nach der Operation deutlich ruhiger, auch wenn man ihnen ihr Futter vorenthielt. 1935 führte Moniz unter Mitwirkung von John Farquhar Fulton an einem Patienten mit unheilbarem Hirnschaden die erste Lobotomie durch und erhielt 1949 sogar den Nobelpreis »für die Entdeckung des therapeutischen Wertes der präfrontalen Leukotomie bei gewissen Psychosen«. Die Wirkung der Lobotomie wurde gefeiert, aber auch von vielen Experten kritisch gesehen. Sie verwiesen auf die Nachteile. Patienten büßten bei ihren Fähigkeiten massiv ein. Zwar waren die Standard-Intelligenz und das Gedächtnis nicht beeinträchtigt, doch schnitten sie bei sämtlichen Tests, die Planung erforderten, miserabel ab.[45]

Unser Frontallappen ermöglicht uns also eine Fähigkeit, die einzigartig ist: Wir können uns eine Zukunft ausmalen und sie Schritt für Schritt planen. Wissenschaftler nennen das so: Wir können unser Selbst dank des Frontallappens durch die Zeit reisen lassen, es also ausdehnen.[46] Daraus lässt sich viel Motivation ziehen, wenn ich mir vorstelle, wie ich später in meinem Traumhaus wohne und in meinem Garten liege, meine Frau von der Terrasse strahlt, die Kinder spielen und die Hunde mit ihnen toben. Frische Steaks liegen auf dem Grill, und ich nehme einen großen Schluck von einem Gin Tonic. Dafür lohnt es sich, heute ein Buch zu schreiben und hart zu arbeiten.

Die Zukunft kann uns massiv antreiben, aber sie kann uns auch verrückt machen. Denn was passiert, wenn wir versagen? Wir können uns in unseren Gedanken auch ausmalen, dass wir nicht im Garten liegen, sondern vor dem Amt stehen und die Frau schon längst abgehauen ist. Planung erfordert, dass wir in die Zukunft blicken, und dabei kann Angst eine Reaktion sein, die wir empfinden.[47] Denken kann also tatsächlich zur Krankheit werden und die Zukunft vom Motor zum Bremsklotz.

Deswegen hilft es uns an der Börse nicht weiter, wenn wir uns jeden Tag den Kopf zerbrechen und für jede Schwankung einen Grund suchen. Erfolgreiche Investoren verlassen sich auf stabile Trends und schalten öfter auf Autopilot. Denn es lohnt sich viel mehr, das Leben zu leben und nicht den ganzen Tag auf die Kurse zu schauen.

Ein Kapitel über den Zufall – und: Warum Asterix das Coronavirus (nicht) vorausgesagt hat

Elizabeth Harmon sitzt beim entscheidenden Duell ihrem größten Widersacher Vasily Borgov gegenüber und blickt ihm tief in die Augen. In Moskau spielt sich das Schachduell ab, auf das die ganze Welt blickt: der weibliche Shootingstar Harmon aus den USA gegen den Schachweltmeister Borgov aus der Sowjetunion. Die Partie wird nach dem 40. Zug als Hängepartie erst am folgenden Tag zu Ende gespielt, und die Zuschauer rätseln, welche Figur Harmon als nächstes ziehen wird. Da wendet sie ihren Blick von Borgov ab und schaut an die Decke. In der Steinmauer des Gewölbes erkennt sie nach wenigen Augenblicken ein Schachbrett, Figuren bewegen sich darauf in sämtliche Richtungen. Vor ihrem inneren Auge spielt sie die möglichen Spielzüge durch. Borgov und die Zuschauer wundern sich und blicken auch an die Decke, aber sehen kann das Schachbrett natürlich nur Harmon in ihrer Fantasie. Und dann schlägt sie plötzlich zu und zieht ihren weißen Läufer. Wenige Züge später bietet Borgov ihr ein Remis an. Aber Harmon lehnt ab, attackiert mit ihrer weißen Dame und opfert sie. Wenige Züge später hat sie den Weltmeister besiegt!

In der Netflix-Miniserie »Das Damengambit« spielt Anya Taylor-Joy das Schach-Wunderkind Elizabeth Harmon. Beth, wie sie genannt wird, wächst in einem Waisenhaus auf, weil ihre leibliche Mutter bei einem Autounfall stirbt. Während Beth im Keller Tafelschwämme reinigt, entdeckt sie den Hausmeister William Shaibel, der sich einem Schachspiel widmet. Sie fragt ihn immer wieder, ob er ihr das Spiel zeigen könne. Widerstrebend erklärt er sich irgendwann dazu bereit. Allerdings weiß die kleine Beth schon, wie die Figuren zu ziehen sind, weil sie Shaibel aufmerksam beobachtet hat. Beth ist schnell von dem Spiel besessen und macht enorme Fortschritte. Abends liegt sie wach in ihrem Bett, starrt an die Decke, und je länger sie sich darauf konzentriert, umso klarer erkennt sie dort ein Schachbrett. Je öfter sie spielt, umso lebhafter wird ihre Schachfantasie: Vor ihrem inneren Auge erkennt sie auf einmal Figuren und erkennt die Muster von Schachzügen darin. Ausgelöst werden die Fantasien möglicherweise auch durch Entzugserscheinungen. Im Waisenhaus waren die Kinder mit Beruhigungspillen fügsam gemacht worden, die aber später verboten wurden. Woher Beth ihre Eingebungen hat, bleibt also offen. Die Schachwelt zeigt sich jedenfalls verwundert wegen ihres Talents. Die Medien stürzen sich auf Beth, und eine Reporterin fragt sie offen danach, ob sie an einer sogenannten Apophänie leiden würde, der Fähigkeit, Muster zu erkennen, die sonst niemand sieht.

Was auf Netflix genial erscheint, kann im echten Leben bedenkliche Formen annehmen. Apophänie bezeichnet nämlich auch bei einer Schizophrenie die Erfahrung, scheinbare Muster und Beziehungen in zufälligen, bedeutungslosen Einzelheiten der Umwelt wahrzunehmen. Wer vor dem Fernseher sitzt und sich bei der Tagesschau angesprochen fühlt oder versteckte Nachrichten in der Tageszeitung erkennt, der sollte sich nicht für erleuchtet halten, sondern sich ernsthafte Sorgen um seine Gesundheit machen. Im Jahr 2009 entdeckte der Schweizer Neurologe Peter Brugger[48], dass Menschen mit mehr Dopamin in ihren Systemen eher an geheime Verschwörungen und Entführung durch Außerirdische glaubten. Ein prominentes Beispiel für Schizophrenie ist der Mathematiker John Nash. Im Film »A Beautiful Mind« wird er von Russel Crowe verkörpert. Nash bildet sich ein, er entschlüssele im geheimen Auftrag der amerikanischen Regierung Codes sowjetischer Agenten. Auch sein Zimmergenosse während des Studiums ist nur eine Wahnvorstellung. Nash steigert sich immer mehr rein und flüchtet vor sowjetischen Agenten, die nur in seiner Fantasie existieren. Schließlich bricht er zusammen und landet in der Psychiatrie.

Auch an der Börse kann die Suche nach Mustern bizarre Züge annehmen. In meiner Journalistenkarriere sind mir schon die wildesten Crash-Theorien untergekommen. Eines der Highlights: Chartmuster, die bereits vor 70 Jahren ähnlich auftraten, während der Blutmond in einem bestimmten Winkel stand. Wenn sich das wiederholen sollte, dann drohe die Apokalypse. Solche Beispiele sind natürlich die Ausnahme, Muster suchen jedoch viele an der Börse. Aber sind wir deswegen schon auf dem besten Weg, verrückt zu werden? Oder warum suchen wir danach?

Der Wissenschaftshistoriker Michael Shermer beantwortet die Frage in seinem Buch *How We Believe* mit der Macht unseres Glaubenssystems. Setzen wir einmal voraus, der Mensch sucht nach Mustern, um sich zu orientieren.[49] Und dann versetzen wir uns zurück ins Mittelalter, um die Rolle des Glaubenssystems besser zu verstehen. In dieser Zeit waren 90 Prozent der Bevölkerung Analphabeten. Über das bisschen wissenschaftliche Information verfügte eine kleine Elite. Alle anderen mussten sich die Welt mit Magie und Hexen erklären. Was war die Ursache für die Pest? Die Sterne und Planeten standen ungünstig. Wenn ein Wolf ums Eck heulte, war man am nächsten Tag vielleicht tot! Es dauerte lange, bis sich Pech auf einmal mit Mathematik erklären ließ und die Ursache für die Pest auf einmal logisch erschien. Die Wissenschaft beseitigte viel Irrglauben. Aber sind wir deswegen heute rationale Wesen, die sich von nichts beeinflussen lassen? Shermer verneint. Nach seiner Meinung glauben wir immer noch ein wenig an Magie. Wir wurden zwar nicht in einer prähistorischen Zeit geboren, aber unser Geist in jener Zeit konstruiert, und wir ticken weitgehend so, wie wir während der Menschheitsgeschichte getickt haben. In seinem neuen Buch *The Believing Brain* schreibt Shermer, Aberglaube sei das Produkt falscher Mustererkennung. Prinzipiell gehe die Überzeugung der Überlegung voraus. Unsere Gehirne seien Glaubensmaschinen, die von Natur aus nach Mustern suchen, welche dann mit Bedeutung gefüllt werden.

Und da kommen wir wieder zur Forschung von Malmendier und Nagel zurück: Wir müssen die Überzeugungen prüfen, die wir gespeichert haben und sie dann auf die Probe stellen. Wer eine Hyperinflation oder einen Währungscrash in Argentinien erlebt hat, sollte sich fragen, ob das automatisch in allen anderen Ländern auf der Welt passieren muss. Und wer im März 2020 an der Börse eingestiegen ist und im ersten Jahr eine Rendite von 150 Prozent eingefahren hat, der sollte sich fragen, ob das jedes Jahr möglich ist. An der Börse lassen sich spielerisch Muster finden, aber auf Dauer lässt sich nur festhalten, dass Aktien langfristig steigen und es immer wieder Übertreibungen nach oben und unten gibt. Solche Zyklen exakt zu bestimmen, gleicht eher Wahnsinn als Wissenschaft. Denn selbst das beste Modell ist nicht das System – und der Zufall spielt eine enorme Rolle. Wir Menschen neigen aber dazu, im Nachhinein alles logisch zu finden. Der sogenannte Hindsight Bias verzerrt unsere Wahrnehmung. Dieser Rückschaufehler besagt, dass wir die Vorhersehbarkeit eines Ereignisses überschätzen, nachdem es eingetreten ist.[50] Es war eben 1985 nicht so klar, wie es heute erscheint, dass China 35 Jahre lang wachsen und weder demokratisch noch auseinanderbrechen würde. Und es war 1985 auch nicht klar, dass Steve Jobs Apple erst verlassen würde und das Unternehmen später nach seiner Rückkehr und einer langen Durststrecke ein gigantisches Comeback feiern würde.

Investoren sollten sich mit dem Begriff des Schmetterlingseffekts vertraut machen. Er wurde vom Meteorologen Edward Lorenz in den 1970er-Jahren geprägt. Lorenz arbeitete mit damals neuen, revolutionären Computermodellen, um das Wetter zu simulieren und vorherzusagen. Die ihm zur Verfügung stehende Rechenleistung war nach heutigen Maßstäben lächerlich gering, repräsentierte damals aber die Spitze der Technologie. Dabei hatte er zunächst rein zufällig entdeckt, dass die Simulation einige Tage später komplett andere Wetterbilder ergab, wenn er bei der Eingabe von Anfangsgrößen wie Temperatur oder Windstärke unabsichtlich auf eine Nachkommastelle mehr oder weniger abrundete. Die Änderung des Ausgangszustands konnte dabei nahezu beliebig klein sein. Wir müssen uns immer klarmachen, was kleine Veränderungen am Ende für ein Erdbeben auslösen können. Das gilt besonders für Aktien: Wer nur ein wenig an den Stellschrauben für die Prognosen eines Unternehmens dreht, bekommt am Ende ein völlig anderes Ergebnis für den fairen Wert der Aktie.

Zufälle bestimmen unser Leben, und der Flügelschlag eines Schmetterlings kann alles verändern. Aber Verschwörungstheorie funktioniert genau andersherum: Sie will den Zufall abschaffen. Ein gefundenes Fressen war im Jahr 2020 ein Comic, der das Coronavirus schon 2017 angekündigt haben soll. Konkret ging es um den 37. Asterixband *Asterix in Italien*. Beim Start zum »Großen Transitalischen Wagenrennen« von Monza nach Neapel wird in der Arena der größte Wagenlenker der Antike angekündigt. Das Publikum grölt den Namen des Champions, der eine grinsende goldene Maske trägt: »Coronavirus! Coronavirus! Coronavirus!« Tatsächlich heißt die Figur des Wagenlenkers in der französischsprachigen Originalausgabe und in nahezu allen Übersetzungen Coronavirus. Kann das ein Zufall sein? Für Menschen, die den Zufall abschaffen wollen, steckt dahinter natürlich ein Teil des großen Ganzen, ein geheimer Plan der Eliten. Dass der Wagenlenker in der deutschen Ausgabe aber Caligarius heißt, kommt in den Ausführungen der Querdenker nicht vor, genauso wenig, dass es Coronaviren schon seit 50 Jahren gibt. Und kann es denn Zufall sein, dass Coronavirus im Rennen triumphiert, indem er verbotene Manöver anwendet? Und dass ein korrupter Staatsvertreter das Spektakel finanziert?[51]

Aber warum passieren so viele unwahrscheinliche Dinge, wenn sie doch so unwahrscheinlich sein sollen? Eine Antwort: Weil einfach sehr viele Menschen auf dieser Welt leben. Und manchen Menschen passieren manchmal unglaubliche Dinge. Das beste Beispiel ist Frane Selak: Der Kroate hat eine Pech- und Glückssträhne zugleich hinter sich, die selbst für einen schlechten Film völlig übertrieben wäre. Seine unglaubliche Geschichte beginnt im Januar 1962, als er in Sarajevo den Zug in Richtung Dubrovnik besteigt. Auf den Gleisen der Bahnlinie, die entlang einer Schlucht führt, liegt ein Felsbrocken, der den Zug entgleisen und in den darunter liegenden Fluss stürzen lässt. Auch Selak stürzt ins Wasser und droht wegen der eisigen Kälte bewusstlos zu werden. Doch plötzlich packt ihn ein unbekannter Mann und bringt ihn in Sicherheit. 17 Menschen sterben bei diesem Zugunglück.

Nur ein Jahr später schlägt das Schicksal während seines ersten und einzigen Linienflugs erneut zu. In 10.000 Meter Höhe fallen sämtliche Antriebsdüsen aus, der Kabinendruck fällt, und die Maschine verliert dramatisch an Höhe. Und weil das nicht schon schlimm genug ist, öffnet sich im Sinkflug zusätzlich die hintere Tür der Maschine. Selak sieht, wie Stewardessen und Passagiere aus dem Flugzeug gesogen werden. Dann reißt es ihn nach draußen. 19 Menschen kommen bei diesem Flugzeugabsturz ums Leben. Selak aber landet in einem Heuhaufen und bleibt unverletzt.

Drei Jahre später stößt ihm wieder etwas zu. Er stürzt mit einem Bus von einer Brücke in einen Fluss. Vier Menschen sterben, aber Selak kann mit ein paar Prellungen und Schürfwunden ans Ufer schwimmen. Von öffentlichen Verkehrsmitteln hat er dann genug und fährt fortan mit dem eigenen Auto. Es wird aber nicht besser. Gleich zweimal fängt sein Auto in der Folgezeit Feuer. 1970 rettet sich Selak noch rechtzeitig aus seinem Auto, bevor der Benzintank explodiert. 1973 gibt es allerdings kein Entkommen mehr. Er ist in seinem Auto gefangen. Wegen eines Brandes im Motorraum stoßen Flammen durch die Lüftung in das Fahrzeug. Seine Haare werden versengt, Haut und Knochen bleiben unversehrt.

1995 wird Selak schließlich in der kroatischen Hauptstadt Zagreb von einem Bus angefahren. Überflüssig zu erwähnen, dass er lediglich kleinere Verletzungen erleidet. 1996 findet seine Pechsträhne ihren vorerst letzten Höhepunkt im Gebirge. Selak fährt Serpentinen, als er in einer Kurve einem UN-Laster ausweichen musste. Sein Wagen kracht in die Leitplanke und überschlägt sich. Zu seinem Glück ist Selak aber nicht angeschnallt. Er wird aus dem Wagen geschleudert, bevor sein Auto 150 Meter in die Tiefe stürzt und explodiert.

2003 ändert sich schließlich alles. Zwei Tage nach seinem 73. Geburtstag knackt Selak den Jackpot beim Spiel 7 aus 39 und gewinnt sechs Millionen Kuna, umgerechnet rund 800.000 Euro. Was für ein Leben. Es lässt sich kaum glauben, aber Selaks Geschichte ist tatsächlich wahr und wahrscheinlich die verrückteste Geschichte, um die Macht des Zufalls zu veranschaulichen.[52]

Und wie steht es nun um Beth Harmon? Leidet das Schach-Wunderkind an Wahnvorstellungen oder ist sie einfach nur eine verdammt gute Spielerin? Die Antwort darauf gibt ein Aufsatz, den Daniel Kahneman und Gary Klein 2009 verfassten. Sie wollten herausfinden, ob Spezialisten mit zunehmender Erfahrung besser werden oder nicht. In ihrem Aufsatz suchten die beiden Wissenschaftler nach einem gemeinsamen Nenner – und fanden ihn auch. Ob Erfahrung unweigerlich die Kompetenz steigere, so waren sie sich einig, hänge allein vom Fachgebiet ab. Eine eng umgrenzte Erfahrung wirke sich positiv auf die Leistung von Schach- und Pokerspielern aus. Es helfe aber nicht dabei, politische oder finanzielle Trends zu erkennen.[53] Die von Klein untersuchten Gebiete, auf denen eine instinktive Mustererkennung zu großen Erfolgen führte, gelten als sogenannte lernfreundliche Umgebungen, so bezeichnete es der Psychologe Robin Hogarth.[54] In solchen Umgebungen kehren Muster wieder, und man erhält schnelles und genaues Feedback. Schach ist das beste Beispiel dafür, denn es werden Figuren nach bestimmten Regeln und innerhalb festgelegter Grenzen bewegt. Die Folgen einer Bewegung zeigen sich sofort, und ähnliche Muster wiederholen sich immer wieder.

Es sollte also niemanden verwundern, wenn eine menschliche Schachmaschine wie Beth Harmon so gut wie jedes Muster des Spiels erkennt und sie sich bildlich vor ihrem inneren Auge vorstellen kann (welche Wirkung der Konsum der Beruhigungspillen auch immer dabei spielen mochte). Wer sich allerdings einbildet, die Börsenkurse exakt voraussagen zu können oder sie nach dem Blutmond timt, der sollte sich besser Tabletten verschreiben lassen.

Ein Muster ist nur so viel wert wie die Vergangenheit

Am 27. Dezember 1831 stach die HMS Beagle von Devonport in Südengland aus in See. Mit an Bord: ein gewisser Charles Darwin. Die Fahrt begann schlecht für ihn. Der britische Naturforscher wurde sofort seekrank und musste auch noch seinen Traum begraben, die artenreiche Vegetation auf der kanarischen Insel Teneriffa zu erkunden. Denn über die Besatzung des Expeditionsschiffes war wegen eines Cholera-Ausbruchs in England eine Quarantäne verhängt worden. Darwin vertrieb sich also zunächst die Zeit auf dem Schiff damit, die Organismen, die er mit einem selbstkonstruierten, engmaschigen Schleppnetz gefangen hatte und die später als Plankton bezeichnet wurden, mikroskopisch zu untersuchen. Seine Erkenntnisse schrieb er in ein Notizbuch nach dem anderen. Er sammelte penibel geordnet seine geologischen und zoologischen Entdeckungen und trug auch seine gesammelten Proben sorgsam nummeriert ein.[55]

Allerdings gelang es Darwin erst 1838, die Einzelteile zu verbinden. Im Herbst jenes Jahres begann er mit der Lektüre des *Essay on the Principle of Population* des britischen Ökonomen Thomas Malthus. Nachdem Malthus die Beziehung zwischen dem Nahrungsmittelangebot und der menschlichen Bevölkerung untersucht hatte, kam er zu dem Schluss, dass die Bevölkerung geometrisch wächst, während sich die Existenzmittel, also die Erzeugung von Nahrungsmitteln, nur arithmetisch entwickeln. Daher würde das Bevölkerungswachstum jederzeit schneller verlaufen als das Wachstum des Nahrungsmittelangebots, und die Bevölkerung würde so lange wachsen, bis sie durch Krieg, Hungersnot oder Krankheit wieder eingedämmt würde.

Darwin sah eine direkte Parallele zwischen der Arbeit von Malthus und den unbeantworteten Fragen hinsichtlich der Population bei Tieren und Pflanzen. Die Theorie von Malthus besagte, dass ein begrenztes Nahrungsangebot eine wachsende Population zu einem ständigen Kampf ums Überleben zwingt. In seinen jahrelangen Beobachtungen erkannte Darwin den malthusianischen Prozess in der Tierwelt wieder. Er schrieb in sein Notizbuch: »Da ich aufgrund meiner über lange Zeit geführten Beobachtungen des Verhaltens von Tieren und Pflanzen durchaus bereit war, den Existenzkampf anzuerkennen, der überall stattfindet, kam es mir plötzlich in den Sinn, dass günstige Varianten tendenziell erhalten bleiben und ungünstige vernichtet werden. Das Ergebnis wäre die Entstehung neuer Arten. Nun hatte ich zumindest eine Theorie – einen Prozess als Ausgangspunkt für meine Arbeit.«[56]

Darwin stellte fest, dass der Kampf ums Überleben zwischen den Arten, aber auch innerhalb der Arten stattfindet. Wenn zum Beispiel ein Vogel mit einem langen Schnabel besser überlebt, dann geben wahrscheinlich mehr Vögel mit längerem Schnabel diesen Vorteil weiter, und irgendwann dominiert der längere Schnabel innerhalb der Art. Dieses Prinzip lässt sich auch auf die Börse übertragen. Wenn etwas funktioniert und Überrenditen verspricht, dann wird es immer populärer und setzt sich irgendwann durch. Aber Erfolgsrezepte sind an der Börse der Fluch der guten Tat. Denn je mehr Leute auf den Zug aufspringen, umso mehr Gewicht muss er transportieren, und er verliert an Tempo. Es kostet eben irgendwann Rendite, wenn alle dasselbe machen. Die Börse funktioniert wie ein Nullsummenspiel. Du kannst es dir wie beim Fußball vorstellen: Es können nicht alle gewinnen. Es konkurrieren verschiedene Taktiken um den Sieg. Und wenn eine Taktik besser funktioniert, dann heißt das auch, dass eine andere schlechter funktionieren muss. Es kann nicht jede Taktik zum Sieg führen. Jetzt heißt es aber nicht, dass eine Taktik, die in der Vergangenheit viele Titel brachte, auch künftig viele Titel bringen muss. Das beste Beispiel ist die deutsche Nationalmannschaft, die bei der Weltmeisterschaft 2014 noch triumphierte, aber dann vier Jahre später in Russland kolossal scheiterte.

Ein perfektes Beispiel für die Evolution der Börse liefert Investor Ken Fisher mit dem sogenannten Kurs-Umsatz-Verhältnis (KUV). Früher waren Informationen noch rar – und kostbar. Wer gründlich analysieren wollte, musste dafür sogar Bibliotheken besuchen. Ken Fishers Vater, Philip Fisher, wurde einst mit seinem Komptometer, einer Rechenmaschine mit Handkurbel, und einem Bleistift zur Investorenlegende. Sein Sohn Ken entwickelte schließlich vor 40 Jahren das KUV. Er bewertete also Aktien, indem er den Kurs ins Verhältnis zum Umsatz setzte, und das funktionierte großartig. Warum? Weil es so schwierig war, dieses KUV auszurechnen. Fisher klaubte sich die Daten aus Zeitungen, Maklerbroschüren und Unternehmensberichten zusammen. Schließlich kaufte er sich die Daten sogar. Das kostete ihn zwar eine Menge, war es damals aber wert.

Es klingt wie aus der Zeit gefallen, wenn Investoren mit Bleistift und Unternehmensberichten rechnen. Heute lässt sich das KUV eines Unternehmens innerhalb von Sekunden herausfinden. Aber der Glanz des KUV verblasste bereits vor dem Aufstieg des Internets. Nachdem Fisher es in seinem Buch *Super Stocks* 1984 erwähnte, wurde das KUV immer bekannter. Im Laufe der Zeit lehrten es die Professoren sogar an den Universitäten. Je mehr Menschen damit rechneten, desto weniger funktionierte es. Zahlen sind heute fast alle nur einen Klick entfernt. Es wird also immer schwieriger, sich einen Vorteil zu erarbeiten.[57]

Warum der Teufel in der Ente steckt

»Nehmen Sie an, Sie sehen einen Vogel auf einem Bauernhof herumwatscheln. Dieser Vogel hat kein Schild, auf dem ›Ente‹ steht. Doch dieser Vogel sieht eindeutig aus wie eine Ente. Als er zum Teich geht, stellen Sie auch fest, dass er schwimmt wie eine Ente. Dann öffnet er seinen Schnabel und quakt wie eine Ente. Nun, zu diesem Zeitpunkt sind Sie wahrscheinlich zu dem Schluss gekommen, dass der Vogel eine Ente ist, unabhängig davon, ob er beschriftet ist oder nicht.«

Diese Worte hat Richard Patterson berühmt gemacht. Er war der US-amerikanische Botschafter in Guatemala während der Regierung von Jacobo Árbenz Guzmán. Patterson versuchte mit seinem Entenvergleich zu verdeutlichen, dass die Regierung in Guatemala eindeutig kommunistisch sei. Für Patterson und einige andere US-amerikanische Offizielle sah es jedenfalls danach aus, als würde Arbenz' Regierung durch kommunistische Machenschaften unterlaufen. Die US-Politiker mussten nicht lange überzeugt werden. Statt zu überprüfen, ob tatsächlich ein kommunistisches Regime existiert, verließen sie sich auf den äußeren Anschein und eine Agrarreform, die in ähnlicher Form bei Mao Zedongs Revolution in China 1949 eine führende Rolle spielte.[58]

Wenn es also aussieht wie eine Ente, schwimmt wie eine Ente und quakt wie eine Ente, dann ist es wahrscheinlich eine Ente. Eine Faustregel, die manche Entscheidung beschleunigen mag. Aber Investoren sollten sich niemals auf den Ententest verlassen, wenn sie Aktien kaufen. Wie beim KUV beschrieben, schauen viele nur auf die Äußerlichkeiten. Wenn eine Aktie also optisch günstig bewertet ist und ein niedriges KUV oder KGV aufweist, dann reicht das für einen Kauf. Wer es sich so bequem macht, der drückt sich vor jeglicher Analyse und läuft Gefahr, in eine Value-Falle zu tappen.

Wer wirklich investieren will, der muss zum Kern vordringen und damit auf die erste Ebene. Der muss sich wie Ken Fisher in das Zahlenwerk verbeißen und herausfinden, warum das KUV am Ende so niedrig ausfällt und das Unternehmen falsch bewertet sein soll. Eine sehr schwierige Aufgabe, wenn man sich vorstellt, dass heute Millionen von Profis überall auf der Welt Zugang zu sämtlichen Daten haben. Eine Unterbewertung heute aufzudecken, erscheint also viel schwieriger als früher.

Ein weiteres Problem besteht in der Evolution der Börse. Sie verändert sich ebenso wie die Natur. Selbst wenn wir die Emotion und die Ratio im Griff haben sollten, können wir uns nicht blind auf den dritten Faktor verlassen. Die Rahmenbedingungen verändern sich im Laufe der Zeit wie der Schnabel eines Vogels. Einst stand bei Investoren der Abschlag auf den Buchwert hoch im Kurs, dann kamen Dividendenrenditen in Mode, eben das KUV, später dann Gewinnwachstum und Cashflow. Und morgen kann es etwas geben, was wir heute noch nicht mal kennen. Auch die Kapitalmarkttheorie durchlief eine Evolution: Früher herrschte noch der Glaube vor, dass Märkte effizient wären. Der Random Walk revolutionierte schließlich die Wissenschaft und machte klar, dass Aktienkurse kurzfristig rein durch Zufall entstehen. Später wurde dann den Emotionen der Anleger immer mehr Aufmerksamkeit geschenkt, etwa durch Konzepte wie der Reflexivität von George Soros. Heute wissen wir, dass viele Investoren an der Börse nicht anhand fundamentaler Kennzahlen handeln.

An der Börse gelten zwar auch Gesetze der Physik und Mathematik, aber sie lässt sich auch durch die Brille eines Biologen betrachten. Selbst wenn wir davon ausgehen würden, der Markt wäre effizient und er würde sich in einem Gleichgewicht befinden, dann könnte sich dieses Gleichgewicht in einem komplexen System ständig verschieben. Tatsächlich ist es genau so passiert. Wenn wir die Jahrzehnte und ihre entsprechende Bewertung miteinander vergleichen, dann erkennen wir, dass das KGV mit der Zeit nach oben klettert.

Bewertung des S&P 500 anhand des KGV im Zeitverlauf

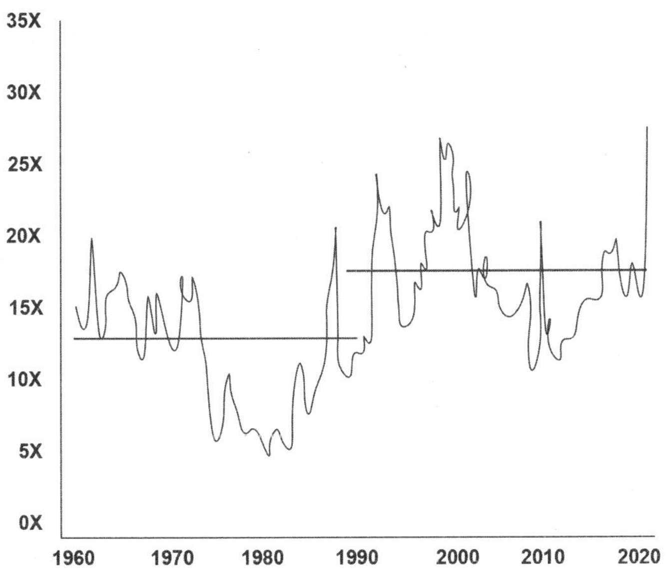

Die senkrechte Achse zeigt die Bewertung an, 10X steht also beispielsweise für ein Kurs-Gewinn-Verhältnis von 10, und das sagt aus, dass Aktien in einem bestimmten Jahr mit dem Zehnfachen ihres Jahresgewinns bewertet waren. Und diese Bewertung hat sich in den Jahren nach oben bewegt. Lag sie bis 1990 noch deutlich unter 15, so bewegte sich der Durchschnitt im neuen Jahrtausend schon deutlich darüber.

In einer Schrift des Santa Fe Institute mit dem Titel *Market Force, Ecology, and Evolution* unternahm J. Doyne Farmer den ersten Schritt, das Verhalten an der Börse in ökologische Begriffe zu übersetzen. Er verglich also biologische Ökologie mit finanzieller Ökologie:[59]

Biologische Ökologie	Finanz-Ökologie
Art	Handelsstrategie
Individueller Organismus	Händler
Genotyp (genetische Veranlagung)	Funktionale Darstellung einer Strategie
Phänotyp (beobachtbare Erscheinungsform)	Handlungen anhand der Strategie (Kaufen, Verkaufen)
Population	Kapital
Äußere Umwelt	Preise und andere Informationseingänge
Selektion	Kapital-Allokation
Mutation und Rekombination	Erfindung neuer Strategien

Wenn eine Strategie erfolgreich ist, dann zieht sie also mehr Kapital an und dominiert. Farmers Fazit: »Man kann die langfristige Evolution des Marktes anhand der Mittelflüsse analysieren. Die finanzielle Evolution wird in ähnlicher Weise vom Geld beeinflusst wie die biologische Evolution vom Nahrungsangebot.«[60] Darum gilt die Masche der Crashpropheten nicht, einfach auf ein Allzeithoch zu verweisen und deswegen den großen Zusammenbruch auszurufen. Ein Allzeithoch ist nur ein Zwischenstopp zu einem nächsten Allzeithoch, und ob Aktien wirklich teurer sind als beim letzten Mal, lässt sich anhand vom Absolutismus nicht sagen. Erfolgreiche Menschen denken relativ.

KAPITEL 5
WIE DU DICH IN UNSICHEREN ZEITEN MÖGLICHST SICHER BEWEGST

»Welche drei Länder sind die größten Produzenten für Kartoffeln weltweit?«, fragt der Quizmaster.

Sherlock nippt an seinem Guinness und wirft seine Stirn in Falten. Der Schaum bleibt in seinem Bart hängen, und ich frage mich, was er gleich als Lösung präsentieren wird. Wir sitzen in einer Kneipe in Rosenheim bei einem Pub Quiz. Der Quizmaster stellt in sieben Runden Fragen zu Themen wie Musik, Geschichte, Geographie, Politik und Sport. Jedes Team bezahlt zwei Euro pro Person, und am Ende wird das Geld unter den Gewinnern aufgeteilt. Sherlock und ich bilden ein Zweierteam, und wir sind fest entschlossen, zu gewinnen.

»Ich weiß, dass China bei so gut wie allem der größte Produzent ist«, sagt Sherlock, »allein schon wegen der Fläche sind die ganz weit vorn.«

»Wenn die Fläche des Landes der wichtigste Faktor ist, dann würde ich auf jeden Fall die USA und Russland dazu nehmen. Kanada ist zwar auch riesig, würde ich aber trotzdem ausschließen«, sage ich.

»Ich könnte mir auch Polen und die Ukraine gut vorstellen. Im Osten werden generell viele Kartoffeln angebaut«, sagt Sherlock.

»Schließen wir Deutschland aus?«, frage ich.

»Ja, obwohl Deutschland sicher unter den Top 10 ist, aber niemals ganz vorn!«

Am Ende lagen wir mit unserer Schätzung relativ gut: China ist tatsächlich weltweit der größte Produzent von Kartoffeln, Russland liegt auf Rang drei. Allerdings hatten wir Indien übersehen, das Riesenreich liegt auf dem zweiten Platz.[1]

Keine Angst, es geht jetzt nicht um Landwirtschaft, sondern darum, wie man sich einem solchen Problem nähert und wie man Prognosen in unsicheren Zeiten aufstellt. Machen wir ein Beispiel mit einer absurden Frage, die angeblich bei einem Vorstellungsgespräch bei Google gestellt wurde, um uns dem Problem zu nähern: »Wie viele Klavierstimmer gibt es auf der Welt?«[2] Wer soll so etwas wissen? Genau darum geht es. Es handelt sich dabei um ein sogenanntes Fermi-Problem. Dieses Problem tritt immer dann auf, wenn es keine vernünftigen Daten gibt, mit denen sich eine Frage beantworten oder ein Problem lösen lässt. Dann hilft nur der eigene Verstand weiter, und man muss sich der Lösung durch Schätzungen nähern. Im Beispiel oben ging es um die Klavierstimmer auf der ganzen Welt, aber das klassische Beispiel eines Fermi-Problems bezieht sich nur auf die Klavierstimmer in Chicago. Versuchen wir diese Frage also schrittweise zu beantworten: Wir haben zunächst keine statistischen Daten, mit denen wir rechnen können. Wir kennen beispielsweise die durchschnittliche Anzahl der Klavierstimmer pro 1.000 Einwohner nicht. Und wir haben auch keine Erfahrungswerte aus anderen Städten, die wir auf Chicago übertragen können. Aber: Wir wissen ungefähr, wie ein Klavierstimmer arbeitet, und daraus könnten wir folgende Rechnung ableiten.

- Ungefähr 3 Millionen Menschen leben in Chicago.
- Ungefähr 2 Personen leben durchschnittlich in einem Haushalt.
- Ungefähr in jedem 20. Haushalt gibt es ein Klavier, das regelmäßig gestimmt wird.
- Klaviere werden ungefähr einmal pro Jahr gestimmt.
- Es dauert etwa 2 Stunden, ein Klavier zu stimmen, inklusive Fahrzeit.
- Ein Klavierstimmer hat einen 8-Stundentag, eine 5-Tage-Woche und arbeitet 40 Wochen pro Jahr.

Aus diesen Zahlen lässt sich berechnen, wie viele Klaviere pro Jahr in Chicago gestimmt werden müssen:

(3.000.000 Einwohner) / (2 Personen pro Haushalt) × (1 Klavier/ 20 Haushalte) × (einmal Stimmen pro Klavier und Jahr) = 75.000 Mal muss in Chicago pro Jahr ein Klavier gestimmt werden.

Ein Klavierstimmer kann folgende Arbeit bewältigen:

(40 Wochen pro Jahr) × (5 Tage pro Woche) × (8 Stunden pro Tag) / (2 Stunden pro Klavier) = 800 Klaviere kann ein Klavierstimmer pro Jahr stimmen.

Demnach müsste es etwa 100 Klavierstimmer in Chicago geben.[3]

Nun wirkt dieses Beispiel im Nachgang gar nicht mal so kompliziert. Aber um dir zu beweisen, wie schwierig Prognosen sein können, gibt es jetzt einen Test für dich. Du siehst unten gleich 15 Fragen. Es geht nicht darum, die exakte Antwort zu finden. Notiere dir bitte zu jeder der folgenden Fragen ein Intervall, von dem du glaubst, die richtige Antwort liege mit einer Wahrscheinlichkeit von 90 Prozent darin. Also wenn die Frage lautet »Wie groß ist die Entfernung zwischen München und Hamburg?«, dann notiere dir bitte beispielsweise 700 bis 900 Kilometer. Dieses Intervall wäre richtig, da die Entfernung tatsächlich 792 Kilometer beträgt. Wähle die Intervalle nicht so groß, dass du gar nicht falsch liegen kannst, aber groß genug, dass du dir sehr sicher bist. Du darfst dir für deine Antworten gerne Zeit lassen. Aber bitte nur den Kopf benutzen und nicht Google fragen. Die Auflösungen findest du hinten im Buch auf Seite 258.

1. In welchem Jahr wurde Josef Stalin geboren?
2. Wie groß ist die Entfernung zwischen Peking und Moskau?
3. Wie viele Putschversuche ereigneten sich im 20. Jahrhundert in Deutschland?
4. Welcher Prozentsatz der Bevölkerung Thailands lebt in der Metropolregion Bangkok?
5. Wie viele Einwohner hat Indonesien?
6. Wie viele Flugzeuge umfasste die Flotte der Lufthansa Ende 2019?
7. Wie viele Tonnen Kartoffeln produzierte China im Jahr 2018?

8. Wie lang ist die gemeinsame Landgrenze zwischen Norwegen und Schweden?
9. Wie viele Kilometer umfasst das U-Bahn-Netz von München?
10. Wie groß ist die Fläche des Comer Sees?
11. Wie hoch ist die Zugspitze?
12. Wie groß war der Verteidigungshaushalt Saudi-Arabiens im Jahr 2018 in US-Dollar?
13. In welchem Jahr wurde Karl Marx geboren?
14. Wie hoch fielen die Schulden Bulgariens im zweiten Quartal 2020 im Verhältnis zum Bruttoinlandsprodukt aus?
15. In welchem Zeitraum fand der Dreißigjährige Krieg statt?

Und, wie ist der Test gelaufen? Eigentlich klang es doch gar nicht so schwer. Du musstest nur ein Intervall angeben. Natürlich kann man ein Intervall so groß angeben, dass man gar nicht falsch liegen kann. Aber wer es enger wählt, liegt schnell daneben. Wilde Prognosen aufstellen kann jeder. Aber wenn wir präzise werden müssen, dann wird es schon sehr knapp. Und jetzt stell dir mal vor, du sollst eine präzise Prognose für den Aktienmarkt erstellen oder gar ein exaktes Kursziel definieren, das auf Schätzungen und Prognosen basiert.

Wie schnell das daneben gehen kann, untersuchte der Psychologe Gerd Gigerenzer und stellte dafür die Prognosefähigkeit von Experten auf die Probe. Dafür untersuchte er zwischen 2000 und 2010 die jährlichen Prognosen der 22 prestigeträchtigsten internationalen Banken für den Euro-Dollar-Wechselkurs. Darunter waren bekannte Namen wie Citigroup und JP Morgan Chase.[4] Jedes Jahr gab jede Bank eine Prognose über den Wechselkurs zum Jahresende ab. Gigerenzers Schlussfolgerung zu den Voraussagen der renommierten Banker lautete: »Prognosen über den Euro-Dollar-Wechselkurs sind wertlos.«

Denk wie ein Fuchs – oder: Wie du mental liquide bleibst

Gibt es Gott – oder gibt es ihn nicht?

Dieser Frage nahm sich der Mathematiker und Philosoph Blaise Pascal an und kam schließlich zu dem Schluss, es sei stets eine bessere »Wette«, an Gott zu glauben, weil der Erwartungswert des Gewinns, der durch Glauben an einen Gott erreicht werden könne, stets größer sei als der Erwartungswert im Fall des Unglaubens. Es ging also nicht darum, die Existenz Gottes zu beweisen, sondern darum, wie man am besten mit dem ungelösten Problem umgeht. Schauen wir uns die Optionen an, die Pascal ausgemacht hat:[5]

1. Der Mensch glaubt an Gott, und Gott existiert: Hier liegt der Mensch richtig, denn eine Belohnung wartet auf ihn – nämlich der Himmel. Somit ist der gläubige Mensch ein Gewinner.
2. Der Mensch glaubt an Gott, doch Gott existiert nicht: In diesem Fall hat man weder etwas gewonnen noch etwas verloren – weder Himmel noch Hölle warten.
3. Der Mensch glaubt nicht an Gott, und Gott existiert nicht – in diesem Fall gewinnt man ebenfalls nichts, verliert aber auch nichts.
4. Der Mensch glaubt nicht an Gott, aber er existiert: Hier wird der Mensch bestraft – er landet in der Hölle, und er hat verloren.

Aus den vier Optionen folgerte Pascal, dass der Glaube an Gott der bessere Weg für den Menschen sei. Die Logiker streiten sich darüber, wie sinnvoll die Pascalsche Wette wirklich ist. Aber was können wir als Investoren davon lernen?

Im Zweifel sollten wir auf Nummer sicher gehen und einen Puffer einbauen. Die Rede ist von der sogenannten Sicherheitsmarge. Diesen Begriff hat die Börsenlegende Benjamin Graham geprägt. Er gilt als Vater der fundamentalen Wertpapieranalyse, die als Basis für das Value Investing dient. Grahams Strategie bestand darin, eine Aktie deutlich unter ihrem fairen Wert zu kaufen und damit einen Sicherheitspuffer zu schaffen. Wenn eine Aktie also einen Euro wert ist und du sie für 50 Cent kaufst, dann hast du günstig zugeschlagen und eine große Sicherheitsmarge. Eine geniale Idee, allerdings lebte Graham von 1894 bis 1976. Die Welt und die Börse haben sich weiterentwickelt, und Informationen sind praktisch nichts mehr wert. Wie lässt sich also heute noch ein Sicherheitspuffer schaffen?

- Durch Diversifizierung – wer breit in die Weltwirtschaft investiert, minimiert das Risiko enorm.
- Durch einen langen Zeithorizont – wer langfristig in Aktien investiert, kann nur gewinnen.
- Durch Money-Management – wer einen Cash-Bestand für Krisen hält, kann bei einer Korrektur oder einem Crash günstiger nachkaufen.
- Und durch eine flexible Meinung – und genau dazu kommen wir jetzt.

»Ich biete dir eine Wette an«, sagt Sherlock und zückt einen Würfel, »und zwar wette ich, dass ich mit einem Wurf eine Sechs bekomme.«

»Dann stehen die Chancen gut für mich«, sage ich, »und zwar exakt bei 83,33 Prozent, dass ich gewinnen werde. Wetten wir um 500 Euro? Oder ist der Würfel gezinkt?«

»Nein, ist er nicht. Immerhin beherrschst du die Wahrscheinlichkeitsrechnung. Es gibt auch Menschen, die eine solche Wahrscheinlichkeit auf 50 Prozent beziffern. Entweder die Sechs kommt, oder sie kommt nicht, aber das ist ein anderes Thema. Du würdest also 500 Euro gegen mich wetten?«, fragt Sherlock.

»Sonst wäre ich bei einer solchen Wahrscheinlichkeit schön blöd, wo ist der Haken?«

Sherlock schüttelt seine Hände, in denen sich der Würfel befindet, legt ihn auf den Tisch, schaut kurz nach, welche Zahl gefallen ist und grinst dann sein teuflisches Grinsen.

»Und wie viel würdest du setzen, wenn ich dir jetzt verrate, dass es sich um eine gerade Zahl handelt?«

»Immer noch einen satten Betrag, weil ich mit einer Wahrscheinlichkeit von 67 Prozent immer noch deutlich vorne liege. Du gewinnst nur bei einer Sechs und ich eben bei einer Zwei und einer Vier.«

»Und eine Zwei ist es nicht,« sagt Sherlock.

»Jetzt spielen wir also Roulette, nur ohne null, dann bin ich raus! Bei einer Chance von 50 Prozent habe ich keinen Vorteil mehr.«

»Herzlichen Glückwunsch! Wir haben soeben eine astreine Bayes-Analyse durchgeführt!«, sagt Sherlock und strahlt.

»Bayes war doch ein Mathematiker, oder?«, frage ich.

»Exakt! Er hat uns eine der mächtigsten Waffen geschenkt, wenn es um flexibles Denken geht!«

Und dann erzählt mir Sherlock die Geschichte von Thomas Bayes: Er wurde 1701 geboren, war Pfarrer und begabter Mathematiker. Erst zwei Jahre nach seinem Tod schickte ein Prediger aus dem Nachbarort ein Exemplar der von Bayes verfassten Schrift mit dem Titel »Essay Towards Solving a Problem in the Doctrine of Chances« an die Royal Society. Darin legte Bayes das Fundament für die Methode der statistischen Schlussfolgerung. Im Jahr 1763 veröffentlichte die Royal Society den Aufsatz von Bayes in ihrer Zeitschrift *Philosophical Transactions.*[6]

Heute ist Bayes berühmt für den »Satz von Bayes«, auch Bayes-Theorem genannt. Und was sich hinter Zahlen und Wahrscheinlichkeiten verbirgt, ist eigentlich ganz einfach: Wenn wir unsere anfänglichen Überzeugungen aktualisieren, weil wir neue Informationen erhalten, kommen wir zu einer verbesserten Überzeugung. Wer nach der Bayes-Methode arbeitet, nutzt zum Beispiel sogenannte Entscheidungsbäume. So lässt sich Algebra auf Probleme des echten Lebens anwenden, etwa darauf, wie sich ein Unternehmen an der Börse bewerten lässt. Für die Bewertung müssen wir nämlich die Gewinne der Zukunft schätzen (dazu gleich mehr in den nächsten Kapiteln). Ob eine Aktie gut läuft oder nicht, basiert auf Wahrscheinlichkeiten. Die Kunst besteht darin, historische Daten mit den aktuell vorliegenden Informationen zu kombinieren.

Das klingt in der Theorie sehr einfach, aber Wahrscheinlichkeiten sind im echten Leben nicht fix wie beim Roulette und können sich jederzeit ändern. Wie schwierig sind Prognosen also? Und wie gut performen Experten in einem Umfeld, das von Ungewissheit geprägt ist?

Das untersuchte der Psychologe Philip Tetlock und stellte die Prognosen von Experten auf den Prüfstand. Während des Kalten Krieges führte er eine Studie durch und untersuchte dafür kurz- und langfristige Prognosen von 284 hochqualifizierten Experten. Die Fragen bezogen sich auf internationale Politik und Wirtschaft. Weil es sich um konkrete Prognosen handeln sollte, mussten die Experten für jedes prognostizierte Ereignis eine konkrete Wahrscheinlichkeit angeben. Tetlock sammelte die Prognosen über 20 Jahre, insgesamt kamen 82.361 Wahrscheinlichkeitsschätzungen zusammen.[7]

Das Ergebnis: Die Experten waren furchtbar schlecht darin, die Zukunft vorauszusagen. Sie besaßen Fachwissen, praktische Erfahrung, akademische Würden und geheime Informationen, aber das half alles nichts. Wenn die Experten erklärten, ein bestimmtes Ereignis sei unmöglich oder fast unmöglich, traf es dennoch in 15 Prozent der Zeit ein. Ereignisse, die die Experten für gesichert hielten, trafen dagegen in einem Viertel der Fälle nicht ein. Trotzdem zweifelten die Experten nicht an ihrer Urteilsfähigkeit. Traf ihre Prognose zu, hielten sie das für ihren persönlichen Verdienst. Und lagen sie weit daneben, war es nach ihrer Auffassung immer knapp daneben. Selbstverständlich hatten sie die Situation verstanden, es scheiterte nur an einem kleinen Detail, dass ihre Prognose nicht aufging. »Oft herrscht eine merkwürdig ins Gegenteil verkehrte Beziehung zwischen der Selbsteinschätzung der Experten und ihrer tatsächlichen Leistung«, sagte Tetlock dazu.

Besonders bedenklich stimmt ein Fakt: je größer die Wahrscheinlichkeit, dass die Prognose eines Experten im Fernsehen oder einem Leitartikel veröffentlicht wurde, desto größer die Wahrscheinlichkeit, dass sie falsch war. Tetlock bescheinigte den Experten in seinem Buch »Superforecasting« die Treffsicherheit eines Schimpansen, der mit Pfeilen auf eine Dartscheibe wirft.[8]

Die ersten Prognosen in Tetlocks Studie bezogen sich auf die Zukunft der Sowjetunion. Manche Experten schätzten Michael Gorbatschow als ernsthaften Reformer ein, und sie trauten ihm zu, die Sowjetunion innerhalb des Systems zu erneuern. Andere Experten vertraten dagegen die Auffassung, die Sowjetunion sei nicht reformierbar, von Natur aus ruinös und büße ihre Legitimität ein. Beide Seiten hatten teilweise recht und unrecht. Gorbatschow leitete Reformen ein, öffnete die Sowjetunion und stärkte die Rechte der Bürger. Die beiden Schlagwörter Glasnost und Perestroika gingen in die Geschichtsbücher als Synonym für den Umbau ein. Am Ende brach die Sowjetunion allerdings auseinander. Das hatten beide Expertenlager nicht kommen sehen. Doch es gab eine Untergruppe, die mit ihren Vorhersagen näher an der Realität war. Diese Untergruppe war in der Lage, aus jedem Argument bestimmte Aspekte zu ziehen und scheinbar unversöhnliche Blickwinkel auf die Welt zusammenzuführen. Sie waren sich einig, dass Gorbatschow ein Reformer war und dass die Sowjetunion außerhalb Russlands keine Legitimität mehr besaß. Einige aus dieser Gruppe sahen tatsächlich das Ende der Sowjetunion kommen und sagten voraus, dass die Reformen den Zusammenbruch auslösen würden.

Jene Integratoren, die gegensätzliche Weltsichten kombinierten, um sich eine Meinung zu bilden, schnitten bei allen Prognosen besser ab als die Kollegen. Besonders bei den langfristigen Prognosen triumphierten sie. Tetlock unterteilte die Expertengruppen schließlich in zwei Typen: Igel und Füchse. Die Unterscheidung geht ursprünglich auf den griechischen Fabeldichter Archilochos zurück, der schrieb: »Der Fuchs weiß viele Dinge, der Igel aber ein wichtiges Ding.« Die Grundidee des Archilochossatzes griff der Philosoph Isaiah Berlin in einem Essay auf, in dem er unterschiedliche Denker als Igel oder Füchse kategorisierte. Igel sind demnach dadurch gekennzeichnet, dass ihr Denken wesentlich von einer zentralen Idee oder Annahme bestimmt ist: Neue Informationen werden prinzipiell in das von der zentralen Idee bestimmte Weltbild eingeordnet. Demgegenüber haben Füchse keine zentrale Grundidee, ihr Weltbild wird durch eine Vielzahl möglicherweise auch gegensätzlicher Annahmen geprägt.[9]

Insgesamt haben Füchse bei den Prognosen eine deutlich bessere Bilanz. Füchse kennen die Zukunft auch nicht, aber sie lernen schneller und passen sich besser an. Füchse sind auch eher bereit, sich Fehler einzugestehen. Füchse haben also einen gesunden Bayes-Prozess und ändern ihre Meinung, wenn sich die Fakten ändern. Sie bleiben mental liquide. Wer dagegen wie ein Igel denkt und für alle Probleme nur eine Lösung kennt, der übersieht Chancen. In einer Welt voller Ungewissheit kann es sogar lebensgefährlich sein, in jeder Situation blind auf sein Standbein zu vertrauen. Als der berühmte Hochseilkünstler Karl Wallenda ins Taumeln geriet, hielt er sich instinktiv und aus Gewohnheit an seiner Balancierstange fest, statt das Seil unter ihm zu greifen. Er stürzte aus 36 Metern von seinem Seil in den Tod.

Kardiologen haben sich beispielsweise so daran gewöhnt, bei Brustschmerzen Stents zu setzen, – das sind kleine Röhrchen, die vor allem in verkalkte Adern eingesetzt werden und diese erweitern, um den Blutfluss zu verbessern, – dass sie das schon reflexartig tun. Und zwar selbst in Fällen, in denen umfangreiche Studien zu dem Ergebnis gekommen sind, dass sie entweder wirkungslos oder sogar schädlich sind. Eine Studie aus jüngster Zeit ergab, dass die Sterbequote von Herzpatienten niedriger ausfiel, wenn diese während eines Kardiologenkongresses ins Krankenhaus eingeliefert wurden, als alle Herzspezialisten außer Haus waren. Die Forscher stellten die Vermutung an, das könne daran liegen, dass in dieser Zeit seltener Standardtherapien mit zweifelhafter Wirkung angewendet würden.[10]

Der Ökonom und Autor Steven Levitt wollte herausfinden, wie bereitwillig sich Menschen verändern, und stellte dazu seinen Lesern einen Test zur Verfügung. Auf der Homepage von Freakonomics Experience bot er Lesern, die über eine Veränderung in ihrem Leben nachdachten, die Chance, eine digitale Münze zu werfen. Kopf bedeutete, sie sollten es wagen. Zahl bedeutete dagegen, sie sollten es bleiben lassen. 20.000 Freiwillige warfen die digitale Münze. Sie plagten sich alle mit anderen Fragen herum, zum Beispiel, ob sie ein Kind bekommen oder sich ein Tattoo stechen lassen sollten. Exakt 2.186 der Teilnehmer dachten darüber nach, ihren Beruf zu wechseln. Nun erscheint ein solcher Schritt nicht gerade geeignet dafür zu sein, ihn per Münzwurf zu entscheiden. Doch diejenigen, die Kopf warfen, schienen genau diesen Schubser in Richtung Glück durch den Zufall gebraucht zu haben. Sechs Monate nach dem Experiment waren diejenigen, die Kopf geworfen und tatsächlich den Job gewechselt hatten, wesentlich zufriedener als diejenigen, die von ihrem Wunsch, sich zu verändern, Abstand genommen hatten.[11]

Es ist also niemals eine Schande, seine Meinung auf den Prüfstand zu stellen oder zu ändern. Eine Schande ist es höchstens, eine falsche Meinung auf Biegen und Brechen durchzuziehen, weil man Angst vor

Veränderung oder vor den Kommentaren der anderen hat. Erfolgreiche Menschen achten auf ihre mentale Liquidität: wer flüssig bleibt, der kann jederzeit seine Meinung den Fakten anpassen und zu den Gewinnern gehören.

Pluralistische Unwissenheit – oder: Wenn sich alle einig sind, dass sie nichts wissen …

»Ich könnte kotzen, wenn ich Wirecard höre«, sagt Sherlock und beißt in sein Mititei.

Es ist Mitte Juni 2020, die Sonne strahlt über München, und wir sitzen mitten in Sendling bei einem rumänischen Mittagessen. Sherlock fand es witzig, die rumänische Küche zu testen, und ich muss sagen, dass die würzigen Würstchen, die Mititei heißen, besser schmecken, als sie aussehen.

»Du bist doch nur so sauer, weil du Wirecard nicht geshortet hast, obwohl du schon seit Jahren darüber redest«, sage ich.

»Das ist korrekt! Aber noch mehr ärgern mich diese ganzen Dummschwätzer, die seit Jahren von der hervorragenden Technologie gesprochen haben. Was soll denn diese Technologie genau gewesen sein?«

»Ich habe es auch nie hundertprozentig verstanden, obwohl ich es mir schon von Wirecard-Mitarbeitern persönlich haarklein habe erklären lassen. Deswegen kam diese Aktie für mich auch nie in Frage.«

»Es ist lächerlich, dass man so tut, als hätte Wirecard die Lösung für die Fusions-Energie gefunden. Was war denn die tolle Technologie hinter dem Geschäftsmodell? Dass Bezahlen im Internet eine gute Idee ist, ist mir auch klar. Aber die tolle Technologie dahinter war nur eine Worthülse. Und solche Thesen, die auf Worthülsen basieren, lassen sich nicht mal widerlegen. Wie soll man nichts bitte widerlegen?«, fragt Sherlock.

Leider stellten sich viele die entscheidende Frage erst zu spät: Was ist denn so toll an Wirecard? Toll fanden viele, dass die Aktie jahrelang gut performte und sogar in den DAX aufstieg. Das Geschäftsmodell war es wohl kaum, sonst wäre es nicht nötig gewesen, zu betrügen, dass sich die Balken biegen. Aber solange etwas wie die Betrugsmasche von Wirecard funktioniert und die Aktie läuft, ist es eben sehr schwer, sich dagegenzustellen: wenn berühmte Fondsmanager aus den USA sagen, dass Wirecard die einzige deutsche Aktie sei, die man kaufen könne, oder wenn deutsche Experten vor Kameras behaupten, an den Vorwürfen sei nichts dran und das Unternehmen absolut sauber. Es ist schwer, solche Schwergewichte zu widerlegen, besonders, solange ihnen der Erfolg recht gibt. Viele reihen sich dann blind ein und transportieren das Märchen von der Technologie weiter, ohne es zu hinterfragen.

Der bekannte Psychologe Dan Ariely von der Duke-Universität demonstrierte einst während einer seiner Vorlesungen, wie ein solches Phänomen zustande kommt. Als er das Fach Verhaltensökonomie einführte, benutzte er dafür eine scheinbar tiefgründige Definition. Aber hinter der verschwurbelten Erklärung steckte ein Generator, der per Knopfdruck zufällig Wörter und Sätze aneinanderfügte. Das Resultat: hochtrabend klingende Ausdrücke wie »dialektisch-enigmatische Theorie«.

Arielys Studenten hörten exakt zwei Minuten und 20 Sekunden zu, wie ihr Professor an einer der besten Unis der Welt dieses Bullshit-Bingo präsentierte. Lachen musste darüber aber niemand. Und Widerspruch gab es erst recht keinen.

»Und das wirft die große Frage auf«, beendete Ariely seine Präsentation, »warum hat mich eigentlich niemand gefragt, wovon um Himmels willen ich überhaupt rede?«[12] Die Studenten lachten erst, als sie diese Zeilen auf der Projektionsfläche des Beamers lasen.

Doch zuvor traute sich niemand, die Worte des Professors infrage zu stellen. Niemand wollte dumm dastehen. Und niemand traut einer Instanz wie einem Professor zu, dass er gerade völligen Unsinn redet, selbst wenn man kein Wort versteht. In solchen Situationen verfällt der Mensch gerne der sogenannten »pluralistischen Unwissenheit«. Es beschreibt die Situation, in der eine Mehrheit eine Norm insgeheim ablehnt, jedoch fälschlicherweise davon ausgeht, dass die Mehrheit diese Norm akzeptiert. Das Motto lautet: Jeder glaubt, dass alle anderen daran glauben, während in Wirklichkeit keiner daran glaubt.

Ich reagiere misstrauisch auf Aussagen wie: »Das ist die beste Aktie im DAX« oder »Das ist eine geniale Technologie«. Gerade wenn sich alle einig zu sein scheinen, aber immer nur Phrasen fallen und kein einziges konkretes Argument oder Beispiel angeführt wird, dann riecht es nach pluralistischer Unwissenheit. Eine scheinbare Mehrheitsmeinung ist wenig wert, besonders wenn die Mehrheit nur eine Meinung, aber wenig Ahnung hat.

Die Untersuchungen des Psychologen Tetlock zeigen, dass selbst die Einschätzungen bekannter Experten mit Vorsicht zu genießen sind. Ist das nur Polemik oder kochen Experten wirklich nur mit Wasser? Ich verrate dir jetzt ein brisantes Geheimnis. Wenige Stunden, bevor im Juni 2020 der Absturz bei Wirecard seinen Lauf nahm, ging eine E-Mail aus den USA bei der *Mission Money* ein – von einem sehr bekannten Aktienexperten, den ich persönlich auch sehr schätze und dessen Erfolge und Kompetenz außer Frage stehen. In der E-Mail stand, dass Wirecard eine der besten deutschen Aktien sei. Wenige Stunden später war diese Aussage eher fragwürdig. Wenn wir sie veröffentlicht hätten, wäre es eine Riesenblamage für den Experten gewesen. Deswegen kam noch eine zweite Mail mit der Bitte hinterher, dass wir diese Aussage zu Wirecard bitte nicht veröffentlichen sollen.

Das soll nun gar keine Kritik sein, jeder liegt mal falsch und macht Fehler. Ich will dich nur dafür sensibilisieren, dass du niemandem blind glauben solltest.

»Kannst du dich noch an dein bescheuertes Würfelspiel erinnern?«, frage ich Sherlock, als wir in Madrid in einer Bar nahe beim Plaza del Dos de Mayo sitzen und Bier trinken.

»Natürlich«, sagt Sherlock, »was soll damit sein?«

»Was würdest du sagen, wenn wir einen Verfünffacher kriegen und dafür nur eine gerade Zahl würfeln müssen?«

»Du drückst dich ja schon komplizierter aus als ich. Aber erzähl mir mehr.«

Um es vorweg zu nehmen: Meine Idee war es, im Jahr 2016 bei der Präsidentschaftswahl auf Donald Trump zu setzen – nicht als Investition, aber als Paradebeispiel dafür, wie sich eine Anomalie ausnutzen lässt. Wonach wir an der Börse suchen, sind Asymmetrien, beispielsweise, dass wir für Aktien mehr Rendite erhalten, als uns eigentlich zusteht, wenn wir das Risiko betrachten. Oder dass wir antizyklisch denken und etwa eine Krise als Chance nutzen, weil dann langfristig mehr Rendite rausspringt. Das System belohnt mutige Investoren, die Risiken übernehmen. Bei Trump lässt sich die Konstellation ähnlich beschreiben. Ich hatte seine Kandidatur schon länger verfolgt und wunderte mich darüber, dass ihm viele Experten jegliche Chance absprachen. Wir erinnern uns an die von Tetlock untersuchten Experten, die Ereignisse kategorisch ausschlossen, die dann doch eintraten. Hatte Trump also wirklich keine Chance? Ich musste an den Lindy-Effekt denken. Er besagt stark vereinfacht, dass Dinge mit einer größeren Wahrscheinlichkeit überleben, wenn sie schon lange bestehen. Das lässt sich natürlich nicht eins zu eins auf Trumps Kandidatur übertragen. Aber ich fand es bemerkenswert, dass Trump schon deutlich länger »überlebt« hatte als frühere Außenseiterkandidaten wie beispielsweise Herman Cain im Jahr 2012.

Komischerweise schlossen aber die meisten Experten einen Sieg Trumps aus. Im Spätsommer 2015 veröffentlichte auch der Prognosepapst Nate Silver einen mittlerweile legendären Artikel über Trumps Chancen. Er nannte sechs Hürden, die Trump überwinden müsste und bezeichnete sie als »six stages of doom«.[13] Jede einzelne dieser sechs Gefahren konnte Trump nach Silvers Meinung den Kopf kosten: zum Beispiel nachlassendes Interesse der Medien oder dass ein anderer Kandidat der Republikaner ausschied und dessen Anhänger sich hinter einem anderen Kandidaten versammelten. Silver taxierte die Wahrscheinlichkeit auf 50 Prozent, dass Trump die Hürden jeweils einzeln überwinden würde. Da er aber aus Silvers Sicht alle sechs Hürden überwinden musste, betrug die Gesamtwahrscheinlichkeit für Trumps Sieg gerade mal $(0,5)^6$ – also 1,56 Prozent. Silver rundete das Ganze auf 2 Prozent auf. Die Lage erschien auf den ersten Blick aussichtslos. Aber warum lag Silver so falsch?

Er fasste die sechs Hürden als unabhängige Ereignisse auf. Wären sie das gewesen, hätte die Rechnung gestimmt, auch wenn sich über die einzelnen Wahrscheinlichkeiten natürlich streiten ließ. Aber jetzt drehen wir den Spieß um und gehen davon aus, dass die sechs Ereignisse perfekt korrelieren. Dann läge die Wahrscheinlichkeit auf einmal bei 50 statt bei 2 Prozent. Dieses Beispiel zeigt, wie einzelne Wahrscheinlichkeiten auf einmal alles verändern können, wenn sie nicht oder eben doch zusammenhängen.

Jedenfalls lag für mich die Wahrscheinlichkeit eines Trump-Sieges deutlich höher als bei 2 Prozent, und bei den Buchmachern gab es immerhin eine Quote von 5,5 auf einen Trump-Sieg. Also sprangen bei einem Einsatz von 100 Euro 550 Euro raus. Ich setzte deswegen ein wenig Geld auf Trump, weil es für mich das perfekte Beispiel eines guten Chance-Risiko-Verhältnisses darstellte. Wie schnell sich bei solchen Wetten alles ändern kann, zeigte sich bei der US-Wahl vier Jahre später. Für einen Trump-Sieg gab es im Herbst 2020 bei den Buchmachern nur noch einen guten Verdoppler, also Quoten von 2,0 oder 2,2. Standen die Chancen für Trump also dieses Mal deutlich besser als 2016? Es ist unmöglich, so etwas zu quantifizieren, aber aus meiner Sicht fielen sie definitiv nicht viel besser aus, höchstens ähnlich, wahrscheinlich sogar schlechter. In den Quoten spiegelte sich jedoch etwas ganz anderes wider.

Wahrscheinlichkeiten sind der Schlüssel, aber sie haben ihre Tücken. Ich erinnere mich an einen Kommentar bei YouTube, der auf den ersten Blick lustig war, der aber auf unfreiwillige Weise eine Menge Weisheit enthielt. Ich hatte die Zuschauer dazu aufgerufen, ihre persönliche Einschätzung für folgende Frage abzugeben: »Wie groß ist die Wahrscheinlichkeit für einen Crash im kommenden Jahr?« Ein Zuschauer schrieb: »50 Prozent natürlich! Entweder er kommt oder er kommt nicht.«

Ich weiß nicht, ob es ein sehr geistreicher Scherz war oder ob der Zuschauer einem klassischen Denkfehler verfiel. Egal. Diese Antwort ist natürlich falsch, aber sie zeigt ein Problem auf, mit dem wir alle konfrontiert sind. Wenn wir Wahrscheinlichkeiten einschätzen müssen, haben wir oft den Anker von 50 Prozent im Kopf. Gerade wenn wir etwas überhaupt nicht einschätzen können, weichen wir einfach auf die bekannteste aller Verteilungen aus – fifty-fifty. Der Crash ist das beste Beispiel dafür, wie fatal dieser Anker sein kann. Wer in die 50/50-Falle tappt, der wird nie investieren, weil er in jedem zweiten Jahr einen Crash erwartet. Wir wissen aber, dass das ein absurdes Szenario ist.

Wahrscheinlichkeiten sind also ein mächtiges Werkzeug, wenn es darum geht, bessere Entscheidungen zu treffen. Aber das Werkzeug hilft nur weiter, wenn wir damit umgehen können. Sonst führen uns falsche Wahrscheinlichkeiten schnell auf den Holzweg.

Bedienungsanleitung für Prognosen

1. Hüte dich vor der pluralistischen Unwissenheit und hinterfrage auch Dinge, bei denen sich auf den ersten Blick alle einig sind.
2. Vertraue niemals blind auf die Prognosen von Experten – besonders nicht, wenn sie im TV auftreten.
3. Schreib dir zu jeder These, die du aufstellst, eine Antithese auf.
4. Prognosen sollten eine Antwort auf eine möglichst konkrete Frage sein. Beispielsweise: Wie viele Elektroautos fahren in Deutschland bis zum Jahr 2030 auf den Straßen?
5. Versuche deine Prognosen immer mit Wahrscheinlichkeiten zu versehen.
6. Führe Buch über deine Prognosen und kontrolliere sie, sonst wirst du immer wieder dem Hindsight Bias zum Opfer fallen und im Nachhinein denken, du hättest recht gehabt.
7. Hüte dich vor der 50/50-Falle – unser Gehirn nutzt diesen Anker gerne, wenn wir Dinge nicht einschätzen können.
8. Achte darauf, wie einzelne Wahrscheinlichkeiten miteinander korrelieren.
9. Und achte darauf, wie sich Wahrscheinlichkeiten ändern, wenn sich die Umstände ändern. Führe einen Bayes-Prozess durch, wenn sich die Fakten ändern und komme dadurch zu einer besseren Überzeugung.
10. Schäme dich niemals dafür, deine Meinung zu ändern.

KAPITEL 6
SO WIRST DU FINANZIELL UNBESIEGBAR

»Wer so viel weiß wie du, der müsste doch jedes Jahr spielerisch den Markt schlagen …«, sage ich zu Sherlock und weiß in diesem Moment, dass ihn das auf die Palme bringen wird.

»Das hat nichts mit Intelligenz oder Wissen zu tun, sondern höchstens mit Glück. Die ganze Welt will den Markt schlagen, aber warum schafft es dann fast niemand?«, fragt Sherlock.

»Die Fondsmanager haben schon mal die schlechtesten Karten, weil sie in der Walter-Mitty-Falle stecken«, antworte ich.

»Bingo! Sie müssen sich an Regeln halten und ihre Risiken begrenzen. Aber wer den Markt schlagen will, der muss ja gerade riskieren und braucht eine möglichst hohe Abweichung von der Benchmark, also Alpha.«

»Und wie würdest du das anstellen?«, frage ich.

»Vereinfachen wir die Börse mal ganz stark«, sagt Sherlock, »dann haben wir auf der einen Seite die Rendite des gesamten Marktes, nennen wir sie Beta, und auf der anderen Seite haben wir das Alpha, von dem alle träumen, also eine Überrendite. Und um ein hohes Alpha zu erreichen, muss die Performance von einem Depot möglichst stark vom Markt abweichen. Man braucht also eine hohe Differenz zwischen Alpha und Beta.«

»Also darf man bei den Einzelaktien auf keinen Fall jene Aktien kaufen, die eh schon in jedem ETF prominent vertreten sind …«

»Genau, Apple und Visa werden sich nicht mehr so schnell verzehnfachen. Trotzdem haben die meisten Fondsmanager genau solche

Werte im Depot, die sowieso in jedem ETF vertreten sind, und für diese Aktienauswahl, die eigentlich gar keine ist, verlangen sie dann auch noch satte Gebühren«, sagt Sherlock.

»Also müsste man mit Aktien zocken, die niemand auf dem Zettel hat, um Alpha zu generieren«, sage ich, »klingt nicht gerade nach wissenschaftlichem Investieren ...«

»Es verhält sich wie bei der Physik des Erfolgs, wenn ein großer Teil von der Vernunft geprägt ist – dann kann man auch mal gezielt die Sau rauslassen. Jede Einzelaktie ist ein Zock, und wenn man zockt, dann sollte wenigstens die Chance auf einen Gewinn hoch ausfallen, etwa wie bei Trump ...«

»Das mag sein, aber das Fundament des Investierens muss immer die Vernunft bleiben«, sage ich.

»Weil wir wissen, dass wir nichts wissen, zumindest nicht, was in der Zukunft passieren wird«, murmelt Sherlock.

»Aber damit wissen wir schon eine Menge. Wir wissen, wie gefährlich Emotionen für unser Geld sind. Wir wissen, wie absurd Risikomodelle und Prognosen in einer Welt voller Ungewissheit sind. Wir wissen, dass die meisten Fondsmanager den Markt nicht schlagen. Und wir wissen, dass die Welt immer wieder ins Gleichgewicht findet und sich weiterentwickelt. Wenn wir wirklich an die Physik des Erfolgs glauben, dann kann es nur einen Weg geben ...«

»ETFs«, sagt Sherlock, »alles andere ergibt wissenschaftlich keinen Sinn ...«

Die rationalste Lösung für dein Geld – drei unschlagbare Gründe für ETFs

1. Die Kurse lassen sich nicht voraussagen.

Ich stehe mit Sherlock an einer roten Ampel in Bilbao und drücke auf den Ampelknopf.

»Glaubst du auch noch ans Christkind?«, fragt Sherlock.

»Ich bin gespannt, was jetzt wieder kommt«, sage ich und bin wirklich gespannt.

»Du kannst es dir sparen, auf den Anforderungsknopf für ein grünes Ampelsignal zu drücken. Die meisten Ampeln sind automatisch geschaltet. Du kannst so oft drücken, wie du willst, es wird trotzdem nicht schneller gehen«, sagt Sherlock und grinst sein Grinsen.

Die Kontroll-Illusion, denke ich. Dass die Knöpfe in Aufzügen oftmals nicht angeschlossen sein sollen, war mir schon lange klar. Aber von Ampeln wusste ich es tatsächlich nicht. Unser Gehirn gaukelt uns aber sogar vor, dass wir Kontrolle über etwas hätten, wenn wir nicht mal einen Knopf drücken können. Wenn wir einen Lottoschein ausfüllen, glauben wir mehr an den Jackpot. Und wenn wir würfeln, denken wir tatsächlich, wir könnten das Ergebnis beeinflussen. Hast du dich auch schon mal dabei beobachtet, dass du mehr Energie reinlegst, wenn du möglichst hohe Zahlen brauchst? Spieler neigen tatsächlich dazu, dann stärker zu werfen. Wenn sie niedrige Zahlen forcieren, würfeln sie dagegen sanfter.[1]

Und jetzt stell dir mal vor, welche Kontrolle sich Investoren einbilden, wenn sie eine Aktie tage- oder wochenlang analysiert haben. Aber es ist egal, ob du ein Unternehmen bis in die letzte Fußnote untersucht hast oder nicht, die Kontrolle über die Aktie wird nur eine Illusion bleiben. Wirtschaftsnobelpreisträger Paul Samuelson betrachtete jeden Börsenprofi mit Misstrauen, der behauptete, er könne vorhersagen, wie sich die Preise verändern, und dadurch den Markt schlagen. Sein Fazit: »Der Respekt vor wissenschaftlichen Beweisen zwingt mich, zu der Hypothese zu neigen, dass die meisten Portfolio-Entscheidungsträger ihren Beruf aufgeben sollten – sie sollten Klempner werden, Griechisch unterrichten oder dadurch einen Beitrag zum Bruttosozialprodukt leisten, dass sie als Führungskräfte in Unternehmen arbeiten.«[2]

Aber lässt sich die Kontroll-Illusion der Börsianer auch belegen? Eine der ausführlichsten Studien legt diesen Verdacht nahe. Der Ökonom Alfred Cowles wunderte sich, dass niemand den Börsencrash 1929 vorausgesagt hatte, und wollte den Auguren auf den Zahn fühlen. Die von ihm gegründete Cowles Commission for Research and Economics analysierte schließlich 6.904 Prognosen aus den Jahren

1929 bis 1944. Cowles Fazit: »Die Ergebnisse lieferten keinen Beleg für die Fähigkeit, den künftigen Verlauf des Aktienmarktes erfolgreich vorauszusagen.«[3]

Im Januar 2021 sah ich eine Grafik nach der anderen, die die besten Aktien der letzten 30 Jahre im S&P 500 abfeierte. Was wäre dein spontaner Tipp für den Sieger der letzten drei Jahrzehnte? Nimm dir einen kurzen Moment Zeit und überlege. Wahrscheinlich kommen dir genauso wie mir die üblichen Verdächtigen in den Kopf: Apple, Amazon, Netflix, Nvidia oder Microsoft. Diese Aktien sind alle gigantisch gelaufen, aber am besten lief tatsächlich eine ganz andere: Monster Beverage. Der Hersteller von Energy Drinks ließ alle anderen alt aussehen. Demnach hat Monster Beverage eine jährliche Rendite von 37 Prozent gebracht. Was für eine Erfolgsgeschichte. Aber wer hätte vor 20 Jahren daran geglaubt und in der dunkelsten Stunde viel Geld investiert?

Wir ärgern uns ständig über erfolgreiche Aktien, die wir nicht gekauft haben. Schuld daran ist wieder der Hindsight Bias. Im Rückspiegel erscheint die Erfolgsgeschichte von Monster Beverage logisch. Aber wie absehbar war sie wirklich? Monster Beverage erlebte tatsächlich dunkle Stunden vor dem Wunder. Am 3. Januar 2000 lag die Aktie am Boden und kostete schlappe 8,9 Pennys. Damals produzierte Monster noch gar keine koffeinhaltigen Süßgetränke. Ursprünglich hatten Hubert Hansen und seine drei Söhne die Firma 1930 in Kalifornien als Produzent von Fruchtsäften gegründet. Diese verkauften sie zunächst an Filmstudios. Später erweiterten sie ihr Sortiment um Eistee und Säfte für den gemeinen Amerikaner. 1988 war Schluss mit dem Familienbetrieb. Die Hansens gingen pleite, die California Co-Packers Corporation kaufte den Saftladen auf, betrieb ihn aber unter dem alten Familiennamen weiter. 1999 folgte der Gang an die Börse. Doch Investoren scherten sich nicht um die Aktie, die am 29. Juli zum bescheidenen Preis von 0,09583 Dollar startete. Der Erfolg kam erst durch eine Wende um 180 Grad – mit dem Energydrink. Den führte die Hansen Natural Company unter dem Namen Monster 2002 ein. Der Rest ist Geschichte.[4]

Warum die beste Aktie der letzten 30 Jahre so gut gelaufen ist, kann jeder erklären. Aber die beste Aktie für die kommenden 30 Jahre zu finden, ist so gut wie unmöglich.

2. Du kannst ein Risiko ausschalten.

»Alles, was erfunden werden kann, wurde bereits erfunden«, sagte der Chef des amerikanischen Patentamtes kurz vor dem Ende des 19. Jahrhunderts.[5] Charles Duell konnte sich einfach nicht vorstellen, was noch alles kommen würde. Genauso wenig konnten sich die Menschen einst vorstellen, dass die Welt keine Scheibe ist. Und können wir uns heute vorstellen, dass Amazon oder Apple scheitern? Natürlich nicht! Vermutlich hätte man vor 30 Jahren aber nichts anderes über Enron, Kodak, Nokia oder General Electric gesagt. Auch ein Unternehmen wie die Deutsche Bank galt vor 20 Jahren noch als unbesiegbar – weil niemand ahnte, was Fintechs, eine Finanzkrise, Negativzinsen oder der Bitcoin sind.

Einzelunternehmen sind und bleiben triviale Systeme, und es ist fraglich, ob sie nach einer Krise wieder ins Gleichgewicht kommen. Unternehmen können durch externe Schocks wie Corona aus der Bahn geworfen werden, aber sie können auch schlecht wirtschaften oder Trends verpassen und von der Konkurrenz überrollt werden. Aber selbst wenn es läuft und ein Konzern alles richtig macht, droht noch Gefahr, denn Macht ruft immer auch Gegner auf den Plan. Wenn Unternehmen wie Google und Amazon so dominant werden, dass es keine Konkurrenz mehr gibt, lässt sich nicht ausschließen, dass sie zerschlagen werden. Historische Beispiele gibt es dafür bereits: Die US-amerikanische Standard Oil Company war bis zu ihrer Zerschlagung das größte Erdölraffinerie-Unternehmen der Welt. Einst hatte John D. Rockefeller die Company mit Geschäftspartnern gegründet, und sie war die Quelle des legendären Reichtums der Rockefeller-Dynastie. Die Dominanz und das Geschäftsgebaren des Unternehmens führten schließlich zur ersten Anti-Monopol-Gesetzgebung der USA. Am Ende wurde das Unternehmen entflechtet. Eine solche Zerschlagung muss lange nicht das Ende sein, die Teile der Standard Oil Company sind noch heute bedeutende Ölunternehmen. Auch die Einzelteile von Amazon wären beispielsweise schlagkräftig, und möglicherweise wäre die Cloud-Sparte Amazon Web Services (AWS) nach einer Abspaltung wertvoll und bei Investoren begehrt. Aber trotzdem: Kein Unternehmen auf dieser Welt ist zu groß zum Scheitern oder auf Dauer zu gut, um zu scheitern.

Im Gegenteil: Die durchschnittliche Lebensdauer von Unternehmen im S&P 500 sinkt seit Jahren. Die Strategieberater von Innosight haben berechnet, dass sie im Jahr 1964 noch 33 Jahre betrug. 2016 waren es nur noch 24 Jahre, und bis 2027 soll sie sogar bis auf zwölf Jahre sinken![6] Nun ließe sich einwenden, dass manche Unternehmen den Schuss nicht hören und Innovationen verschlafen. Dinosaurier sterben eben aus, und die Zeit großer Mischkonzerne soll sowieso vorbei sein. Aber stimmt das wirklich? Nun wissen wir bereits aus dem Kapitel »Warum selbst Warren Buffet nicht alles weiß«, dass 40 Prozent der Unternehmen im Russell 3000 abgesoffen sind. Am härtesten traf es aber nicht die Dinosaurier, sondern ausgerechnet Technologie-Konzerne (siehe Grafik unten).[7]

Prozentsatz der Unternehmen mit katastrophalen Verlusten von 1980–2014

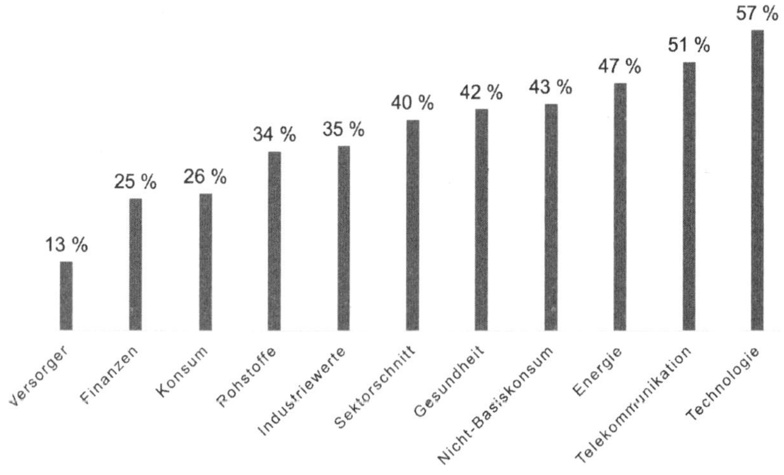

Ich schreibe diese Zeilen im Februar 2021. Die Begeisterung für Tech-Aktien kennt keine Grenzen. Egal ob Blockchain, Cloud, Daten, künstliche Intelligenz oder Cyber-Security – viele Investoren jagen der nächsten großen Chance wie bei Tesla nach. Technologie ist Trumpf und wird immer große Gewinner hervorbringen, aber eben auch viele Verlierer. Denn gerade die großen Chancen und die stark wachsenden

Märkte ziehen viel Kapital an. Wenn es immer mehr Tech-Unternehmen gibt, überrascht es kaum, dass damit auch mehr Tech-Unternehmen scheitern. Das ist simple Mathematik, es soll also nicht heißen, dass die Tech-Branche besonders riskant ist oder besonders viele Verlierer hervorbringt, aber eben doch mehr als genug. Denn die Rechnung ist ganz einfach: Nicht jeder Businessplan kann aufgehen, egal wie attraktiv eine Branche sein mag. Wie stark die Realität von der Erwartung Anfang 2021 abwich, zeigte ein Index von Goldman-Sachs, der jene Technologie-Unternehmen erfasst, die noch Verluste schreiben.[8] Der Non-Profitable-Technology-Index notierte auf Allzeithoch und rund viermal so hoch wie nur ein Jahr davor. Einige der Tech-Unternehmen werden die Kurve kriegen und profitabel werden, aber es kann eben nicht jedes Start-Up das neue Amazon werden.

Aber das Schöne für ETF-Investoren daran ist, dass es uns völlig egal sein kann, ob Mischkonzerne oder Tech-Konzerne unter den Opfern sind. Denn wir haben nur einen Businessplan für unser Depot, und der lautet: Wir verdienen langfristig daran mit, was die erfolgreichen Unternehmer dieser Welt verdienen. Und damit schalten wir eines von zwei Risiken einfach aus: das unsystematische Risiko. Wir verzichten also auf sämtliche Risiken, die Unternehmen oder Branchen mit sich bringen und tragen nur noch das sogenannte systematische Risiko.

3. Verluste verschwinden lassen.

Jetzt kommt ein Rätsel für dich. Schau dir die beiden Linien an, die du unten siehst, und dann entscheide dich spontan dafür, welche länger ist:

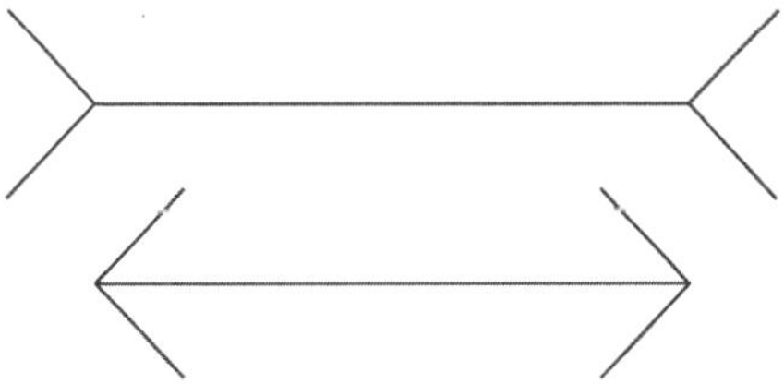

Wahrscheinlich hast du eine solche optische Täuschung schon einmal gesehen. Die obere Linie wirkt länger, aber du kannst dir schon denken, dass beide Linien gleich lang sind. Unser Auge lässt sich also leicht täuschen: Selbst wenn wir es besser wissen, sieht die obere Linie länger aus. Wie können wir das fürs Investieren nutzen? Indem wir Verluste einfach in unserem Depot verschwinden lassen. Rufen wir uns dazu nochmal die myopische Verlustaversion ins Gedächtnis. Viele Anleger stauben die Aktienrisikoprämie nicht ab, weil sie Angst vor Verlusten haben und weil sich die potenziellen Verluste jede Sekunde nachverfolgen lassen. Die Angst vor Verlusten macht uns blind für die Zukunft. Je öfter ein Anleger ins Depot schaut, umso weniger fühlt er sich zu riskanten Anlagen hingezogen.

Nun mag es Investoren geben, die nur einmal im Jahr ins Depot schauen. Aber wer für die Börse brennt, der wird ständig mit den Kursschwankungen konfrontiert. Manche Aktien gehen durch die Decke, andere rauschen in den Keller, und das schlägt aufs Gemüt und erhöht die Gefahr, emotional zu handeln. Um den Druck zu senken, helfen dir ETFs. Denn die mentale Buchführung wird leichter, wenn du beispielsweise mit dem MSCI World auf einen Schlag mehr als 1.600 Unternehmen kaufst. In deinem Depot wird dann nur ein ETF angezeigt, der jeden Tag schwankt, aber du kriegst niemals mit, was mit den einzelnen Unternehmen passiert. Dir kann es egal sein, wenn manche Firmen pleitegehen, das Konstrukt Weltwirtschaft wird niemals fallen.

Der ETF wird mal um 2 oder 3 Prozent fallen und am schlimmsten Tag des Jahres vielleicht auch mal um 10 Prozent. Aber jetzt nehmen wir zum Vergleich an, du hättest dagegen zehn Einzelaktien im Depot. Dann würden die Kurse wahrscheinlich heftiger ausschlagen. Die Wahrscheinlichkeit, dass eine einzelne Aktie in den kommenden zwölf Monaten um beispielsweise 50 Prozent fällt, ist viel höher, als dass der gesamte Markt um 50 Prozent fällt. Und angenommen, du hättest nur zwei Aktien im Depot. Die eine verliert 50 Prozent, und die andere gewinnt 50 Prozent: Dann ist aggregiert nichts passiert, es handelt sich also um ein Nullsummenspiel. Trotzdem wird dich der Verlust von 50 Prozent um den Schlaf bringen. Wenn eine Aktie so viel verliert, dann droht doch bald die Pleite, oder? Lass solche Verluste doch lieber verschwinden und schone deine Nerven.

Das Märchen vom passiven Investieren

»Was ist der dümmste Satz, den du bezüglich des Investierens nicht mehr hören kannst?«, fragt mich Sherlock.

»Dass der Aktienmarkt jedes Jahr 7 bis 8 Prozent macht! Das ist falsch! Die Leute sehen die Zahlen, aber sie kapieren nicht, dass diese Zahlen über Jahrzehnte zustande kommen. Was jeden Tag oder in einem Jahr passiert, ist etwas ganz anderes.«

»Das stimmt«, sagt Sherlock, »die Krux daran ist, dass sich Durchschnittswerte auf die Vergangenheit beziehen. Am bekanntesten ist das arithmetische Mittel. Man addiert einfach alle Werte und teilt die Summe durch die Anzahl der Werte. Die meisten Menschen nehmen solche Durchschnittwerte als Realität hin und machen sich über die Abweichungen keine Gedanken.«

»Du meinst Abweichungen wie die Flaute in den 1970er-Jahren? Der S&P 500 kannte in diesem Jahrzehnt eigentlich nur eine Richtung – und zwar nach unten!«

Ich hätte nicht mit dem Thema anfangen sollen, denn Sherlock kam dadurch erst richtig in Fahrt. Er klärte mich auf, dass es nicht nur das arithmetische Mittel gibt, sondern auch noch den sogenannten Median, das ist der Punkt auf halbem Weg einer Datenreihe. Die Hälfte der Mitglieder einer beliebigen Gruppe liegt über dem Median, die andere darunter. Und dann gibt es auch noch den Modus: Er ist in einer Datenreihe das Merkmal beziehungsweise der Wert mit der größten Häufigkeit. Die meisten Menschen neigen dazu, die Welt wie eine Glockenkurve mit zwei gleichen Hälften zu betrachten. Dann wären Mittel, Median und Modus gleich. Aber solche Verteilungen sind nicht immer symmetrisch, sie können auch auf die eine oder andere Seite kippen – das nennt sich dann rechtsschief oder linksschief.

Doch was macht eine Verteilung rechts- oder linksschief? Es sind die Abweichungen. Wenn sie auf der einen oder anderen Seite des Medians größer werden, ziehen die Seiten der Glockenkurve nach rechts oder links. »Unsere Kultur kodiert starke Verzerrungen so, dass die Abweichungen vernachlässigt oder ignoriert werden«, erklärte der Biologe Stephen Jay Gould. »Stattdessen konzentrieren wir uns mehr auf Mittelwerte und begehen daher manchmal gravierende Fehler, die häufig beträchtliche praktische Bedeutung haben.«[9]

Gould erkrankte im Juli 1982 an einem Mesotheliom, also einem diffus wachsenden Tumor. Sowohl in seiner Kolumne mit dem Titel »The Median isn't the Message« als auch in »Illusion Fortschritt« beschrieb er seine Reaktion, als er erfuhr, dass die Median-Lebenserwartung von Mesotheliom-Erkrankten acht Monate beträgt und was der Median in diesem Zusammenhang für ihn wirklich bedeutete. Er meinte in diesen Schriften, dass er sich wahrscheinlich im rechten Variationsspektrum der Chancen dieser Krankheit befinde. Das heißt: Er räumte sich gute Chancen ein, zu jener Hälfte der Betroffenen zu gehören, denen mehr als acht Monate Überlebenszeit blieb, möglicherweise viel mehr als acht Monate. Die Gründe für seinen Optimismus waren sein relativ geringes Alter, eine Diagnose im Frühstadium und optimale medizinische Versorgung. Es sollte sogar noch besser kommen: Die Ärzte heilten seine Krankheit mit damals experimentellen Methoden. Gould starb schließlich 20 Jahre nach der ursprünglichen Diagnose am 20. Mai 2002 an Lungenkrebs. Zeitlebens setzte sich Gould für eine Betrachtung der gesamten Variationsbreite eines Systems ein, sei es bei der Analyse seiner Krebserkrankung in den 1980er-Jahren oder bei der Betrachtung seiner Lebensgeschichte.[10]

Eine Median-Mortalität von acht Monaten bedeutet also nicht, dass der Tod nach acht Monaten eintritt. 50 Prozent der Betroffenen leben länger als acht Monate. Was können wir daraus fürs Investieren lernen? ETFs sind genial, aber du musst dir trotzdem klarmachen, dass sie dir nicht jedes Jahr eine sichere Rendite einbringen. Sie bilden Indizes ab – und denen drohen auch schlechte Jahre. Harmlos wirken noch die sogenannten Seitwärtsmärkte. Das bedeutet, dass sich unter dem Strich gar nichts tut, die Kurse also dahindümpeln. Klingt wenig bedrohlich, aber viele Investoren dürften die Nerven verlieren, wenn sie nach fünf Jahren immer noch keinen Schritt weiter sind und der Wert ihres Depots dahinkriecht wie eine Schildkröte. Noch heikler wird es, wenn Anleger in den Strudel eines Bärenmarktes geraten. Ein Bärenmarkt steht für dauerhaft sinkende Kurse und kommt in der Regel deutlich kürzer daher als ein Bullenmarkt mit dauerhaft steigenden Kursen. Historisch betrachtet dauern Bärenmärkte im Schnitt nicht mal zehn Monate.[11] Aber der Teufel steckt im Durchschnitt. Wie ich es Sherlock bereits erklärt hatte, waren die 1970er-Jahre eine Katastrophe für Investoren. Eigentlich begann die Misere schon 1968: Der S&P 500 markierte ein Hoch bei rund 800 Punkten.[12] Danach ging es auf und abwärts, aber die 800 Punkte erreichte der Index erst wieder Anfang der 1990er-Jahre! Das klingt jetzt dramatischer, als es ist. Wer in den 1980er-Jahren am Boden einstieg, machte dicke Gewinne, aber die 1970er-Jahre lassen sich als verlorenes Jahrzehnt bezeichnen.

ETFs sind langfristig eine Wunderwaffe, aber diese Waffe kann kurzfristig stumpf werden und uns auf die Probe stellen, besonders wenn wir 7 oder 8 Prozent pro Jahr erwarten, wenn gerade nichts vorwärts geht.

Weil es passiv einfach nicht gibt

»Und was ist der Satz, der dich am meisten stört?«, frage ich Sherlock.

»Wenn Leute sagen, dass sie ausschließlich passiv investieren. Passiv gibt es einfach nicht! Wenn selbst Indizes nach Marktkapitalisierung gewichten, muss ich über passive Investoren lachen, vor allem wenn sie sich nur den MSCI World ins Depot legen.«

Aber was meint Sherlock damit? Erinnern wir uns daran, dass die meisten Investoren wie Chartisten agieren. Selbst Profis handeln oft nicht fundamental, weil ihnen die Hände gebunden sind und sie mit Risikobudgets jonglieren müssen. Es geht also nicht um faire Werte, tolles Management und Bilanzen, sondern vielmehr darum, wie sich der Kurs einer Aktie entwickelt. Die Kurven machen den Unterschied. Aber jetzt kommt der Clou: Streng genommen verhalten sich Indizes genauso wie Chartisten. Denn wie finden Aktien einen Platz in einem Index wie dem MSCI World? Es geht um die Marktkapitalisierung, also jenen Wert, den die Investoren dem Unternehmen gerade beimessen. Und der hat oft nichts mit der Realität zu tun, sondern basiert nur darauf, was die Investoren von der Zukunft erwarten und was sie zu zahlen bereit sind.[13]

Ein Index bildet also nicht die rationale Realität ab, sondern das, was an der Börse gespielt wird. Dadurch können sich die Gewichte im Verlauf der Zeit massiv verschieben, denn ein Index gewichtet jene

Aktien stärker, die gut gelaufen sind. Beispielsweise machte im März 2021 Informationstechnologie satte 27,4 Prozent des S&P 500 aus. Zykliker dagegen waren stark unterrepräsentiert. Dazu zählen etwa Finanz-Unternehmen, Industriewerte, Energie und Grundstoffe. Gerade einmal 25 Prozent machten diese vier Branchen noch aus. Früher lag der Wert zwischen 40 und 60 Prozent.[14]

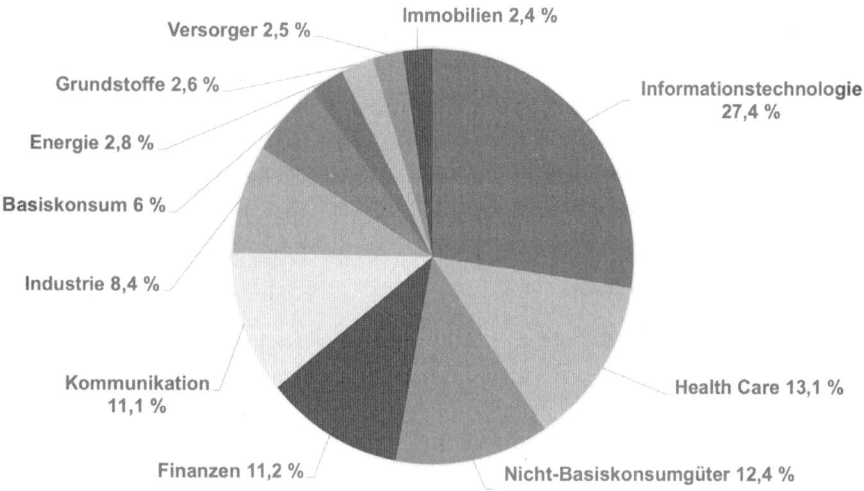

Selbstverständlich entwickelt sich die Welt weiter, und viele Unternehmen aus den zyklischen Branchen haben Probleme, aber Fakt ist, dass Indizes Trends sozusagen hinterherlaufen. Bei Branchen und Einzelaktien mag das noch gar kein Problem sein, weil Trends oft länger dauern, als viele denken. Der Boom der Tech-Aktien im letzten Jahrzehnt ist das beste Beispiel. Spannend wird es bei den ETFs aber besonders, wenn wir das Märchen vom passiven Investieren auf Regionen anwenden. Warren Buffett sagt gerne den Satz: »Never bet against America.« Investoren sollen also niemals gegen die USA wetten. Seit 1990 wäre das in der Tat eine sehr schlechte Idee gewesen. Amerikanische Aktien liefen nämlich so gut, dass sie immer mehr Gewicht im MSCI World beanspruchten.[15] Mittlerweile machen die USA wegen ihrer Dominanz allein mehr als 66 Prozent des Weltaktien-Index aus.[16]

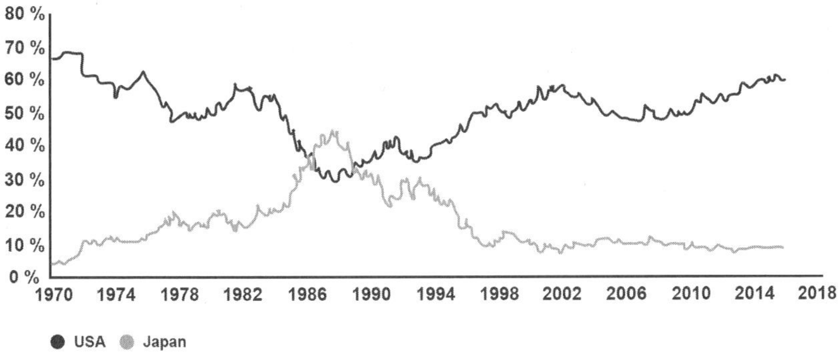

Genau das meinte Sherlock mit seiner Kritik: Wer sich nur einen ETF ins Depot legen will, der würde mit einem auf den MSCI All Country World schon mal ein wenig besser fahren, weil die Verteilung etwas breiter und gleichmäßiger ausfällt. Doch auch hier sind die USA momentan deutlich übergewichtet mit einem Anteil von 57 Prozent.[17] Zu welchen absurden Verzerrungen die Gewichtung der Indizes führen kann, zeigt die graue Linie im Chart oben. Dabei handelt es sich um die Gewichtung von Japan im MSCI World. In den 1980er-Jahren boomte der japanische Aktienmarkt. Die Wirtschaft brummte seit Jahren, und Japan hatte es innerhalb weniger Jahrzehnte geschafft, seinen Anteil am weltweiten Bruttoinlandsprodukt von weniger als 1 Prozent auf mehr als 15 Prozent zu steigern und damit zur zweitgrößten Volkswirtschaft der Welt aufzusteigen. 1988 machte der japanische Anteil der weltweiten Marktkapitalisierung mehr als 40 Prozent aus! Mit einem ETF auf den MSCI World wärst du damals also voll in die Japan-Blase gelaufen. Der Markt stürzte in den Jahren darauf böse ab.

Wie du solche Verzerrungen vermeiden kannst, zeige ich dir gleich bei den Beispieldepots, das Beta, von dem Sherlock gesprochen hat, lässt sich nämlich optimieren und muss nicht einfach durch einen Index oder ETF abgebildet werden. Aber vorher möchte ich dich noch vor einer weiteren Falle bei ETFs warnen. Darüber regt sich Sherlock übrigens noch mehr auf als über den MSCI World: über die sogenannten Themen-ETFs. Einer der beliebtesten Trends ist Clean Energy. Klingt erst mal logisch, breit auf Innovationen zu setzen, die durch saubere Energie auch noch die Umwelt retten sollen. Aber solche ETFs solltest du dir im Detail anschauen, sie gaukeln nämlich oftmals eine Scheinsicherheit vor. Schauen wir uns als Beispiel die größten Positionen des populären ETF »iShares Global Clean Energy« an (Stand: 5. März 2021):[18]

Unternehmen	Gewichtung
Plug Power	9,28 %
Enphase Energy	5,76 %
Daqo New Energy	5,34 %
Verbund AG	4,82 %
Meridian Energy	4,71 %
Siemens Gamesa	4,57 %
Xinyi Solar Holdings	4,49 %
Contact Energy	4,06 %
Vestas Wind Systems	3,94 %
First Solar	3,87 %

Die größten zehn Positionen machten Anfang März 2021 bereits 51 Prozent des gesamten ETF-Vermögens aus! Und eine hochspekulative Aktie wie Plug Power machte alleine mehr als 9 Prozent aus. Deswegen musst du solche Themen-ETFs eher wie ein Investment in Einzelaktien betrachten – sie bieten sich als spekulative Beimischung an und nicht als Basis für die Altersvorsorge. Eine vernünftige Streuung bei diesem ETF ist nur schöner Schein.

Warum es dich besser macht, in Einzelaktien zu investieren

»Ich habe mal wieder ein Rätsel für dich«, sage ich zu Sherlock.

»Ich kann es kaum erwarten!«

»Stell dir vor, du wärst ein Arzt und müsstest einen Patienten mit Magenkrebs behandeln. Das Problem ist, dass der Patient nicht operiert werden kann. Doch der Tumor muss zerstört werden, sonst stirbt der Patient.«

»Also hilft nur Bestrahlung,« murmelt Sherlock vor sich hin.

»Exakt! Aber der Tumor wird nur zerstört, wenn ihn die Strahlen mit ausreichend hoher Intensität treffen. Und dabei tritt das nächste Problem auf. Wenn die Intensität hoch genug ist, wird das gesunde Gewebe zerstört, das die Strahlen durchdringen müssten. Aber weniger Strahlung geht nicht, weil sich der Tumor dann nicht zerstören lässt. Wie lässt sich der Tumor also zerstören, ohne das Gewebe zu verletzen?«

»Wir brauchen dieselbe Strahlung mit weniger Schaden.«

»Während du überlegst, erzähle ich dir noch eine Geschichte. Du schaust doch so gerne ›Game of Thrones‹. Jetzt stellen wir uns vor, du müsstest die böse Königin stürzen, um auf den eisernen Thron zu kommen. Du hast genügend Truppen, um ihre Festung zu stürzen. Aber es gibt ein Problem: Du kannst nicht mit allen Truppen gleichzeitig anrücken, weil die böse Königin sämtliche Zugänge, die kranzförmig zur Festung führen, mit Fallen präpariert hat. Es können sich also immer nur kleine Einheiten sicher Richtung Festung bewegen. Aber mit dem richtigen Plan kann es klappen. Wenn sehr viele kleine Einheiten synchron von allen Seiten auf die Festung vorrücken, ist die böse Königin am Ende Geschichte.«

»Vielen Dank für die Geschichte mit der bösen Königin, aber ich wäre auch so draufgekommen, dass man den Tumor von mehreren Seiten gleichzeitig bestrahlen muss – und zwar mit vielen schwachen Strahlen,« sagt Sherlock.

Das Problem mit der Bestrahlung hat der deutsche Psychologe Karl Duncker in den 1930er-Jahren für seine Studien über Problemlösung formuliert.[19] Die Fragestellung erscheint auf den ersten Blick kompliziert und das Problem unlösbar, aber mithilfe von Analogien wie der bösen Königin bekommen wir einen anderen Blick auf das Problem und finden eine Lösung.

Aber wie lernen wir, Probleme anders zu betrachten und außerhalb der berühmten Box zu denken? Vielleicht solltest du die alte Box einfach vergessen und eine neue Box aufstellen. Eine Technik dafür lautet: First Principle Thinking. Es geht darum, komplexe Probleme zu rekonstruieren und von Grund auf neu zu denken. Dabei wird das Kernproblem zunächst auf seine fundamentalen Eigenschaften reduziert, die im Anschluss neuartig zusammengesetzt werden.[20] Elon

Musk verweist dabei beispielsweise auf die physikalischen Begebenheiten.[21] Sie sind die einzigen Grenzen, die es nach seiner Meinung gibt. Auf diesem Fundament lassen sich dann ganz neue Lösungen entwickeln. Diese Denkweise reicht sogar bis zu Aristoteles zurück. Er brach philosophische Fragen erst einmal auf ihre fundamentalen Wahrheiten herunter und entwickelte daraus neue Thesen.

Kommen wir zu praktischen Beispielen. Am einfachsten kannst du dieses Prinzip umsetzen, indem du scheinbare Gesetzmäßigkeiten ins Gegenteil drehst:

Software kostet Geld > Software kostet kein Geld
Kunden bezahlen für deine Arbeit > Kunden bezahlen für ihre eigene Arbeit

Dass Software nicht unbedingt Geld kosten muss, wissen wir mittlerweile, aber wenn du den zweiten Satz liest, wirst du ihn womöglich für einen schlechten Scherz halten oder dich fragen, was genau damit gemeint ist. Kunden sollen für ihre eigene Arbeit bezahlen? Was zunächst absurd klingt, kann sich als geniale Idee herausstellen. Denn hinter diesem Satz steckt eine Geschichte, die mich beeindruckt hat und das perfekte Beispiel dafür ist, wie sich gleichzeitig Geld verdienen und ein Traum verwirklichen lässt. Erzählt hat mir diese Geschichte eine Dozentin, bei der ich mehrere Vorlesungen besuchte und die mich sehr inspirierte. Sie hatte sich viele Jahre zuvor erfolgreich als Beraterin selbstständig gemacht und für namhafte Kunden gearbeitet. Aber das konnte nicht alles gewesen sein. Sie sehnte sich trotz des Erfolgs nach einer Auszeit und einem Traum, den sie schon länger hatte. Sie wollte in Italien auf einer eigenen Plantage Olivenöl herstellen. Aber wie ließ sich das umsetzen? Ihr kam genau jene Idee, die wenige Sätze zuvor noch absurd klang, andere für sich arbeiten zu lassen und dafür auch noch Geld zu verlangen. Das Konzept: Gerade beruflich erfolgreiche Menschen sehnen sich nach Abwechslung und dem einfachen Leben auf dem Land. Also schaffte sie es tatsächlich, die Arbeit auf der Olivenplantage als Erlebnis zu verkaufen, für das gestresste Manager Geld bezahlten. Sie stellten das Olivenöl her und bezahlten dafür auch noch Geld. Am Ende waren beide Seiten zufrieden.

Manche Träume lassen sich leichter umsetzen, als wir denken. Und manche Geschäftsmodelle entstehen erst, indem wir ein Problem oder eine Frage auf links drehen. Kommen wir zurück zu unserem Freund Charlie Munger und seinem Gitternetz aus mehreren Disziplinen. Wer viel weiß, kann leichter Analogien herstellen, etwa wie zwischen dem Tumor und der bösen Königin. Denn es geht oftmals gar nicht darum, Dinge neu zu erfinden, sondern sie erfolgreich zusammenzuführen. Viele geniale Dinge in dieser Welt sind schon mal dagewesen. Steve Jobs beispielsweise hat erkannt, dass kreative Menschen hauptsächlich dazu in der Lage sind, Dinge miteinander zu verbinden und sich fast schon schämen, wenn man sie danach fragt, weil sie eigentlich nur einen Zusammenhang erkannt und nicht viel selber gemacht haben.[22]

In seinem Buch *Connections* beschreibt James Burke, wie Erfinder etwas entdeckten, indem sie Ähnlichkeiten zwischen einer früheren Erfindung und dem beobachteten, was sie bauen wollten.[23] Ein Beispiel ist das Automobil: Der Vergaser erinnert an einen Parfumzerstäuber – und der wiederum steht im Zusammenhang mit einem Italiener, der im 18. Jahrhundert herausfinden wollte, wie man die hydraulische Kraft des Wassers nutzbar machen könnte. Die von einem elektrischen Funken gezündete Volta-Pistole, die ursprünglich die Reinheit der Luft überprüfen sollte, zündete 125 Jahre später den vom Vergaser zerstäubten Treibstoff. Das Getriebe eines Autos stammt direkt vom Wasserrad ab. Kolben und Zylinder lassen sich auf Thomas Newcomens Pumpmaschine zurückführen, die ursprünglich für die Entwässerung von Kohlengruben konstruiert wurde.

Hier können wir von Sherlock lernen – und ich habe selber schon sehr viel von ihm gelernt. Ich kenne niemanden, der auf dem Gitternetz des Charlie Munger schneller zwischen Disziplinen hin- und herspringen kann als er. Und am Ende verdient derjenige mehr Geld im Leben, der mehr Ideen hat. Aus Ideen lassen sich fesselnde Geschichten und kreative Ideen spinnen. Ideen und Geschichten sind die mächtigsten Werkzeuge für Produkte und Marken. Aber auch fürs Investieren zählt es, viele Dinge zu wissen und zu verbinden. Viele jagen heißen Trend-Aktien nach, statt sich in eine Branche einzuarbeiten und die Lieferketten zu verstehen. Muss ich wirklich volles Risiko gehen und in das neueste Robotik-Start-Up investieren oder mich für meinen Favoriten bei der E-Mobilität entscheiden? Oder kann ich von solchen Trends nicht einfach profitieren, indem ich Aktien der größten Chiphersteller kaufe, die sich bei weniger Risiko trotzdem eine goldene Nase verdienen?

Um die Ecke zu denken lohnt sich besonders bei gehypten Technologien wie Wasserstoff. Viele haben zwar an den explodierenden Kursen in den Jahren 2019 und 2020 gut verdient, aber du solltest immer im Hinterkopf haben, wie schnell ein Hype in sich zusammenfallen kann. Um sich den typischen Zyklus eines Hypes zu verdeutlichen, hilft die folgende Grafik.[24]

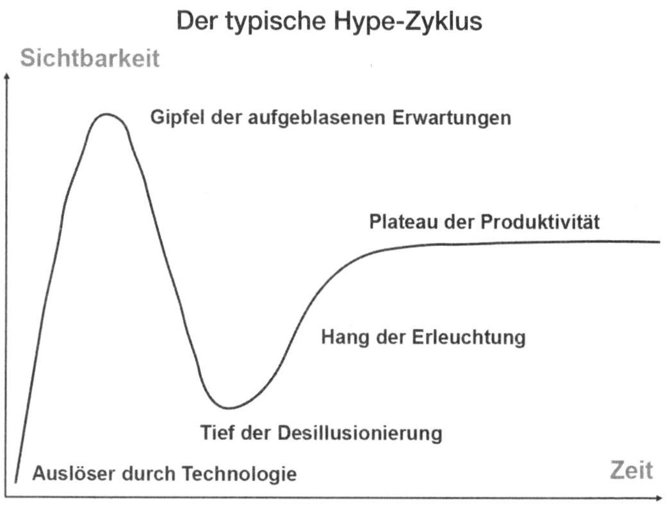

Am Anfang steht immer eine Technologie wie Wasserstoff, E-Mobilität oder die Blockchain. Wer früh dran ist, kann ein Investment riskieren. Es verhält sich ähnlich wie bei den Impfstoff-Aktien. Aber Vorsicht: Das Interesse und die Sichtbarkeit steigen mit der Zeit, und das zieht immer mehr Interesse an. Irgendwann springen dann auch die Medien auf den Zug auf, und die Erwartungen schießen in die Höhe. Das beste Beispiel dafür ist der 3D-Druck. Ich erinnere mich an das Jahr 2012: Die Technologie war neu und fand immer mehr Beachtung. Im Jahr darauf verwandelte es sich in eine Euphorie. Die Medien überschlugen sich damit, und besonders die Wirtschaftspresse feierte den 3D-Druck als Innovation der Stunde und Durchbruch. Dementsprechend schossen die Aktien der 3D-Druck-Konzerne durch die Decke.

Ich war 2013 selbst bei einem kleinen börsennotierten Unternehmen in der Nähe von München zu Gast und ließ mir den 3D-Druck vorführen. Die sogenannte additive Fertigung, bei der viele Schichten eines Materials übereinander aufgetragen werden, beeindruckte mich. Aber weniger beeindruckend war dann die Realität. Die Technologie kam noch kaum zum Einsatz, und die Goldgräberstimmung erschien übertrieben wie bei einem klassischen Hype. Ich musste nicht mal darüber nachdenken, ob ich investiere. Der Absturz folgte prompt: In den Jahren 2014 und 2015 crashten die Aktien der Branche ins Bodenlose. Investoren verloren im Extremfall mehr als 90 Prozent!

Aber damit ist die Geschichte noch lange nicht am Ende. Denn Hypes enden eben oft nicht mit dem Kollaps, weil sich Technologien mit der Zeit wieder berappeln und nach dem Tief auf den Hang der Erleuchtung finden können. Oft werde ich gefragt, wie ich Aktien finde. Manchmal ergeben sich Chancen aus einer gewissen Logik heraus. Das beste Beispiel ist für mich 3D Systems, einer der größten Player beim 3D-Druck. Ich kannte die Aktie schon seit dem Hype damals, und 2020 kam die Branche wieder auf meinen Schirm. Es hatte sich einiges getan, mittlerweile wurden zum Beispiel in Mexiko schon kleine Siedlungen gedruckt.[25] Die Aktien dümpelten aber weiterhin im Keller vor sich hin. Für mich ist das ein Beispiel dafür, dass sich antizyklisches Denken lohnen kann. In den letzten Jahren ist mir besonders aufgefallen, dass viele Investoren, die sich als Antizykliker bezeichnen, in der Regel pessimistisch denken. Sie verfluchen die Höchststände an der Börse, obwohl ein Allzeithoch das Normalste der Welt ist, und wollen Aufmerksamkeit damit erregen, indem sie sich vom Mainstream abheben. Aber warum soll man nicht antizyklisch und gleichzeitig optimistisch denken?

Die Grafik oben zeigt die Chance für diejenigen, die positiv um die Ecke denken. Sie sind oft allein auf weiter Flur. Deswegen kaufte ich Ende Dezember 2020 die Aktie von 3D Systems zu einem Kurs von 8,96 Euro. Anfang Februar 2021 notierte sie bereits bei mehr als 45 Euro.[26] Ein absurder Kursanstieg, den ich weder erwartet hatte noch für gerechtfertigt hielt. Aber trotzdem ist diese Aktie ein gutes Beispiel dafür, wie sich gerade bei Aktien, die man schon seit einigen Jahren auf dem Zettel hat, Chancen aufspüren lassen. Manche Ideen müssen eben reifen, und es kommt dann auf den richtigen Zeitpunkt an.

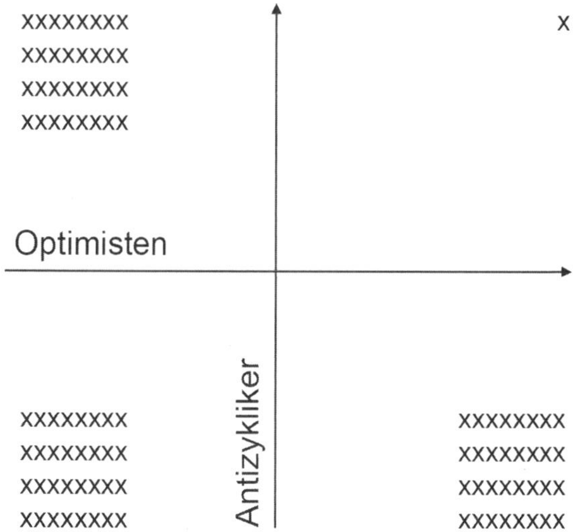

Wer den Zyklus eines Hypes kennt, muss bei heftigen Ausschlägen wie dem Wasserstoffwahn vorsichtig agieren, auch wenn es noch so sehr auf die Emotionen schlagen mag, dass andere schon lange Aktien wie Plug Power und Nel ASA im Depot haben und auf dicken Gewinnen sitzen. Wer zu spät dran ist und dann wie ein blinder Noise Trader in die Falle läuft, wird auf lange Sicht verlieren. Ob sich Wasserstoff durchsetzen wird? Ich weiß es nicht. Ich verstehe die Vorteile und die Argumente der Befürworter, aber mindestens genauso leuchten mir die Argumente der Kritiker ein. Als antizyklischer Optimist kam mir aber eine andere Geldidee. Wie lässt sich vom möglichen Wasserstoff-Boom profitieren, ohne das Risiko der heißgelaufenen Aktien zu tragen? Die Antwort: Platin, denn das Edelmetall wird für die Brennstoffzelle benötigt. Zudem sprechen höhere Umweltstandards für Platin, weil es in Katalysatoren ebenfalls verbaut wird. Als klassisches Industriemetall ist es aber auch eine Wette auf einen breiten Aufschwung und hat wegen der Seltenheit und der zahlreichen Verwendungsmöglichkeiten einen gewissen Wert. Bei der einen oder anderen Wasserstoff-Aktie könnte das in ein paar Jahren anders aussehen.

Learnings

- Kombiniere verschiedene Disziplinen für neue Ideen.
- Brich die Dinge auf ihr fundamentales Wesen herunter wie beim First Principle Thinking.
- Stelle scheinbar unumstößliche Thesen in Frage und kehre sie sogar ins Gegenteil.
- Denke wie ein antizyklischer Optimist.
- Sei sehr vorsichtig bei Hypes, und achte auf den typischen Zyklus.
- Nutze Investments in Einzelaktien nicht, um schnell reich zu werden, sondern als Werkzeug, um dich weiterzuentwickeln.

Auch wenn es irrational erscheinen mag, die beste Aktie für die nächsten 30 Jahre zu finden, können wir dabei trotzdem sehr viel lernen. Ich glaube daran, dass es jedem hilft, ein Investor zu sein und einen kleinen Teil seines Vermögens in Einzelaktien zu investieren. Weil wir dabei lernen, zu denken wie ein Unternehmer. Und wenn wir Dinge ausprobieren und alte Sachen neu denken – dann bekommen wir nicht nur einen anderen Blick auf die Börse, sondern auf unser ganzes Leben.

Deine ersten Schritte zum Investor

Geschäftsmodell und Burggraben

Energydrinks produzieren und mit sattem Gewinn verkaufen: Fertig ist ein erfolgreiches Geschäftsmodell. Warren Buffett würde Monster Beverage nach der erfolgreichen Transformation vom Saftladen zur Gewinnmaschine wahrscheinlich besser gefallen als ein Hightech-Konzern. Er predigt stets, dass Investoren nur Aktien von Unternehmen kaufen sollen, wenn sic auch wirklich verstehen, wie diese ihr Geld verdienen. Buffett spricht auch gerne vom Kompetenzkreis. Dieses Konzept stellte er zum ersten Mal 1996 in seinem Brief an die Aktionäre von Berkshire Hathaway vor. Ein guter Investor ist in seinen Augen jemand, der sich mit einer gewissen Spezies von Konzernen auskennt. Wer reich werden will, muss nicht jede Firma auf dem Planeten einschätzen können. Die Größe des Kompetenzkreises spielt in den Augen Buffetts nicht die entscheidende Rolle, wichtig ist nur, dass du weißt, wo die Grenzen liegen.[27]

Ich kann mich an ein Gespräch mit einem Abonnenten erinnern, der sein Depot bei *Mission Money* vorstellte. Es fiel sofort auf, dass er nur sechs Aktien im Depot hatte und seinen Kompetenzkreis auf eine bestimmte Art definierte: Seine Aktien hätten alle etwas mit Konsum zu tun. Das klingt zwar nach einer Strategie, aber wie schnell man die eigene Kompetenz überschätzt, zeigte sich daran, dass er auch Wirecard im Depot hatte. Seine Philosophie bestand grundsätzlich darin, dass jeder sich mit einer bestimmten Branche gut auskennen und darin investieren sollte. Bei mir hatte er den Kompetenzkreis Medien ausgemacht. Als YouTuber, Journalist und Autor klingt das auch erst mal logisch. Aber ist das eine Strategie? Natürlich kenne ich mich mit Medien besser aus als andere. Aber kann ich die Branche so gut einschätzen, dass ich mein ganzes Geld investieren sollte? Sicher nicht. Und ist die Medienbranche überhaupt als Investment attraktiv? Verlage und Medienkonzerne kämpfen mit großen Problemen. Wenn wir bei Medien Netflix, Facebook und Walt Disney hinzurechnen, dann erscheint die Branche deutlich attraktiver. Aber eigentlich handelt es sich dann schon mehr um Technologie als um klassische Medien. Solche Konstrukte ergeben wenig Sinn.

Wer tatsächlich einen unfairen Vorteil genießt und Experte für Biotechnologie oder Genomik ist, kann seinen Wissensvorsprung nutzen und gezielt Geld in solche Aktien investieren. Aber selbst dann sollte man nicht übermütig werden, denn Kompetenz kann den Blick auf die Welt vernebeln. Wer sich den ganzen Tag nur mit Biotech oder Bitcoin beschäftigt, der verliert möglicherweise den Blick für andere Trends. Wer einen Hammer in der Hand hält, der sieht eben überall Nägel. Das liegt beispielsweise am Mere-Exposure-Effekt, den der Psychologe Robert Zajonc so benannt hat. Aber was steckt hinter dem Effekt des bloßen Kontakts? Je öfter wir mit einer Sache konfrontiert werden, umso größer fällt die Wahrscheinlichkeit aus, dass wir positiv auf sie reagieren. Zajonc hat mit Probanden einen Test durchgeführt. Er präsentierte ihnen zwei Fantasiewörter, auf die sie beim ersten Kontakt ungefähr gleich reagierten. Hatten sie aber eines der beiden Wörter zuvor schon zweimal präsentiert bekommen, zogen sie es dem anderen vor.[28]

Selbst wenn du ein Geschäftsmodell zu 100 Prozent verstanden hast und es attraktiv erscheint, musst du mental liquide bleiben und es regelmäßig überprüfen. Wenn sich die Fakten ändern und ein Konzern ins Wanken gerät, dann solltest du früh genug die Notbremse ziehen, sonst wird aus Buy and Hold schnell Buy and Hope.

Die durchschnittliche Lebenserwartung der Unternehmen sinkt stetig. Aber wir wissen, dass der Durchschnitt nichts über Einzelschicksale aussagt. Manche Unternehmen scheitern also sogar schneller als der Durchschnitt, andere aber nicht. Deswegen stellt sich die Frage, warum dann doch einige Unternehmen über Jahrzehnte überleben? Der sogenannte Burggraben macht sie unbesiegbar. Das heißt, dass ihr Geschäftsmodell so schwer von Angreifern einzunehmen ist wie eine Burg im Mittelalter. Die Experten von Morningstar haben fünf Kriterien für einen Burggraben definiert:[29]

- Wechselkosten
- Immaterielle Assets
- Netzwerkeffekte
- Kostenvorteile
- Skaleneffekte

Aktien mit Burggraben bieten dir einen enormen Vorteil beim langfristigen Investieren. Beispielsweise bauen erfolgreiche Marken wie Apple einen Kosmos auf: Wer erst einmal sämtliche Geräte von Apple besitzt und alles in der Cloud geparkt hat, für den fallen die Wechselkosten schon hoch aus. Solche Weltkonzerne können nicht über Nacht scheitern. Hinter den immateriellen Assets verstecken sich etwa Patente und wertvolle Marken. Kunden vertrauen Coca-Cola oder Colgate, weil die Produkte seit Jahrzenten für Qualität stehen und die Konzerne es durch geschicktes Marketing verstehen, die Produkte in unserem Gehirn zu verankern. So etwas lässt sich nicht über Nacht kopieren.

In der Betriebswirtschaftslehre spricht man von hohen Markteintrittsbarrieren. Das gilt auch für Luxuskonzerne wie LVMH: Taschen und Koffer des Konzerns stehen weltweit für höchste Qualität. Die Marke Louis Vuitton setzt seit 1854 Maßstäbe.

Profitabilität

Du kennst sicher diese charmanten Herren mit Rolex, die in ihrem 5er BMW sitzen und in fragwürdigem Deutsch damit prahlen, dass sie sechsstellige Umsätze machen – und du es jetzt auch lernen kannst. Auf YouTube laufen solche Werbungen in Dauerschleife. Sechsstellige Umsätze? Wow! Das klingt erst mal nach einem erfolgreichen Geschäftsmann. Ob solche Behauptungen nur ansatzweise stimmen, lassen wir mal offen, aber selbst wenn jemand Umsatz macht, sagt das nichts aus. Denn Umsatz machen kann jeder Depp. Stellen wir uns einfach vor, wir würden ein erfolgreiches Geschäftsmodell kopieren und dasselbe Produkt für den halben Preis anbieten. Ein solcher Kampfpreis würde uns wahrscheinlich scharenweise Kunden bringen. Aber was bleibt unter dem Strich hängen? Nach den Kosten würden wahrscheinlich läppische Gewinne oder gar dicke Verluste übrig bleiben. Umsatz kann also einen Hinweis auf ein funktionierendes Geschäft geben, aber du darfst dich niemals von ihm blenden lassen. Viel wichtiger ist, was wirklich verdient wird.

Aber Vorsicht! Anfänger lassen sich gerne von Kennzahlen wie dem EBIT verführen. Das steht für earnings before interest and taxes, also Gewinn vor Zinsen und Steuern. Viel wichtiger ist allerdings der Gewinn nach Steuern, also der Jahresüberschuss oder auch Nettogewinn. Aber selbst wenn dieser Gewinn überzeugt, wirft er die nächsten Fragen auf. Eine Zahl allein sagt nichts aus, vor allem weil diese Zahlen oft auch noch frisiert oder von Sondereffekten verzerrt werden. Ein Unternehmen kann etwa hohe Gewinne ausweisen, wenn eine Geschäftssparte verkauft wurde. Gewinne sind also nur ein Anhaltspunkt. Interessanter sind da im nächsten Schritt schon die sogenannten Margen. Darunter versteht man die Gewinnspannen. Sie sagen aus, wie rentabel ein Unternehmen wirtschaftet.

Wenn du Unternehmen analysierst, solltest du besonders die Eigenkapitalrendite in den Fokus nehmen. Sie nennt sich auch Return on Equity (ROE) und berechnet sich, indem man die Rendite ins Verhältnis zum Eigenkapital setzt. Im Endeffekt handelt es sich dabei um die Verzinsung des Eigenkapitals des Eigentümers. Besonders interessant ist der ROE, wenn du Unternehmen aufspüren willst, die noch unbekannter sind und noch keine hohe Marktkapitalisierung aufweisen. Der Investor Christopher Mayer beschreibt in seinem Buch *Hundredbaggers*, wie sich ein hoher ROE in der frühen Phase eines Unternehmens später auszahlen kann.[30] Es hat sich gezeigt, dass Aktien, die sich später verhundertfacht haben, deutlich früh einen hohen ROE aufwiesen. Jason Donville, Manager des Capital Ideas Fund, sagt dazu: »Wenn ein Unternehmen einen hohen ROE aufweist für vier oder fünf Jahre in Folge – und hat ihn verdient mit hohen Profitmargen und nicht mit Fremdkapital – dann ist das ein guter Start.«

Deswegen habe ich beispielsweise den Cloud-Konzern Veeva Systems in meinem Depot. Der Konzern aus Kalifornien schafft die kommerzielle Datengrundlage für künstliche Intelligenz (KI) und Analytik in der Gesundheitsbranche. Veeva Systems erzielt den Großteil der Einnahmen, indem es von den Nutzern der Software Gebühren kassiert. Zur Kundschaft zählen Pharmariesen wie Pfizer, Amgen oder AstraZeneca. Obwohl sich der Konzern noch in einem frühen Entwicklungsstadium befindet, stimmt die Rentabilität schon lange. Die Eigenkapitalrendite beträgt mehr als 19 Prozent,[31] die Nettomarge betrug im Jahr 2020 mehr als 27 Prozent.[32]

Die Bewertung

Nun kommen wir zur Frage aller Fragen: Was ist der faire Wert einer Aktie? Nähern wir uns der Frage mit einem Beispiel aus der Praxis. Stellen wir uns vor, unsere Nachbarin Claudia betreibt einen Weinhandel. Sie ist in Italien geboren und hat einen guten Draht in ihre Heimat, besonders zu kleinen und unbekannten Winzern. Am liebsten bezieht sie vom Gardasee einen wunderbaren Rotwein aus Marzemino, Sangiovese und ein bisschen Cabernet. Ihr Geschäftsmodell: Sie kauft die

Flasche Wein in Italien im Schnitt für 7,50 Euro ein und verkauft sie in Deutschland für 15 Euro weiter. Es geht jetzt nicht darum, ob die Zahlen realistisch sind oder ein solches Geschäftsmodell sinnvoll wäre, sondern nur um die nackten Zahlen und darum, wie du einen guten Deal an der Börse erkennst. Denn Claudia bietet dir eines Tages an, die Hälfte ihres Unternehmens zu kaufen. Würdest du es tun?

Die entscheidende Frage ist natürlich, was dich die Beteiligung kosten würde. Um ein Gefühl für Claudias Geschäft zu bekommen, lässt sie uns in die Bücher blicken. Wir wissen bereits, dass sie die Flaschen für 7,50 Euro bezieht, und dann kommen noch Gemeinkosten dazu, die 2,50 Euro pro Flasche ausmachen, wenn man die Kosten für Vertrieb und Verwaltung umlegt. Also kostet eine Flasche am Ende 10 Euro, und Claudia macht 5 Euro Gewinn, wenn sie sie für 15 Euro verkauft. Pro Monat verkauft Claudia rund 2.000 Flaschen. Das macht also einen Monatsgewinn von 10.000 Euro – und damit einen Jahresgewinn von 120.000 Euro vor Steuern.

Ertragsrechnung von Claudias Wein-Business für ein Jahr	
Gesamtumsatz	360.000 €
Kosten für Weinlieferung	-180.000 €
Rohertrag	= 180.000 €
Vertriebs-, Gemein- und Verwaltungskosten	-60.000 €
Gewinn vor Steuern	= 120.000 €
Steuern (30 %)	-36.000 €
Reingewinn	= 84.000 €

Jetzt beginnen die ersten Rechenspiele im Kopf: Was würden wir für die Hälfte von Claudias Business bezahlen? Vielleicht die Hälfte von einem Jahresgewinn vor Steuern? Also 60.000 Euro? Das wäre für uns auf den ersten Blick sinnvoll, denn dann hätten wir wahrscheinlich nach einem Jahr unseren Einsatz schon wieder raus, wenn alles nach Plan liefe, und könnten uns danach zurücklehnen. Vielleicht würden wir aber auch nur 30.000 Euro zahlen, weil wir ja noch einplanen müssen, dass ordentlich was schiefgehen kann und Claudia ihren Wein nicht verkauft kriegt. Aber würde Claudia das annehmen?

Sicher nicht! Sie würde uns vorrechnen, was ihr Unternehmen wirklich wert ist. Denn sie will ja den Betrieb nach einem Jahr nicht einstellen, sondern auch in fünf Jahren noch Wein verkaufen. Und selbst wenn ihr Geschäft stagnieren würde, dann machte sie in fünf Jahren schon einen Gewinn von 600.000 Euro. Die Hälfte davon wären auf einmal 300.000 Euro!

Aber wäre das eine kluge Investition? Warum sollten wir Claudia heute 300.000 Euro geben, damit wir in fünf Jahren wieder 300.000 Euro rauskriegen? Und dann würden ja auch noch Steuern fällig werden – immerhin rund 30 Prozent in Deutschland. Und was wäre, wenn jemand ihr Geschäft kopiert und sie nur noch die Hälfte verkauft? Das sind genau jene Fragen, die einen Börsianer jeden Tag umtreiben! Was ist ein sinnvoller Preis, den ich heute für ein Unternehmen bezahle, und was wird es in fünf Jahren wert sein? Es ist praktisch der Konflikt, ob du lieber heute 100 Euro haben willst oder in zwei Jahren 150 Euro. Eine richtige Antwort darauf, was Claudias Weinhandel in ein paar Jahren wert ist, gibt es heute nicht. Denn wir wissen nicht, wie viele Flaschen sie verkaufen wird. Wenn sie ihn uns für 1.000 Euro anbieten würde, dann würde wahrscheinlich jeder zuschlagen, ohne zu überlegen oder gar nachzurechnen. Also liegt die Wahrheit vielleicht zwischen 1.000 Euro und 300.000 Euro. Aber wie kommt man der Wahrheit näher?

Nehmen wir noch einmal Claudias Perspektive ein: Sie würde uns die Hälfte des Unternehmens sicher nicht für 1.000 Euro anbieten, sondern ganz anders rechnen. Sie würde vielleicht ihr Unternehmen über den Daumen gepeilt mit dem doppelten ihres Jahresumsatzes bewerten und auf einen Schlag 720.000 Euro verlangen. Damit wird es aber sehr unwahrscheinlich, dass wir überhaupt das Kleingeld dafür haben, geschweige denn, jemals so viel ausgeben würden. Also könnte Claudia auch an die Börse gehen und die Hälfte ihres Unternehmens in einer Stückelung anbieten. Sagen wir mal, Claudia würde 100.000 Aktien je 7,20 Euro ausgeben und 50.000 Stück selber behalten. Würden wir also 7,20 Euro je Aktie zahlen? Auf einmal klingt das günstig, aber das muss es noch lange nicht sein. Denn die Kunst ist, eine Flasche Wein für 5 Euro zu kaufen, die in Wirklichkeit 10 Euro wert ist.

Also könnten wir jetzt nochmal nachrechnen. Wir wissen, dass Claudia pro Jahr 84.000 Euro Reingewinn macht und 100.000 Aktien zu je 7,20 Euro ausgeben will. Der Gewinn je Aktie würde 0,84 Euro betragen. Wir zahlen also 7,20 Euro, um 0,84 Euro zu verdienen – daraus lässt sich unsere Gewinnrendite errechnen.

Gewinnrendite
Gewinn je Aktie/Aktienkurs = Ertrag
0,84 Euro/7,20 Euro = 11,7 %

Das klingt erst mal super. Von so einer Rendite kann jeder Sparbuchbesitzer nur träumen! Und selbst wenn Staatsanleihen noch etwas bringen würden, wäre Claudias Aktie viel attraktiver. Aber was bringen uns der Status quo und diese Rechnung wirklich? Wir landen wieder beim Problem der Zukunft: Wie viele Flaschen Wein wird Claudia in den kommenden Jahren verkaufen? Und was wird unter dem Strich hängen bleiben?

Zwischenfazit

- Wir sollten eine Aktie unter ihrem fairen Wert kaufen.
- Aktien sollten rentabler sein als ein risikofreier Zins.
- Die aktuellen Gewinne sagen nichts über den künftigen Wert aus – wir können die Gewinne der Zukunft also nur schätzen.
- Die Bewertung einer Aktie hat mit Gefühl nichts zu tun, sondern ist Arbeit.

Was wissen wir nun über die Gewinnrendite? Je höher sie für uns ausfällt, umso besser. Wenn wir Claudias Aktie also für 7,20 Euro gekauft hätten, wäre für uns ein Gewinn von 0,84 Euro rausgesprungen. Wenn sie drei Euro Gewinn je Aktie gemacht hätte, dann wäre unsere Rendite noch deutlich besser ausgefallen. Also ist das ein erster Anhaltspunkt, um ein Gefühl für den Preis zu bekommen. Wir landen wieder bei der sogenannten Sicherheitsmarge. Und die fällt natürlich umso höher aus, je höher die Gewinnrendite ausfällt. Eine hohe Gewinnrendite heißt nichts anderes, als dass du ein Schnäppchen gemacht hast (Stand heute, denn die Zukunft kennen wir nicht).

Machen wir ein Beispiel, auf das Investorenlegenden wie Benjamin Graham und Warren Buffett stolz wären, und schauen uns dazu die Aktie von Coca-Cola an. An das Geschäftsmodell können wir einen Haken machen, auch bei Wettbewerbsposition, Marke und Co. Ein Getränk wie Coca-Cola wird sich so schnell nicht digitalisieren oder verdrängen lassen. Die Gewinne für die kommenden Jahre erscheinen relativ planbar. Trotzdem bewertet der Markt auch eine Aktie wie Coca-Cola jeden Tag anders, schreibt ihr also einen anderen Wert zu. Allein im Jahr 2019 pendelte der Kurs zwischen einem Hoch von 50,56 Euro und einem Tief von 39,24 Euro.[33] Das sind zig Milliarden Unterschied beim Börsenwert, obwohl sich fundamental kaum etwas geändert hat. Warum kauft man also Coca-Cola für 50 Euro und nicht für 40 Euro? Eine gute Frage: wer eine höhere Gewinnrendite und Sicherheitsmarge haben will, schlägt besser bei 40 Euro zu. Aber theoretisch könnte auch das viel zu teuer sein, weil wir die Zukunft ja nicht kennen.

Wie nähert man sich nun strategisch der ungewissen Zukunft eines Unternehmens an? Zum einen kann die sogenannte Kapitalrendite helfen. Denn die entscheidende Frage bei einem Business wie dem von Claudia bleibt doch immer noch, wie viel Geld ich reinstecken muss, um wie viel Geld rauszukriegen. Man spricht auch gerne vom Return on Investment (ROI): Stark vereinfacht geht's um das Verhältnis von Erfolg und Kapitaleinsatz. Wenn Claudia also einen Gewinn von 84.000 Euro erzielt und für ihren Handel insgesamt 100.000 Euro investiert hat, dann beläuft sich die Kapitalrendite auf 84 Prozent. Das wäre in der Tat sehr profitabel, und dadurch bekommen wir ein Gefühl dafür, wie gut ein Geschäftsmodell in der Praxis funktioniert.

Bei der Profitabilität in einem der letzten Kapitel haben wir vom ROE gesprochen, also die Rentabilität nur aufs Eigenkapital bezogen. Diese Kennzahlen helfen weiter, um sich schrittweise zu nähern, beispielsweise wissen wir jetzt, dass hohe Gewinn- und Kapitalrenditen gute Indizien sind. Doch wir kratzen damit immer noch an der Oberfläche. Diese Zahlen sind Anhaltspunkte, und es lässt sich schnell erkennen, ob sich ein genauerer Blick lohnt, aber wir sind noch weit davon entfernt, einen fairen Wert für eine Aktie zu definieren. Deswegen gehen wir jetzt den letzten Schritt und schauen uns den Klassiker bei der Aktienbewertung an: die Discounted-Cashflow-Analyse.

Warum ist dieses Modell so wichtig? Wir können es uns als die Grundlage für jegliche Analyse vorstellen. Es sind die Hausaufgaben, die wir machen, um ein Unternehmen zu bewerten. Alles andere verblasst daneben. Die schlechte Nachricht: Es ist relativ kompliziert. Die gute Nachricht: Die meisten Anleger machen sich die Mühe nicht und steigen nur auf die erste Stufe. Sie kratzen nur an der Oberfläche und schlagen sich mit Multiplikatoren wie dem KGV herum. Sie schauen auf die Performance der letzten Jahre und ob der Gewinn im letzten Quartal gestiegen ist. Aber das ist Nonsens und hat mit Investieren nichts zu tun! Der Aktienmarkt ist ein gigantischer Abzinsungsmechanismus, der den Aktien ständig neue Preise zuteilt.

Warren Buffett hat es anders auf den Punkt gebracht: »Ein Mädchen im Cabrio ist so viel wert wie fünf im Telefonbuch.« Aber was meint er damit konkret? Das erklärte die Legende 2000 im Jahresbericht seiner Investmentfirma Berkshire Hathaway: »Für die Bewertung von Aktien und Unternehmen benutzen wir die gleiche Formel. Tatsächlich hat sich die Formel für die Bewertung aller Anlagen nicht geändert, seit sie ein sehr kluger Mann etwa 600 v. Chr. aufgestellt hat. Dieses Orakel war Äsop mit seiner bleibenden, aber gewissermaßen unvollständigen Erkenntnis: ›A bird in the hand is worth two in the bush.‹ Um dieses Prinzip umzusetzen, braucht man bloß drei Fragen zu beantworten: Wie sicher bin ich, dass im Busch wirklich Vögel sind? Wann werden sie herauskommen und wie viele werden es dann sein? Wie hoch ist der risikolose Zinssatz? Wenn man diese drei Fragen beantworten kann, kennt man den maximalen Wert des Busches – und die maximale Anzahl von Vögeln, die man im Moment hat und die nicht dafür hingegeben werden sollten. Und natürlich sollten Sie dabei nicht an Vögel im wörtlichen Sinne denken, sondern an Dollar.«[34]

Das klingt mit diesen Worten leicht, aber die Theorie des abgezinsten Cashflows von John Burr Williams hat ihre Tücken. Dafür müssen wir nämlich herausfinden, wie viel Bargeld das Unternehmen während seiner Lebensdauer hervorbringen wird. Und als zweiten Hebel muss man den richtigen Abzinsungs- oder Diskontierungssatz anwenden. Dafür wendet Buffett beispielsweise den Zinssatz einer 10-jährigen US-Staatsanleihe an. Es bietet sich aber auch noch zusätzlich die Aktienrisikoprämie an.

Was brauchen wir nun für die Analyse? Vor allem den Cash Flow, denn er ist eine der wichtigsten Kennzahlen, weil er durch Bilanzkosmetik wie andere Kennzahlen nicht so leicht verfälscht werden kann. Und der Cashflow spielt die entscheidende Rolle, wenn es um die ewige Frage geht: Was wird ein Unternehmen in der Zukunft verdienen? Das lässt sich mit Excel berechnen, und du brauchst dafür keinen Algorithmus, sondern nur dein Gehirn. Das muss nämlich schätzen, welche Cashflows ein Unternehmen in Zukunft erwirtschaften wird. Und da haben wir schon das größte Problem: Bevor wir Excel geöffnet haben, bewegen wir uns schon von Fakten zu Schätzungen.

Dafür müssen wir uns trotzdem zuerst an der Vergangenheit orientieren. Machen wir nun ein konkretes Beispiel zur Bewertung einer Aktie. Dazu schauen wir uns die Cashflows eines fiktiven Unternehmens an: Sie lagen in den letzten drei Jahren bei 75 (t-3), 100 (t-2) und 125 (t-1) Millionen Euro. Nehmen wir an, das Unternehmen hat ein »langweiliges« Geschäftsmodell wie Coca-Cola. Der Absatz lässt sich besser schätzen als bei E-Autos oder Raketen-Abwehrsystemen. Eine Cashflow-Reihe könnte also so aussehen:

Mio. €	t=0	t+1	t+2	t+3	t+4	t+5	t+6	t+7	t+8	t+9
Cashflow	150	175	200	225	250	275	300	325	350	375
Veränderung	20 %	17 %	14 %	13 %	11 %	10 %	9,1 %	8,3 %	7,7 %	7,1 %

Der Zuwachs in Euro ist im Beispiel einfach fortgeschrieben, aber das würde sogar bedeuten, dass der prozentuale Zuwachs stetig fällt. Jetzt kommen wir zum zweiten Schritt: Wir müssen bestimmen, was wir für diese möglichen Cashflows bezahlen würden. Wir brauchen also die Barwerte der Cashflows. Oder anders ausgedrückt: Was würdest du heute für 100 Euro bezahlen, die dir das Unternehmen in einem Jahr gibt? Sagen wir mal: 90 Euro. Dann wäre der Abschlag für die Zukunft also 10 Euro. Wenn wir das in Prozent umrechnen, landen wir beim Diskontierungssatz. Und der errechnet sich so:

$$x = \frac{100}{90} - 1 = 0{,}11 = 11\ \%$$

Der Diskontierungssatz beläuft sich im Beispiel also auf 11 Prozent. Damit können wir nun den Barwert der künftigen Cashflows ermitteln. Was würden wir also heute für den Cashflow im Jahr t+1 bezahlen? Er würde bei 175 Millionen Euro liegen, und wir müssen ihn durch den Diskontierungssatz teilen:

$$CF_0 = \frac{175 \text{ Mio. €}}{1 + 11\ \%} = 158 \text{ Mio. €}$$

Der heutige Wert (Barwert) liegt also bei 158 Millionen Euro. So weit nicht kompliziert, oder? Wie machen wir aber jetzt weiter? Nun brauchen wir den Barwert für den Cashflow, der in t+2 erwirtschaftet werden soll. Dafür stellen wir uns vor, wir würden uns in t+1 befinden und machen wieder dasselbe:

$$CF_{t+1} = \frac{200 \text{ Mio. €}}{1 + 11\ \%} = 180 \text{ Mio. €}$$

Das war aber nur der erste Schritt, denn wir befinden uns ja sozusagen noch ein Jahr voraus und damit in der Zukunft, deswegen müssen wir nochmal auf heute abzinsen und bekommen schließlich folgenden Barwert:

$$CF_0 = \frac{180 \text{ Mio. €}}{1 + 11\ \%} = 162 \text{ Mio. €}$$

Nach zwei Jahren geht es noch mit der Rechnerei, aber auch hier braucht man schon zwei Schritte und kann sich die schnell sparen, indem man einfach Potenzen verwendet:

$$CF_0 = \frac{200 \text{ Mio. €}}{(1 + 11\ \%)^2} = 162 \text{ Mio. €}$$

Im Allgemeinen sieht die Formel so aus:

$$CF_0 = \frac{CF_{t+n}}{(1 + 11\ \%)^n}$$

Damit lässt sich spielerisch auch der Barwert für den Cashflow errechnen, der erst in weiter Zukunft verdient wird, und wir bekommen folgende Tabelle:

Mio. €	t	t+1	t+2	t+3	t+4	t+5	t+6	t+7	t+8	t+9
Barwerte	150	162	162	165	164	163	160	155	152	146

Den Cashflow aus t brauchen wir natürlich nicht abzuzinsen, weil wir uns ja bereits in der Gegenwart befinden. Schließlich müssen wir die Barwerte aber noch addieren. Dabei kommt eine Summe von 1.579 Millionen heraus.

Jetzt wird es langsam komplizierter, denn mit den Barwerten allein können wir wenig anfangen. Schließlich stellt ein Unternehmen ja auch nicht automatisch den Betrieb ein, wenn unsere Tabelle nach zehn Jahren ein Ende findet. Theoretisch müssten wir die Cashflows bis in die Unendlichkeit schätzen. Das lässt sich aber glücklicherweise mit einer Formel abkürzen:

$$TV_0 = \frac{\frac{CF_{t+9}(1+g)}{11\,\% - g}}{(1+11\,\%)^9}$$

Bei dieser Formel geht es um den sogenannten Terminal Value (TV). Er lässt sich als Endwert beschreiben. Das Ende bezieht sich darauf, dass das Unternehmen ab diesem Zeitpunkt keinen Wettbewerbsvorteil mehr hat und nur noch mit einer durchschnittlichen Wachstumsrate g wächst. Aber wie hoch fällt diese Rate aus? Hier kommt der risikolose Zinssatz ins Spiel. Wir ersetzen also die erwartete Wachstumsrate g durch die Verzinsung von langfristigen Staatsanleihen. Während ich diese Zeilen schreibe, beträgt die Rendite von 10-jährigen US-Staatsanleihen rund 1,0 Prozent. Daraus ergibt sich folgender Terminal Value für unser fiktives Unternehmen:

$$TV_0 = \frac{\frac{375\text{ Mio. €}\,(1+1\,\%)}{11\,\% - 1\,\%}}{(1+11\,\%)^9} = 1.479\text{ Mio. €}$$

Jetzt kommt der letzte Feinschliff für die Bewertung des Unternehmens: Wir addieren den Terminal Value mit der Summe der vorher gesammelten Barwerte (1.579 Mio. Euro) und erhalten insgesamt 3.058 Mio. Euro. Nehmen wir nun an, das Unternehmen hätte ein Grundkapital von 10 Millionen Aktien zu einem Nennwert von 1,00 Euro je Aktie – und damit 10 Millionen Stück Aktien. Daraus ergibt sich ein Unternehmenswert von:

$$\text{Unternehmenswert} = \frac{3.058 \text{ Mio. €}}{10 \text{ Mio}} = 305{,}8 \text{ € je Aktie}$$

.Was sagt dieser Wert einer Aktie jetzt aus? Es wäre jener Wert, den du nach deinen Schätzungen heute bereit wärst, für die künftigen Cashflows des Unternehmens zu zahlen. Vergleichen müssen wir ihn mit dem Preis, der aktuell an der Börse gehandelt wird. Sagen wir mal, es wären 250 Euro. Dann läge das Kurspotenzial bei:

$$\text{Kurspotenzial} = \frac{305{,}8 \text{ €} - 250 \text{ €}}{250 \text{ €}} = 22{,}3\ \%$$

Nach der Berechnung wäre die Aktie also momentan unterbewertet. Wichtig: Diese Rechnung dient nur als vereinfachtes Beispiel. Gerade der Diskontierungssatz ist entscheidend und komplex, er lässt sich nicht einfach über den Daumen schätzen. Wobei 11 Prozent wie in unserem Beispiel in einer üblichen Bandbreite liegen würde. Je höher der Satz, umso höher deine Sicherheitsmarge, denn umso niedriger fällt der Preis aus, den du heute bereit wärst, für dein Investment zu zahlen. Und auch beim Terminal Value musst du unterscheiden, welchen Zeitraum du ansetzt und in welchem Lebenszyklus sich ein Unternehmen befindet. Ein Start-Up, das an der Fusionsenergie arbeitet, hat vielleicht 30 Jahre oder mehr Zeit, um diesen Punkt zu erreichen. Anderen Unternehmen bleiben vielleicht nicht mal mehr fünf Jahre übrig.

Erinnerst du dich noch an die Rendite der Staatsanleihe, die vor wenigen Zeilen noch 1,0 Prozent betrug? Das war im Januar 2021 tatsächlich der Fall, als ich die Analyse oben für dich durchgerechnet hatte.

Aber wie sah es nur wenige Wochen später aus? Anfang 2021 stiegen die Renditen der Staatsanleihen rasant. Mitte März betrug die Rendite deswegen schon 1,70 Prozent! Die Renditen stiegen vor allem, weil die Märkte einen Aufschwung der Wirtschaft nach der Corona-Krise einpreisten und damit auch steigende Inflation. Das wirkt sich natürlich auch auf die fairen Werte von Aktien aus. Beispielsweise errechnet sich auf einmal ein ganz anderer Terminal Value, wenn wir 1,7 statt 1,0 einsetzen. Und die Renditen von Anleihen beeinflussen natürlich viele andere Modelle und Diskontierungssätze. Deswegen performten viele Aktien im Februar und März sehr schlecht, während die Zinsen immer weiter stiegen.

Aber warum passierte das konkret? Es erwischte vor allem die sogenannten Wachstumsaktien, die in den kommenden Jahren auf starkes Wachstum angewiesen sind, um ihre Vorschusslorbeeren zu rechtfertigen. Dazu zählen vor allem Technologie-Werte. Wir erinnern uns daran, dass sehr viele Unternehmen an der Börse noch lange nicht profitabel sind, und diese Zahl der Geldverbrenner Anfang 2021 sogar auf Rekordniveau notierte. Die Quintessenz: Je höher die Zinsen steigen, umso weniger ist der heutige Wert der künftigen Cashflows wert, und umso weniger sind Investoren heute bereit, dafür zu zahlen. Ein Modell ist eben nie das System – und selbst wenn du das beste Excel-Sheet hast – in wenigen Wochen kann alles anders aussehen, wenn du nur an einer Stellschraube drehst.

Raus mit dem Schrott – nicht mit den Diamanten

»Ich überlege, diese Aktie zu verkaufen, da bin ich gerade noch im Plus!«

Diesen Satz habe ich sehr oft gehört, als der Markt im Februar 2020 zu crashen begann. Egal ob in Sprachnachrichten auf Instagram oder in den Kommentaren bei YouTube. Gerade Anfänger neigen zu panischen Verkäufen und begehen dann einen entscheidenden Fehler. Sie werfen ihre Diamanten aus dem Depot und behalten den Schrott. Dahinter steckt wieder Psychologe und mentale Buchführung. Stell dir vor, dein Depot rutscht 30 Prozent ins Minus, viele Aktien damit also in die roten Zahlen, aber deine beste Aktie steht immer noch mit 20 Prozent im Plus. Was verkaufst du dann?

Alles, was tief im Minus notiert, verkaufen wir nur ungern, weil die Verluste dann zur Realität werden. Wenn wir etwas verkaufen, wollen wir möglichst viel dafür bekommen, weil es sich grundsätzlich schon wie ein Verlust anfühlt, wenn wir etwas hergeben müssen. Also will unser Gehirn eine Kompensation. Deswegen kommen bei einem möglichen Verkauf immer jene Aktien in Frage, die im Plus sind, weil es sich dann wie die größte Entschädigung für den Verkauf anfühlt. Aber das ist langfristig der größte Fehler. Denn nur weil du deine Emotionen nicht im Griff hast, wirfst du den besten Spieler aus deinem Depot. Wer verkaufen will, der sollte vielmehr den Mut aufbringen und sich Fehler eingestehen. Bleib mental liquide und frage dich, ob die eine Aktie heute noch genau dieselben Chancen bietet wie zu dem Zeitpunkt, als du sie gekauft hast. Manchmal wird das nicht der Fall sein. Und wenn sich die Fakten ändern, dann darf jeder seine Meinung ändern. Jeder hat Unkraut im Depot. Im Zweifel sollte genau dieses Unkraut aus dem Depot fliegen, auch wenn es im Minus notiert und damit Verluste realisiert werden.

Bei den Diamanten im Depot bieten sich jedoch Teilverkäufe an, um Cash aufzubauen und flexibel zu bleiben, wenn der Wind drehen oder gar eine Krise aufziehen sollte. Aber wann ergibt ein Teilverkauf Sinn? Um absolute Zahlen solltest du dir schon mal gar keine Gedanken machen. Es spielt keine Rolle, ob eine Aktie 2 oder 2.000 Euro kostet. Es kommt auf die Unterschiede an. Es besteht ein Unterschied darin, ob eine Aktie langsam auf einen hohen Wert steigt oder springt. Ich verkaufe also keine Levels, sondern Bewegungen. Wenn sich Aktien ohne fundamentalen Grund irrational entwickeln, lässt sich ein Teil abstoßen, denn früher oder später wird jeder Lauf enden. Erinnere dich an die Flugbahn der Rakete. Kurzfristig sieht ein Kursverlauf manchmal wie eine gerade Linie aus, die keine Grenzen kennt. Aber früher oder später wird alles von der Schwerkraft angezogen.

Verkaufe aber niemals alle Anteile einer Aktie, nur weil sie um 50 oder 100 Prozent gestiegen ist und du von ihr überzeugt bist. Erinnere dich an die Macht der Chartisten. Aktienbewertungen haben oft nichts mit der Realität zu tun, sondern viel mit Trends und Psychologie. Und stell dir grundsätzlich immer eine Frage, bevor du eine Aktie kaufst: Was würdest du tun, wenn deine Aktie nach dem Kauf sofort um 20 Prozent fällt? Wenn du deine Hausaufgaben gemacht hast und von deiner These überzeugt bist, dann wirst du nachkaufen. Wenn du nach einem Rücksetzer sofort verkaufen würdest, dann solltest du die Aktie nicht mal für eine Minute besitzen.

Learnings

- Verkaufe niemals eine Aktie, nur weil sie gerade noch im Plus steht.
- Verkaufe lieber Aktien, die dich nicht mehr überzeugen – egal wie hoch die Verluste ausfallen sollten.
- Nutze Teilverkäufe, um flexibel zu bleiben und Positionen abzubauen, wenn sie nach einem deutlichen Kursanstieg zu groß geworden sind.
- Verkaufe niemals alles von einer Aktie, die dich überzeugt.
- Achte niemals auf absolute Zahlen, also Levels, es sollten nur Bewegungen zählen.
- Beschneide deine Gewinne nicht – und lass sie im Zweifel laufen.
- Achte auf die Gebühren, wenn du regelmäßig Aktien handelst.
- Du solltest auch die Steuer im Auge haben.

Der Kern und die Satelliten – die Lösung für dein Geld

Warum hat mir das alles niemand früher über Geld verraten – die Lehrer oder die Professoren im BWL-Studium? Alles, was ich dir bislang in diesem Buch erzählt habe, hätte ich gerne viel früher gewusst. Wenn die Basis für das richtige Mindset und die Balance die Physik des Erfolges sind, dann präsentiere ich dir jetzt die Physik des Geldes. Und die setze ich für mein Geld in Form einer Core-Satellite-Strategie um.

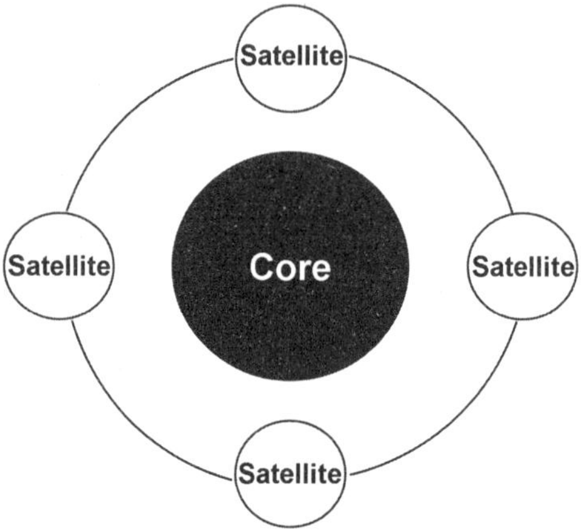

Sie besteht aus einem Kern und Satelliten, die um ihn kreisen. Diese Strategie gilt als Weiterentwicklung der modernen Portfolio-Theorie, die von Harry Markowitz formuliert wurde. Der Kern soll dabei den Großteil des Depots ausmachen und damit eine solide Basis bilden, also bei relativ geringem Risiko stabile Renditen einfahren. Die Satelliten treiben dagegen die Rendite, aber auch das Risiko in die Höhe. Was den Kern deines Portfolios bildet, bleibt dir überlassen. Ich bestücke meinen Kern mit ETFs und investiere damit breit gestreut in die Weltwirtschaft.

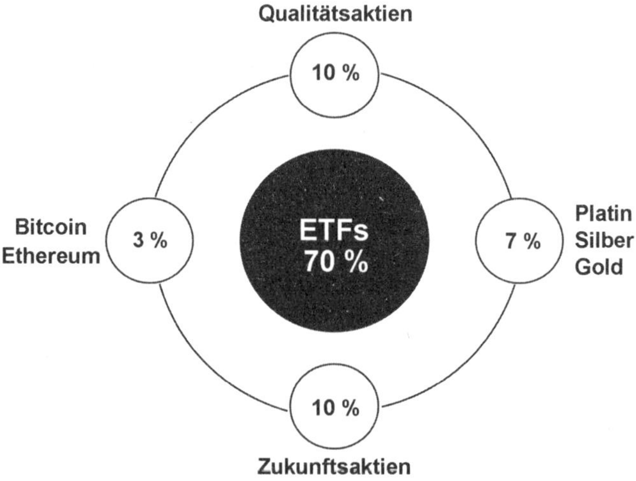

Nun haben wir ja gelernt, dass ein ETF auf den MSCI World nicht reicht und du plötzlich 40 Prozent japanische Aktien im Depot haben kannst. Um das zu vermeiden, teile ich meinen Kern auf mehrere ETFs auf und versuche, alle Regionen abzubilden und besser zu streuen als der MSCI World. Das Beta lässt sich also optimieren. Deswegen sieht mein Kern so aus:

Name	WKN	Ertragsverwendung	Laufende Kosten	Gewichtung
Vanguard S&P 500 UCITS ETF	A1JX53	Ausschüttend	0,07 %	30 %
SPDR Russell 2000 US Small Cap UCITS ETF	A1XFN1	Thesaurierend	0,30 %	10 %
Xtrackers MSCI Europe UCITS ETF	DBX1ME	Thesaurierend	0,12 %	20 %
Xtrackers MSCI Europe Small Cap UCITS ETF	DBX1AU	Thesaurierend	0,30 %	10 %
Lyxor MSCI Pacific UCITS ETF	ETF114	Ausschüttend	0,45 %	10 %
iShares MSCI Emerging Markets UCITS ETF	A0HGWC	Ausschüttend	0,18 %	15 %
iShares MSCI Emerging Markets Small Cap UCITS ETF	A0RGER	Thesaurierend	0,74 %	5 %

Wenn der Kern wie eine stabile Defensive steht, kümmern wir uns um die offensiven Satelliten. Sie sollten um deinen Kern kreisen und nur einen so großen Betrag ausmachen, dass sie bei einem Komplettverlust nicht zu sehr ins Gewicht fallen. Du solltest generell eine Obergrenze für jede Position definieren. Beispielsweise sollte eine Aktie niemals mehr als 10 Prozent deines investierten Kapitals ausmachen. Du kannst die Grenze natürlich auch viel niedriger ansetzen, um breiter zu streuen. Meine Satelliten bestehen zum einen aus Qualitätsaktien. Ihnen traue ich eine bessere Performance zu als dem Markt und sie überzeugen mich fundamental. Diese Aktienauswahl ist für mich sowas wie eine Kontrollgruppe, sie hat in den letzten Jahren besser performt als der Markt, aber ich halte trotzdem nur einen kleinen Teil meines Geldes darin, weil ich alles andere für irrational erachte. Diese Aktien möchte ich langfristig halten, aber ich bleibe mental liquide und halte bei jedem Unternehmen einen Verkauf für möglich, wenn sich die Fakten ändern sollten. Sollte die Kontrollgruppe auf Dauer den Markt nicht schlagen, dann behalte ich mir auch vor, das Geld in ETFs umzuschichten. Zum anderen bestehen meine Satelliten aus

Aktien, die ich für besonders chancenreich halte, die aber auch ein enormes Risiko aufweisen. Manche Unternehmen wie Palantir, Invitae und Carbios überzeugen mich aufgrund ihres Geschäftsmodells, haben aber noch einen weiten Weg zurückzulegen, um das Niveau von Amazon oder Microsoft zu erreichen, und dabei können sie natürlich auch scheitern. Chance und Risiko fallen also deutlich höher aus. Und es zählen auch hochriskante Aktien wie das Flugtaxi-Unternehmen EHang aus China oder Lucara Diamond dazu. Solche Aktien sind reine Zocks und damit setze ich als kleines wissenschaftliches Experiment den Ratschlag von Sherlock um. Für Alpha und Spaß an der Börse kann man gezielt die Sau rauslassen, wenn im Kern die Vernunft eine stabile Basis bildet.

Meine Qualitätsaktien

Unternehmen	WKN	Branche	Gewichtung
Adobe	871981	Software	7 %
Apple	865985	Technologie	6 %
Amazon	906866	E-Commerce/Technologie	9 %
Apollo Global Management	A2PRK2	Private Equity	7 %
Nextera Energy	A1CZ4H	Energie	6 %
Thor Industries	872478	Hersteller von Wohnmobilen	5 %
LVMH	853292	Luxus	9 %
Visa	A0NC7B	Bezahldienstleister	5 %
Walt Disney	855686	Medien	11 %
L3 Harris Technologies	A2PM3H	Verteidigung/Technologie	5 %
Bristol Myers Squibb	850501	Pharma	5 %
Microsoft	870747	Technologie	8 %
Intuitive Surgical	888024	Medizintechnik/Robotik	5 %
VanEck Vectors Video Gaming and eSports UCITS ETF	A2PLDF	Gaming & E-Sport	6 %
iShares Automation & Robotics UCITS ETF	A2ANH0	Robotik	6 %

Meine riskanten Aktien für die Zukunft

Unternehmen	WKN	Branche	Gewichtung
Palantir	A2QA4J	Daten-Spezialist	30 %
Carbios	A1XA4J	Umwelttechnologie	10 %
Ehang	A2PWWB	Flugtaxis/E-Mobilität	3 %
RIWI	A14ZWE	Technologie	1 %
PVA Tepla	746100	Technologie	5 %
Invitae	A14NKG	Genforschung	16 %
Beyond Air	A2PNGL	Medizintechnik	2 %
3D Systems	888346	3D-Druck	13 %
Lucara Diamond	A0MYR8	Diamanten	3 %
Veeva Systems	A1W5SA	Cloud Computing	9 %
Royal Dutch Shell	A0D94M	Energie	8 %

Gold, Platin und Silber

Edelmetalle ergänzen mein Portfolio, weil ich damit die Diversifikation verbessern will. Warum ich Platin halte, habe ich bereits im vorigen Kapitel beschrieben. Für mich ist es eine Wette auf eine starke Wirtschaft und saubere Energie wie Wasserstoff und Co. Platin bilde ich über einen sogenannten ETC ab (WKN: A1EK0H). Bei ETCs – Exchange Traded Commodities – ist das Edelmetall physisch hinterlegt. Bei Silber verhält sich mein Motiv ähnlich wie bei Platin: Es ist ein Industriemetall und wird ebenfalls für saubere Energie benötigt, wie etwa für Solarpanels. Silber halte ich auch über einen ETC (WKN: A1KWPR). Vor einem Investment in ETCs solltest du dich aber unbedingt über die konkreten Auswirkungen bei der Steuer informieren.

Gold finde ich nach wie vor attraktiv, weil es sich seit Jahrhunderten im Vergleich zu Fiat-Währungen wie Dollar oder Euro stabil zeigt. Das belegt beispielsweise die Gold-Wiesnbier-Ratio, die jedes Jahr die Vermögensverwaltungsgesellschaft Incrementum berechnet.[35] Sie sagt aus, dass wir heute für eine Unze Gold praktisch genauso viel Bier bekommen wie vor rund 70 Jahren. Das klingt unspektakulär, aber du musst es nur mit der Kaufkraft von Fiat-Geld vergleichen. Wenn du in Euro bezahlst, musst du jedes Jahr mehr für dieselbe Menge Bier hinblättern. Fiat-Währungen bieten keinen Schutz vor Inflation. Steigende Preise fressen also das Vermögen auf. Noch dazu lässt sich Fiat-Geld beliebig vermehren und besitzt keinen inneren Wert. Deswegen halte ich ein wenig physisches Gold. Ganz wichtig dabei ist es, auf die Stückelung und die An- und Verkaufspreise zu achten. Je kleiner die Einheit, desto größer ist der Spread für Anleger, also die Differenz zwischen An- und Verkaufspreis. Das klingt nach Pfennigfuchserei, aber bei ganz kleinen Münzen mit einem Wert von 1/24 Unze liegt der Verkaufspreis schnell mal 20 Prozent unter dem Kaufpreis. Zusätzlich habe ich einen Sparplan auf das sogenannte Xetra-Gold (WKN: A0S9GB). Dabei handelt es sich um einen ETC, der Ende Dezember 2007 auf den Markt gebracht wurde. Das Wertpapier wird an der Börse, hauptsächlich am Handelsplatz Xetra, in Euro gehandelt. Der Wert des ETC bezieht sich auf ein Gramm Feingold. Jedes Wertpapier verbrieft die Lieferung von Gold, und der Käufer des ETC kann sich den Gegenwert in Gold ausliefern lassen.

Den Wert von Gold solltest du allerdings nicht überschätzen und es niemals zu hoch gewichten, denn die letzten Jahre verzerren unseren Blick auf das Edelmetall. Gold performte gerade in den letzten Jahren sehr gut. Aber von 1900 bis 2018 brachte es eben nur einen Zuwachs von 0,6 Prozent pro Jahr.[36] Außerdem profitiert Gold nicht von den Produktivitätsgewinnen der Weltwirtschaft und generiert keinen Cash Flow. Es korreliert zwar durchaus negativ über manche Perioden mit Assetklassen wie Aktien und besonders mit Währungen wie dem Dollar.[37] Doch als Lebensversicherung für einen Crash darfst du Gold nicht betrachten. Institutionelle Investoren müssen es bei ihren Risikobudgets wie Aktien berücksichtigen, und deswegen kann auch Gold jederzeit im Crash abverkauft werden. Bestes Beispiel ist der Corona-Crash im März 2020: Gold fiel ebenfalls um bis zu 12 Prozent.

Die Nachteile von Gold

- Gold generiert keinen Cash Flow.
- Du bist nicht an Produktivitätsgewinnen beteiligt wie bei Aktien.
- Gold kann auch bei einem Crash durchaus fallen.

- Gold performt langfristig schlechter als Aktien.
- Gold kann verboten werden.
- Physisches Gold muss sicher gelagert werden, das kann bei größeren Mengen auch teuer werden.

Bitcoin und Ethereum

Bitcoin ist für mich dasselbe Beispiel wie die Wette auf Trump: ein attraktives Verhältnis zwischen Chance und Risiko. Ich weiß wie bei Trump nicht, ob es sinnvoll ist und was dabei am Ende herauskommt. Ich weiß wie bei Trump, dass das Risiko auf einen Totalverlust sehr hoch ist. Aber ich halte es für sinnvoll, die Chance mit einem sehr kleinen Teil meines Geldes zu nutzen. Ich bin über eine Börse für Kryptowährungen direkt in Bitcoin investiert. Und ich bin auch mit einem kleinen Teil in Ethereum investiert, weil diese Blockchain die Basis bildet für chancenreiche Trends wie Smart Contracts und Non-Fungible Token (NFT). Aber ich muss dir eines klarmachen: Bevor du Bitcoins oder Kryptowährungen kaufst, informiere dich bitte. Möglicherweise ist ein indirektes Investment über einen sogenannten ETN sinnvoller für dich. ETN steht für Exchange-traded Notes, das sind börsengehandelte Inhaberschuldverschreibungen, die die Wertentwicklung eines Basiswerts eins zu eins nachbilden. Dann musst du dich nicht mit Kryptobörsen, mit Keys und Kennwörtern herumschlagen. Allerdings konterkarierst du damit auch den ursprünglichen Sinn von Bitcoin, hängst dann wieder mit einem Bein im Finanzsystem und bist von einem Emittenten oder einer Bank abhängig. Bitcoin soll ja gerade dezentral organisiert sein und dich unabhängig machen. »Not your keys – not your coins« ist ein geflügelter Satz in der Kryptogemeinde. Nur wer seine eigenen Bitcoins hält, hat alles in der Hand. Aber es macht die Sache auch komplizierter. Beide Lösungen haben ihre Vor- und Nachteile.

Was für Bitcoin spricht

- Bitcoin basiert auf der innovativen Blockchain-Technologie.
- Bitcoin ist mit Abstand die größte und bekannteste Kryptowährung.

- Der Netzwerkeffekt ist bemerkenswert.
- Bitcoin ist auf 21 Millionen Stück begrenzt und lässt sich nicht künstlich vermehren wie eine Fiat-Währung.
- Immer mehr große Unternehmen investieren in Bitcoin – Tesla und Elon Musk sowie MicroStrategy und Michael Saylor sind die besten Beispiele.

Was gegen Bitcoin spricht

- Der Bitcoin besitzt keinen inneren Wert – genauso wie Fiat-Währungen.
- Bitcoin kann jederzeit streng reguliert oder gar verboten werden.
- Notenbanken arbeiten selbst an digitalen Währungen.
- Es ist umstritten, ob Bitcoin eine Währung, digitales Gold oder etwas ganz anderes darstellt.
- Das Mining, also Schürfen von Bitcoins, verbraucht viel Energie.

Du erkennst die Chancen, aber vor allem auch die Risiken. Auch wenn es viele Bitcoin-Fans gibt, ist und bleibt es eine wilde Spekulation. Allein das mögliche Eingreifen des Staates macht es hochriskant. Deswegen macht Bitcoin in meinem Depot nur 2,5 Prozent aus. Die Balance im Depot zu halten, klingt in der Theorie einfach, aber Assets wie Bitcoin machen es komplizierter. Wenn der Bitcoin stark steigt, wie von Mitte 2020 bis ins Frühjahr 2021, dann wirbelt das die Statik schnell durcheinander. Wenn der Kurs sich in kurzer Zeit verfünffacht, steigt das Gewicht im Portfolio sprunghaft an. Das kann natürlich auch bei Aktien passieren, die durch die Decke gehen. Deswegen musst du in regelmäßigen Abständen wieder für Balance in deinem Depot sorgen. Profis sprechen vom Rebalancing, also von einer Neugewichtung. Wenn beispielsweise eine Aktie stark steigt und auf einmal 20 Prozent deines Depots ausmacht, solltest du das zurechtstutzen, sonst hilft langfristig die beste Strategie nichts. Das gilt natürlich auch für die Gewichtung bei deinen ETFs. Du musst immer die Balance im Auge haben – wie bei der Physik des Erfolgs.

Sinnvoll wäre es, deine Depots getrennt zu führen, wenn du eine Core-Satellite-Strategie fährst: ein Depot für den Kern und ein oder mehrere Depots für die Satelliten. Dann kannst du die Renditen besser miteinander vergleichen. Und das solltest du tun. Denn stell dir vor, deine Satelliten würden Jahr für Jahr schlechter abschneiden als dein Kern aus konservativen Investments. Dann solltest du mental liquide bleiben und deine Strategie überdenken oder ganz auf ETFs umsteigen.

In Sachen ETFs kann ich dir besonders die Anlagephilosophie von Dr. Andreas Beck empfehlen. Er ist Mathematiker und Experte für Portfolios und hat mich dazu inspiriert, einen anderen Blick aufs Investieren zu bekommen und mich wie Sherlock auf die eine oder andere Falle hingewiesen, die es zu vermeiden gilt. 2019 entwickelte Beck mit Kollegen und dem Institut für Vermögensaufbau das sogenannte Global Portfolio One, um langfristig das Vermögen für Unternehmerfamilien anzulegen. Dabei nimmt das Portfolio keine Rücksicht auf kurzfristige Risikokennzahlen, und auch historische Kursdaten spielen keine Rolle.[38]

Beck will mit dem Portfolio die Erträge der Weltwirtschaft einsammeln und spricht gerne davon, in die »Welt AG« zu investieren. Das bildet er mit ETFs ab:

Anlage	Bezeichnung	Anteil
Aktien Nordamerika	Vanguard S&P 500 UCITS ETF (USD)	12,4 %
Aktien Nordamerika	Xtrackers MSCI USA Index UCITS ETF 1C	9,8 %
Aktien Nordamerika	iShares VII-Core S&P 500 (EUR) UCITS ETF-T	9,2 %
Aktien Nordamerika	Xtrackers Russell 2000 UCITS ETF 1C	6,4 %
Aktien Nordamerika	UBS ETF-MSCI Canada UCITS ETF	2,8 %
Aktien Europa	Xtrackers MSCI Europe UCITS ETF	6,6 %
Aktien Europa	Lyxor Index-L. Co. St. 600 (DR) ETF	7,3 %
Aktien Europa	Xtrackers MSCI EUROPE Small Cap UCITS ETF	2,7 %
Aktien Asien	Lyxor Core MSCI Japan UCITS ETF	7,0 %
Aktien Asien	iShares III-MSCI Japan Small Cap UCITS ETF	1,1 %
Aktien Asien	Vanguard FTSE Developed Asia Pacific ex Japan	3,7 %
Aktien Schwellenländer	Xtrackers MSCI Emerging Markets UCITS ETF	10,5 %

Bei der regionalen Gewichtung der »Welt AG« versucht Beck, gerade Blasen wie Japan in den 1980er-Jahren zu vermeiden, indem er die ETFs breit auf die wichtigsten Regionen der Welt verteilt. Bei seinem wissenschaftlichen Ansatz berücksichtigt Beck noch zusätzlich die Kennzahlen Kurs-Gewinn-Verhältnis und Kurs-Buchwert-Verhältnis. In jedem Quartal wird neu gewichtet. Beck ist normalerweise nicht voll investiert, sondern hält eine Investitionsreserve. Er parkt also Cash, um während einer möglichen Krise nachzukaufen. Die Investitionsreserve besteht neben klassischen festverzinslichen Euro-Staatsanleihen auch aus inflationsindexierten Anleihen und Schweizer Staatsanleihen.

Anlage	Bezeichnung	Anteil
Anleihen Euro	0,25 Deutschland 11.01.2019 – 15.02.2029	1,5 %
Anleihen Euro	0,75 Netherlands 15.03.2018 – 15.07.2028	1,4 %
Anleihen Euro	5,75 France O.A.T 25.10.2000 – 25.10.2032	1,2 %
Anleihen Euro	0,5 Bundesanleihe 20.04.2017 – 20.04.2027	1,2 %
Anleihen Euro	0,1 Frankreich 01.03.2016 – 2028	3,8 %
Anleihen Euro	0,5 BRD Inflationsindexiert 10.04.2014 – 15.04.2030	3,8 %
Anleihen Euro	0,1 Frankreich Inflationlinked 15.07.2020 – 01.03.2036	2,1 %
Anleihen CHF	0 Switzerland 24.07.2019 – 24.07.2039	2,1 %
Anleihen CHF	0 Switzerland 26.06.2019 – 26.06.2034	1,7 %
Anleihen CHF	1,25 Switzerland 27.06.2012 – 27.06.2037	1,2 %
Euro	Kasse	0,5 %

Aber wann setzt Beck seine Reserve ein, um nachzukaufen? Je nachdem, in welchem Regime sich der Markt befindet, setzt er seine Cash-Quote hoch oder runter. Seine Strategie sieht folgendermaßen aus:

Regime A: »Normal« (Risikokapitalkosten der »Welt AG« sind auf Normalniveau) – 80 Prozent sind in die »Welt AG« investiert und 20 Prozent in der Investitionsreserve.

Regime B: »Eigenkapitalknappheit« (Risikokapitalkosten der »Welt AG« sind deutlich erhöht) – 90 Prozent sind in die »Welt AG« investiert und 10 Prozent in der Investitionsreserve.

Regime C: »Eskalation der Eigenkapitalknappheit« (Risikokapitalkosten der »Welt AG« sind extrem hoch) – 100 Prozent sind in die »Welt AG« investiert.

Entscheidend ist dabei, zu erkennen, wenn sich die Regimes verändern. Wir bewegen uns von der Normalität in die Eigenkapitalknappheit (A→B), wenn der Aktienmarkt im Vergleich zu seinem Dreijahreshoch mehr als 20 Prozent verloren hat, die Volatilität sprunghaft ansteigt und sich die Risikoprämien bei Unternehmensanleihen ausweiten. Eine Eskalation (B→C) erleben wir, wenn der Aktienmarkt seit einem vorherigen Regimewechsel (von A zu B oder von C zu B) nochmal mehr als 25 Prozent verloren hat und die Risikoprämien bei Unternehmensanleihen eskalieren. Wenn sich der Aktienmarkt im Vergleich zum Dreijahrestief um mehr als 50 Prozent erholt hat, sich die Volatilität am Aktienmarkt und die Risikoprämien am Anleihemarkt beruhigt haben, dann befinden wir uns wieder auf der zweiten Stufe (C→B). Bis zur Normalität (B→A) braucht es dann nochmal einen Aktienmarktgewinn von mehr als 25 Prozent seit dem vorherigen Regimewechsel (von A zu B oder von C zu B) sowie die Rückkehr der Volatilität und der Risikoprämien zum langfristigen Mittel.

Das Konzept, die »Welt AG« zu kaufen und damit ein ultrastabiles Portfolio aufzubauen, ist seit Januar 2021 auch für Privatanleger investierbar (WKN: A2PT6U).

Learnings

- Eine Core-Satellite-Strategie besteht aus einem soliden Kern und chancenreichen Satelliten.
- Achte beim Kern darauf, dir nicht nur einen ETF ins Depot zu legen und damit Klumpenrisiken bei der regionalen Gewichtung zu riskieren (zum Beispiel USA heute oder Japan in den 1980er-Jahren).
- Nutze Satelliten mit einem guten Chance-Risiko-Verhältnis, um deine Rendite zu verbessern, ohne dabei zu viel zu riskieren.
- Überschätze Edelmetalle wie Gold nicht und berücksichtige die Risiken alternativer Investments wie Bitcoin.

- Achte darauf, die Balance in deinem Portfolio immer wieder zu erneuern (Rebalancing).
- Wenn du eine Cash-Reserve hältst, dann mach dir einen Plan für dein Money-Management – du kannst dich an der Technik des Pyramidisierens und an den Kapitalkosten der Unternehmen orientieren.

KAPITEL 7
DAS TIMING DEINES LEBENS – SO FINDEST DU DIE ULTIMATIVE BALANCE

Warum wir die Welt oft nicht verstehen

Beginnen wir dieses Kapitel mit einer kleinen Rechenaufgabe: Was ist 5+5+5+5+5+5+5? Wahrscheinlich lachst du über die Aufgabe. Das Ergebnis lautet natürlich: 35. Siebenmal eine Fünf zu addieren, das kriegt jeder hin. Aber jetzt stell dir mal vor, wir ersetzen das Pluszeichen durch ein Multiplikationszeichen. Also was kommt raus bei: 5x5x5x5x5x5x5? Das Ergebnis lautet: 78.125.

Aber in diesem Kapitel geht es natürlich nicht um die Grundrechenarten, sondern darum, dass unser Gehirn nur in der Lage ist, linear zu denken – und nicht exponentiell. Deswegen verstehen wir die Welt oft nicht. Es fängt schon mit der Natur an. Das Wachstum verläuft meist nicht linear, sondern entschieden langsamer oder eben schwindelerregend schnell. Wir empfinden es aber nur als normal, wenn etwas gleichmäßig wächst. Darum fällt es uns so schwer, zu verstehen, wie Zinsen sich entwickeln und was Aktien künftig wert sein könnten. Und deshalb hielt uns die Corona-Pandemie so lange in Atem. Es war für viele ein Schock, dass die Fälle von Covid-19 nicht konstant, sondern viel schneller zunahmen. Dabei hat jede Epidemie so etwas wie ein Herz, die Basisreproduktionszahl R0. Sie gibt Auskunft darüber, wie viele Menschen jeder Infizierte ansteckt. Der Wert sollte bei einem Virus wie Covid-19 am besten unter 1 liegen. Das heißt nämlich, dass jeder Infizierte weniger als eine Person mit dem Erreger ansteckt. Liegt die Zahl höher, droht der Kontrollverlust.

Wir wissen mittlerweile, dass unsere Erde in der Geschichte während vieler Perioden komplett mit Eis bedeckt war. Wissenschaftler einigten sich aber erst im 19. Jahrhundert darauf.[1] Es gab zu viele Hinweise, dass es auch anders hätte sein können. Tonnenschwere Felsbrocken, Seen, Schotterebenen: Die Spuren der Eiszeiten sind heute überall sichtbar. Aber wie entsteht eine solche Naturgewalt? Wie funktioniert es, einen Planeten einzufrieren, das Eis schmelzen zu lassen und ihn dann wieder mit Eis zu überziehen? Theorien dazu gab es viele, etwa dass sich Bergketten erhoben oder sich andere Einflüsse auf die Oberfläche der Erde ausgewirkt hätten. Dadurch wäre die Zirkulation der Meeresströmungen und Windmuster verändert worden. Auch Außerirdische mussten als möglicher Grund herhalten oder Vulkanausbrüche, die den natürlichen Zustand des Eises zwischendurch immer wieder verschwinden ließen. Aber alle diese Theorien konnten die Zyklen nicht wirklich erklären.

Im frühen 19. Jahrhundert kam der serbische Wissenschaftler Milutin Milanković dem Geheimnis der Eiszeiten auf die Schliche. Er studierte die Position der Erde im Verhältnis zu anderen Planeten und fand heraus, dass die Gravitationskraft der Sonne und auch des Mondes die Bewegung der Erde und die Neigung zur Sonne moderat beeinflusst. Während bestimmter Zyklen bekommt jede der Hemisphären entweder mehr oder weniger Sonnenstrahlung ab als normalerweise.

Aber das Spannende an der Geschichte entdeckte schließlich erst der russische Meteorologe Wladimir Köppen, der sich eingehend mit der Arbeit von Milanković befasste. Seine Erkenntnis: Es waren nicht die kalten Winter, die eine Eiszeit möglich machten, sondern die moderaten Sommer, die eher kühl ausfielen. Es beginnt also damit, das Eis des letzten Winters schmelzen zu lassen, wenn ein Sommer nicht warm genug ist. Dann nimmt die eisige Naturgewalt nämlich Fahrt auf: Es bleibt eine Eisbasis übrig, und die macht es einfacher, dass sich Schnee im folgenden Winter darauf anhäuft. Das erhöht wiederum die Chancen, dass das Eis den nächsten Sommer überlebt. Eine andauernde Schneedecke reflektiert mehr Sonnenstrahlen, sie prallen also an der Oberfläche ab, wodurch die Kühlung sich verstärkt. Dadurch entsteht mehr Schneefall, und so geht der Kreislauf immer weiter. Das

Ergebnis: Aus einer anfangs kleinen Schneedecke wird eine gigantische Eisschicht, die die Erde einfriert.

Und genauso funktioniert Geld auch. Du stehst heute vielleicht vor demselben Problem wie das Eis zu Beginn eines Zyklus. Du hast keine große Basis, sondern nur wenig Geld zum Investieren. Und dann erzählt dir jemand von 7 Prozent im Jahr. Wow! Das wären nach einem Jahr gerade mal 70 Euro, wenn du 1.000 Euro anlegst. Lohnt sich das überhaupt? Hier kommt wieder die Idee des exponentiellen Wachstums ins Spiel. Unser Gehirn kann sich nicht vorstellen, wie das funktioniert. Für uns sieht alles wie eine Linie aus. Vermögen wächst aber nicht linear, sondern es fängt langsam an und nimmt dann irgendwann Fahrt auf. Das beste Beispiel ist Warren Buffett. Als ich diese Zeilen im Januar 2021 schreibe, besitzt Buffett 85,6 Milliarden US-Dollar. Den Großteil davon häufte er aber erst nach seinem 50. Lebensjahr an.[2]

Das Vermögen von Warren Buffett nach Alter in US-Dollar

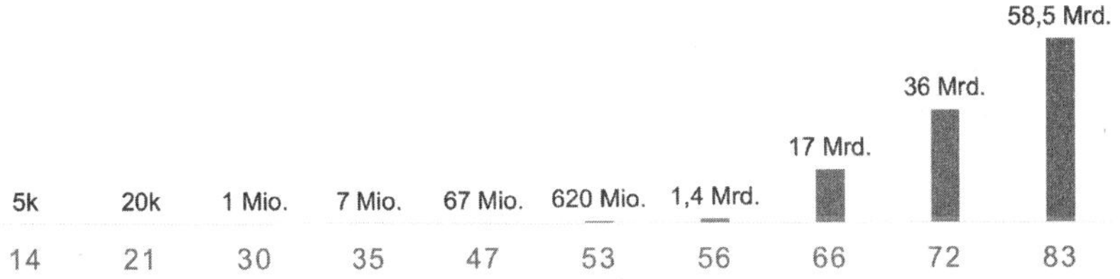

Buffett hat früh eine Basis gelegt, und die Naturgewalt des exponentiellen Wachstums hat ihn superreich gemacht.[3] Natürlich muss ich anmerken, dass sich Zahlen nicht eins zu eins vergleichen lassen. Was Buffett damals mit 14 Jahren besaß, ist wegen der Inflation natürlich nicht dasselbe wie heute, er hatte also durchaus gute Startbedingungen. Aber das Prinzip wird immer dasselbe bleiben: Aus einer kleinen Eisschicht kann eine mächtige Lawine werden. Warum hat mir das niemand früher über Geld verraten?

Machen wir ein Gedankenexperiment zu diesem mächtigen Compound-Effekt: Wenn ich dir heute 1 Cent gebe und du ihn jeden Tag verdoppelst – wie viel hättest du nach 30 Tagen? Am Anfang fällt es uns noch leicht, so etwas auszurechnen: Am zweiten Tag hättest du 2 Cent, am dritten Tag 4 Cent und am vierten Tag 8 Cent. Das klingt nach einem schlechten Witz, aber dann schätz doch mal, was nach 30 Tagen rauskommen würde. Es wären tatsächlich knapp 5,4 Millionen Euro. Wie beim Verlauf der Rakete kann unser Gehirn ein solches Phänomen einfach nicht verarbeiten.

Die Jetzt-Falle

Hat dich der letzte Chart von Buffetts Vermögen überzeugt? Hoffentlich denkst du jetzt, dass es wichtig ist, beim Investieren langfristig zu denken. Aber Vorsicht, denn wir neigen dazu, unsere Meinung durch spannende Infos sehr schnell umbiegen zu lassen, wie die Studenten, die sich von einer überzeugenden Rede mitreißen ließen. Wenn Patienten nach ihren Kopfschmerzen gefragt werden, dann bestimmt jener Schmerz, den sie gerade fühlen, an welchen Schmerz des Vortages sie sich erinnern können.[4]

Das Jetzt dominiert unser Leben.

Es ist der Tipp, den du wahrscheinlich bei Instagram am meisten gesehen hast. All die Entrepreneure, Goal Digger, Expertenmacher und Self-Made-Millionäre raten dir dazu: Vergiss deine Vergangenheit, blende die Zukunft aus, und konzentriere dich nur aufs Jetzt. An diesem Tipp ist einiges dran: Im Jetzt müssen wir Gas geben, damit wir unsere Ziele erreichen und unsere kostbare Zeit nicht vergeuden – mehr erleben, mehr lernen und mehr Geld verdienen. Aber beim Investieren ist das Jetzt die größte Falle. Denn im Jetzt erleben wir Emotionen. Erinnere dich an den Hype-Zyklus. Am meisten berichten die Medien, wenn ein Hype gerade auf dem Gipfel steht oder sich darauf zubewegt.

Jetzt spüren wir Gier.

Jetzt spüren wir Angst.

Jetzt haben wir das Gefühl, dass wir sofort etwas unternehmen müssen.

Aber genau das ist die Falle. Erinnere dich an die Studie »Do Traders trade too much?«. Die Jetzt-Falle treibt uns ständig zum Aktionismus. Und genau das ist das größte Problem der Menschen. Sie können nicht still sitzen. Menschen hassen das Nichtstun so sehr, dass sie sich stattdessen lieber Schaden zufügen. Darauf deutet eine Studie von Forschern um Timothy Wilson von der University of Virginia hin. In einer Serie von mehreren Experimenten stellten die amerikanischen Wissenschaftler Probanden die simple Aufgabe, sich in einem schmucklosen Raum auf einen Stuhl zu setzen und sich wenige Minuten nur mit den eigenen Gedanken zu beschäftigen. Handys oder Bücher, um sich abzulenken, waren verboten. Die Aufgabe könnte simpler nicht sein, und was gibt es Schöneres, als mal nichts zu tun. Aber bei der anschließenden Befragung offenbarte sich, dass die meisten Probanden das Nichtstun nicht gerade genossen hatten. Viele gaben an, dass sie sich nur schwer auf ein Thema fokussieren konnten und ihr Geist umherwanderte, obwohl es eigentlich nichts in dem Zimmer gab, was sie hätte ablenken können.

Doch wie weit würden Menschen im Zweifel gehen, um sich zu beschäftigen? Um das herauszufinden, trieben die Forscher das Experiment im letzten Durchlauf auf die Spitze: Ein Teil der Probanden hatte die Wahl, sich während des Nichtstuns per Knopfdruck selbst unangenehme Elektroschocks zu verpassen. Das klingt nach einer absurden Option. Doch das Nichtstun scheint für manche schlimmer zu sein, als sich selbst unter Strom zu setzen: Etwa ein Viertel der weiblichen und sogar zwei Drittel der männlichen Versuchsteilnehmer drückten innerhalb von 15 Minuten mindestens einmal auf den Schock-Knopf! Dabei hatten die Probanden zuvor alle bereits einen kleinen Stromstoß bekommen und angegeben, dass sie lieber 5 Dollar zahlen würden, als diese Erfahrung noch einmal zu machen.[5]

Wir schaffen es nicht, unsere Emotionen auszublenden und einfach still zu sitzen. Wir wollen jetzt schnelle Ergebnisse und nicht langsam gehen, um in der Zukunft große Schritte zu machen. Das kann nicht nur Geld kosten, sondern alles ruinieren. Wenn ich mich an meine Schulzeit erinnere, dann musste auch immer alles schnell gehen. Wenn ich etwas nicht sofort kapierte, fühlte ich mich schlecht und schuldig. War ich zu dumm? Oder strengte ich mich nicht genug an? Es war mir egal, Hauptsache ich kam schnell zur Lösung und konnte das Problem abhaken. Doch genau so kommt man nicht weiter. Ich steckte fest, ohne es zu merken. Und zwar war ich gefangen in einem sogenannten Fixed Mindset, also in einem statischen Selbstbild. Wer statisch denkt, liebt Aufgaben, die er blind erledigen kann. Er holt sich Selbstvertrauen, indem er Routine-Arbeit erledigt und nicht scheitern kann. Es geht ihm um Bestätigung. Der Dynamiker sucht sich dagegen immer schwierigere Aufgaben und scheitert besser.[6]

Wer seinen Fokus nur auf kurzfristige Erfolge im Jetzt legt, der setzt eine bessere Zukunft aufs Spiel. Fehler machen uns nämlich besser. Das gilt sogar für Affen. Die beiden Rhesus-Affen Oberon und Macduff wurden darauf trainiert, sich durch Versuch und Irrtum Listen einzuprägen. Ihnen wurden zufällige Bilder von Tulpen, Raben, Brücken oder Autos gezeigt, und sie sollten sich die Reihenfolge merken. Alle Bilder wurden gleichzeitig auf eine Leinwand projiziert, und die Affen mussten durch Versuch und Irrtum die erwünschte Reihenfolge lernen und sie dann wiederholen.[7] Der Lernprozess variierte dabei. Bei manchen Sitzungen erhielten Oberon und Macduff bei jedem Versuch automatische Hinweise, indem ihnen das nächste Bild auf der Liste gezeigt wurde. Bei anderen Listen konnten sie einen Hinweisknopf drücken, wenn sie nicht weiterkamen und das nächste Objekt sehen wollten. Bei wieder anderen Listen konnten sie nach der Hälfte ihrer Versuche um einen Hinweis bitten. Und bei der letzten Liste erhielten sie gar keine Hinweise.

Wie wir Menschen neigten die Affen zur Bequemlichkeit und verlangten fast immer Hinweise, wenn es möglich war. Am Ende hatten sie auf diesem Weg viele korrekte Listen zusammengestellt. Schließlich mussten die Affen alle Listen am Prüfungstag ohne jegliche Hinweise wiederholen. Das Ergebnis war eine Katastrophe. Oberon erzielte nur drei richtige Listen, Macduff schaffte nicht einmal jede fünfte Liste richtig. Doch es gab eine Ausnahme: die Listen, bei denen sie nie einen Hinweis bekommen hatten. Bei diesen Listen hatten die Affen am Anfang zwar sehr schlecht abgeschnitten und einfach irgendwelche Knöpfe gedrückt. Aber dass sie es versuchten und irrten, verbesserte die Ergebnisse massiv. Oberon stellte am Testtag fast 75 Prozent der Listen richtig zusammen und Macduff schaffte rund 50 Prozent.

Die Erkenntnis: Je mehr Hinweise die Affen bekamen, umso besser schnitten sie kurzfristig ab, aber desto schlechter waren sie beim abschließenden Test.[8] Wenn wir also lernen, ohne dass uns jemand die Lösungen verrät, macht das die Reise härter und länger. Aber wer langsam geht, der kommt am Ende viel weiter.

Wie können wir es also besser machen? Helfen kann das sogenannte Spacing. Bei dieser Methode finden die Übungsphasen in Intervallen statt. Man lernt intensiv, aber gönnt sich dann Auszeiten, in denen sich das erlernte Wissen setzen soll. Im Rahmen einer Untersuchung wurden Teilnehmer, die Spanischvokabeln lernten, in zwei Gruppen unterteilt. Eine Gruppe wurde gleich getestet, nachdem sie die Vokabeln gelernt hatte. Die andere erst nach einem Monat. Acht Jahre später, in denen kein weiteres Studium stattfand, konnte die zweite Gruppe 250 Prozent mehr Vokabeln abrufen. Die Auszeit hatte das Lernen produktiver gemacht, weil sich das neue Wissen verfestigen konnte.[9]

Beim Lernen und unserem Erfolg im Leben verhält es sich wie an der Börse: Wer kurzfristig gute Ergebnisse erzwingen will, setzt damit den langfristigen Erfolg aufs Spiel.

Das Märchen vom »Nie Aufgeben«

»Bist du bereit für das nächste Rätsel?«, frage ich Sherlock.

»Ja, aber wehe du stellst mir diese Frage noch einmal! Du kennst die Antwort doch bereits«, erwiderte er in belehrendem Ton, und ich verdrehte innerlich die Augen.

»Ab sofort werde ich es noch mehr genießen, dir diese Frage zu stellen. Aber jetzt zum Thema. Stell dir vor, du wärst Stratege bei der Luftwaffe und hättest folgende Aufgabe: Du musst die Flugzeuge deiner Flotte panzern, damit sie nicht abgeschossen werden. Aber es gibt ein Problem: Du kannst sie nicht überall panzern, weil sie sonst immer schwerer und damit unbeweglicher werden und noch dazu mehr Kraftstoff verbrauchen. Zu viel Panzerung ist also ein Problem, zu wenig aber auch. Wie würdest du vorgehen?«, frage ich.

»Ich muss ein Optimum finden und sie dort panzern, wo sie am verwundbarsten sind«, antwortet Sherlock.

»Aber wie findest du heraus, wo die Flugzeuge am verwundbarsten sind?«

»Ich brauche Statistiken von den Einsätzen und wo die Flugzeuge am häufigsten getroffen wurden«, sagt Sherlock.

»Kein Problem, ich habe zufälligerweise die Statistik von den Flugzeugen dabei, die bereits im Einsatz waren«, sage ich und lege Sherlock einen Zettel vor die Nase.

Teil des Flugzeugs	Einschusslöcher pro Quadratfuß
Motor	1,1
Flugzeugrumpf	1,7
Kraftstoffanlage	1,6
Rest des Flugzeugs	1,8

»Auf den ersten Blick müsste man natürlich den Rest des Flugzeugs gut panzern. Aber das kann nicht die Lösung sein. Warte mal, bezieht sich diese Statistik auf alle Flugzeuge oder nur auf diejenigen, die nach dem Einsatz auch wieder gelandet sind?«, fragt Sherlock.

»Du kommst der Sache näher. Es handelt sich nur um die Flugzeuge, die nach dem Einsatz tatsächlich wieder gelandet sind.«

»Der Survivorship Bias!«, brüllt Sherlock und hält mir seinen Zeigefinger so nah vors Gesicht, als müssten wir wirklich gleich ein paar Flugzeuge panzern, »die Überlebenden verzerren das Bild, und es wird auf einmal eine ganz andere Geschichte draus. Wir müssen die Flugzeuge also dort panzern, wo die Löcher nicht sind!«

»Und warum?«, frage ich, nur um ihn zu provozieren.

»Weil die fehlenden Löcher wahrscheinlich in den fehlenden Flugzeugen sind. Und die sind wahrscheinlich abgestürzt, weil sie am Motor getroffen wurden! In einem Krankenhaus liegen auch mehr Soldaten mit Schusswunden im Bein als im Kopf. Das heißt aber nicht, dass auf den Kopf nicht geschossen wird. Im Gegenteil. Die Folgen sind eben nur viel gravierender. Mit einem Kopfschuss schaffst du es eher selten noch ins Krankenhaus, sondern eher in die Leichenhalle.«

Sherlock brachte es in seiner gewohnt charmanten Art mal wieder auf den Punkt. Der Survivorship Bias ist ein großes Problem, wenn es um Geld und Erfolg geht. Wir konzentrieren uns auf die Überlebenden und feiern sie als Helden. Die Opfer vergessen wir gerne. In der Presse tauchen meistens nur die Wunder auf und gaukeln uns vor, dass es jeder schafft, der nicht aufgibt. Der Überlebensirrtum schlägt sich etwa bei Fonds auch in der Finanzwelt nieder. Auf der Website des deutschen Fonds-Verbands (BVI) lassen sich die Renditen von rund 5.000 Investmentfonds herunterladen, die deutsche Privatanleger kaufen können. Wenn du für diese Fonds die Durchschnittsrendite der letzten fünf Jahre errechnest, wirst du eine Zahl bekommen, die die Realität verzerrt. Warum? Jedes Jahr verschwinden rund 5 Prozent aller Fonds vom Markt. In manchen Jahren mehr, in manchen weniger. Die toten Fonds sind nicht mehr in der BVI-Datenbank enthalten, hatten aber meistens besonders schlechte Renditen. Denn das ist ja genau der Grund, warum ein Fonds liquidiert wird.

Wir landen wieder beim Monster-Beverage-Problem. Was aus 10.000 Euro geworden wäre, wenn du vor 30 Jahren in Monster Beverage oder Apple investiert hättest, ist egal. Denn man kann genauso gut die Frage stellen, was daraus geworden wäre, wenn du in ein Unternehmen investiert hättest, das es heute nicht mehr gibt.

Das erste Survivorship-Problem ist, wie viele Turnaround-Kandidaten vom Schlage einer Monster Beverage tatsachlich überlebt und am Ende dicke Renditen gebracht haben.

Das zweite Survivorship-Problem: Wie viele Anleger hätten die Aktie über 20 oder 30 Jahre gehalten? Der eine hätte nach einem Jahr mit Gewinn verkauft, der andere nach fünf Jahren mit sattem Gewinn, aber nur die wenigsten hätten die Aktie 30 Jahre lang gehalten. Am schlechtesten hätten die Ängstlichen abgeschnitten, wenn es darum geht, was aus 10.000 Euro geworden wäre. Die Hände der Ängstlichen zittern bei jeder Korrektur. Sie hätten vermutlich nach dem ersten Rücksetzer verkauft, und es wären am Ende eher 9.000 Euro draus geworden.

Die Jetzt-Falle.

Wer seinen Emotionen erliegt, tappt in die Falle und verkauft heute eine Aktie, die ihn künftig reich machen könnte. Bei Monster Beverage wäre es genial gewesen, bedingungslos an den Erfolg zu glauben und die Aktie niemals zu verkaufen. Auch wegen solcher Beispiele wird immer gerne ein Credo genannt, wenn es um Erfolg geht: Du darfst nie aufgeben! Und wenn du nie aufgibst, dann kannst du gar nicht scheitern. Gerne wird Winston Churchills berühmter Satz angeführt, um dieses Mindset zu untermauern: »Gib niemals auf! Nie! Nie! Nie!« Allerdings fehlt oft der zweite Teil des Zitats: »Außer in Fragen der Ehre oder des gesunden Menschenverstandes.«

Beim gesunden Menschenverstand fallen mir immer die Kandidaten bei »Deutschland sucht den Superstar« (DSDS) ein, die seit Jahren vergeblich versuchen, das Singen zu lernen. Der Tag der Wahrheit kommt, wenn sie von Dieter Bohlen vor einem Millionenpublikum abgewatscht werden. Viele sehen das als Demütigung, aber eigentlich müssten die Kandidaten dankbar sein. Denn am Tag der Wahrheit haben sie endlich ehrliches Feedback bekommen. Und Feedback ist das Entscheidende, wenn es ums Aufgeben und Erfolg geht.

Der Autor Matthew Syed erklärt in seinem Buch *Das Black Box Prinzip*, warum wir zwischen geschlossenen und offenen Kreisläufen unterscheiden müssen.[10] Einen geschlossenen Kreislauf kannst du dir wie einen Kreis vorstellen. Es dringt von außen nichts ein – eben genau wie bei den DSDS-Kandidaten. Sie üben allein in ihrem Zimmer und können nicht ansatzweise einschätzen, wie gut oder schlecht ihr Gesang ist. Wenn dann das Feedback einer Jury von außen auf den geschlossenen Kreis trifft, verändert sich auf einmal alles. Manche lernen daraus und blasen endlich ihren großen Traum ab, der eher einer Illusion gleicht. Andere schließen ihren Kreis wieder und träumen in ihrer Blase weiter. Wer nicht aufgibt, wird am Ende aber nur erfolgreich, wenn er sich schrittweise verbessert. Beim Singen handelt es sich noch um ein Hobby. Aber jetzt stell dir mal vor, jemand versucht sich als Daytrader und setzt seine Existenz aufs Spiel. Wer 20 Jahre lang ohne Fortschritt versucht, mit Aktien zu handeln, der wird immer ein armer Schlucker bleiben. Aufgegeben hat er nicht, verloren hat er aber trotzdem.

Laut dem Ökonom Steven Levitt lege die Studie über die Jobwechsler, die ich im Kapitel über das flexible Denken bereits angeführt habe, nahe, dass »Ermahnungen wie ›echte Sieger kapitulieren nie; wer kapituliert, wird nie siegen’ zwar gut gemeint, tatsächlich aber womöglich ein schlechter Ratschlag sind«. Levitt nannte als eine seiner eigenen maßgeblichsten Fähigkeiten, »die Bereitschaft, etwas über Bord zu werfen«.[11]

Aufgeben sollte man nie – weder sich selbst und noch seine Ziele. Aber der Weg dorthin kann sich ändern. Wenn wir Feedback einholen und besser werden, geben wir manche Pfade auf und finden neue Wege. Genau so funktioniert ein offener Kreislauf. Es hilft in einer Welt voller Ungewissheit, das Leben wie ein Wissenschaftler zu bestreiten. Wir wissen nicht, was passieren wird. Deswegen müssen wir uns auf das einlassen, was kommt, und das Leben zu einem Spiel machen. Scheitern – daraus lernen – uns Feedback einholen – und es besser machen.

Es zählt nicht, was wir denken, sondern wie wir denken. Und es zählt nicht, wie oft wir scheitern oder aufgeben, sondern wie gut wir darin werden, was wir auf Dauer verfolgen. Es ist völlig egal, wie schlecht oder unerfahren du am Anfang bist. Wir waren alle mal Anfänger und sollten es jeden Tag aufs Neue sein.

Geh langsam – oder: Warum Zeit mächtiger ist als alles andere

In dem Film »Alles eine Frage der Zeit« erfährt Tim an seinem 21. Geburtstag von seinem Vater, dass er wie alle Männer in der Familie eine besondere Gabe besitzt: Er kann in der Zeit zurückreisen. Dafür muss er nur in einen dunklen Raum gehen, die Hände zu Fäusten ballen und an die Zeit und den Ort denken, zu denen er reisen will. Tim glaubt seinem Vater zunächst nicht und hält es für einen Scherz, reist dann jedoch in die Silvesternacht des letzten Jahres zurück, in der er um Mitternacht den Kuss eines Mädchens abgelehnt und dieses dadurch beschämt hat. Beim zweiten Anlauf küsst er das Mädchen, das ihn nun glücklich anlächelt. Er schafft es dank seiner Zeitreisen sogar, seine Traumfrau zu erobern und sie schließlich zu heiraten.

Wir können natürlich nicht wirklich durch die Zeit reisen, aber mental können wir von Tim lernen und der Jetzt-Falle jederzeit entkommen. Stell dir vor, du hättest heute einen Unfall, wie ich mit meinem Fuß, und würdest dir die Bänder reißen. Für den Moment wäre es eine Katastrophe, aber wie schlimm wird das noch in zehn Jahren für dich sein? Genau diese Frage würde dir die Autorin Suzy Welch stellen. Sie hat die 10-10-10-Regel entwickelt. Sie soll unserem künftigen Ich dabei helfen, in der Gegenwart bessere Entscheidungen zu treffen. Wenn Welch vor einer schwierigen Entscheidung steht, dann stellt sie sich folgende Frage: Was sind die Konsequenzen meiner Entscheidung in zehn Minuten, in zehn Monaten und in zehn Jahren?[12]

Viele Menschen scheitern, weil sie Dinge verdammt schnell wollen, obwohl das Leben lange dauert. Erinnere dich an unseren Freund Phineas Gage aus dem Kapitel »Warum wir ständig in die Zukunft schauen und trotzdem keine Hellseher sind«. Der Bolzen in seinem Kopf zerstörte seinen Frontallappen und damit seine Fähigkeit zu planen und in die Zukunft zu blicken. Es wirkte, als würde er in einer permanenten Gegenwart leben.[13] Und diese permanente Gegenwart hat ihm alles andere als gutgetan. Deswegen ist es so wichtig, dass du noch heute damit anfängst, dich nicht von den Emotionen im Jetzt aus der Bahn werfen zu lassen.

Wie mächtig Zeit sein kann, haben beispielsweise die Betreiber von Casinos verstanden. Im Casino vergessen die Gäste die Zeit, weil sie sich fühlen, als hätte jemand sie angehalten. Egal zu welcher Uhrzeit du ein Casino betrittst, du findest immer dieselbe Stimmung vor: dieselbe Musik, dieselben Lichter und dieselbe Temperatur. Es gibt keine Fenster, niemand sieht die Sonne auf- oder untergehen. Auch Uhren wirst du in einem Casino nur selten finden.

Was können wir daraus lernen? Stell dir vor, du würdest die Zeit ebenfalls vergessen, heute noch investieren und irgendwann mit einem Vermögen aufwachen. Dann könntest du auf den Spuren von Ronald James Read wandeln. Er musste ganz unten anfangen. Read wuchs in einem verarmten Bauernhaushalt auf. Er ging oder trampte täglich vier Meilen zu seiner High School und war der erste High-School-Absolvent in seiner Familie. Read verdiente sich seinen Lebensunterhalt schließlich als Tankwart und Hausmeister. Es klingt nach einer langweiligen Geschichte, aber wie hat Read es geschafft, nach seinem Tod ein Vermögen von 8 Millionen Dollar zu hinterlassen?

Read widerstand der Jetzt-Falle und zog seinen Plan knallhart durch. Er lebte sehr bescheiden und investierte sein sauer verdientes Geld in Dividenden-Aktien und sogenannte Blue Chips, also sehr große Standardwerte wie Johnson & Johnson, Procter & Gamble und

General Electric. Seine Strategie lässt sich in einem Satz zusammenfassen: Investiere dein Geld breit gestreut in bekannte Unternehmen, deren Geschäftsmodelle du verstehst – und verkaufe die Aktien nie wieder! Auf Technologie-Aktien verzichtete Read beispielsweise ganz. Als er 2014 im Alter von 92 Jahren starb, umfasste sein Portfolio 95 Aktien. Obwohl er Totalausfälle wie Lehman Brothers im Depot hatte, brachte er es dank der Diversifizierung zu einem großen Vermögen.[14] Read ist der beste Beweis dafür, dass es für erfolgreiches Investieren weder außergewöhnliche Intelligenz noch reiche Eltern braucht. Es zählt vielmehr, für die Zukunft zu investieren – und nicht für die kommenden zehn Minuten oder Monate.

Die meisten Investoren scheitern nicht an der Börse oder an ihrer Strategie, sondern wie die Versuchspersonen mit dem Schock-Knopf daran, dass sie nicht still sitzen können. Wir können dabei von Odysseus lernen. Der Held der griechischen Mythologie war den Sirenen ausgesetzt wie wir dem täglichen Rauschen der Nachrichten, Memes und Tipps in den sozialen Medien. Sirenen waren in der griechischen Mythologie Vögel mit Frauenköpfen, die mit ihrem Gesang vorübersegelnde Seeleute auf die Insel lockten, um sie dann dort zu töten. Darauf wollte Odysseus nicht hereinfallen! Die Männer seiner Mannschaft verstopften sich die Ohren mit Wachs. Odysseus tat das zwar nicht, ließ sich aber an den Mast binden. Als er dann die wunderschönen Stimmen der Sirenen hörte, drehte er vor Sehnsucht fast durch und bat seine Leute, ihn loszubinden. Die konnten ihn wegen der verstopften Ohren aber nicht hören. So zog das Schiff an den Sirenen vorüber, und die Männer überlebten. Mach am besten einen Odysseus-Vertrag mit dir selber, und gib dir schriftlich, dass du zumindest deinen Kern an Investments niemals verkaufen wirst. Egal, welcher Vogel gerade von Crash oder Weltuntergang singt.

Wie schafft man eine Revolution? Das beschreibt der serbische Politaktivist Srdja Popovic in seinem Buch *Protest – wie man den Mächtigen das Fürchten lehrt*. Darin geht es nicht um Blut und Gewalt, sondern darum, wie sich eine Revolution auf demokratische Weise erreichen lässt – und vor allem, wie es langsam und mit Geduld funktioniert. Popovic war selbst in der Widerstandsbewegung gegen Slobodan Milošević aktiv und beschreibt in seinem Buch, wie sich die Bewegung namens OTPOR anfangs Aufmerksamkeit verschaffte. Weil das Volk Angst vor Milošević hatte, sprühten Popovic und seine Mitstreiter in Belgrad zunächst Graffitis mit ihrem Symbol, der schwarzen Faust. In einem Protest gegen Milosevic steckten die Aktivisten aus der Stadt Kragujevac Truthähnen weiße Blumen an den Kopf. Der Hintergrund: Die verhasste Gemahlin des Diktators trug jeden Tag eine weiße Plastikblume im Haar, und das serbische Wort für Truthahn ist eines der übelsten Schimpfwörter für eine Frau. Die geschmückten Truthähne wurden schließlich in den Straßen von Kragujevac losgelassen, und die gefürchtete Geheimpolizei von Milosevic musste den gackernden Truthähnen hinterherjagen.[15]

Es mag kindisch und geschmacklos klingen, aber es soll zeigen, wie sich mit kleinen Schritten große Bewegungen erreichen lassen. Ähnliches zeigte sich in Syrien. Dort musste sich die Polizei in Damaskus mit Tischtennisbällen herumschlagen. Syrische Aktivisten hatten damit begonnen, Anti-Assad-Slogans wie »Freiheit« und »Es reicht« auf Tausende von Tischtennisbällen zu schreiben und diese aus Müllsäcken in die Straßen von Damaskus zu kippen. Klingt harmlos, aber die Tischtennisbälle tauchten immer wieder auf und bald wusste jeder, was es bedeutete, wenn die Bälle in den Gassen klackerten.[16] Auch in Chile begehrten die Bürger gegen ihren Diktator Augusto Pinochet auf – und zwar besonders langsam. Taxis fuhren beispielsweise für eine gewisse Zeit nur noch mit halber Geschwindigkeit. Es dauerte nur wenige Tage, bis sich die Fußgänger in Santiago de Chile anschlossen und sich auch nur noch in Zeitlupe bewegten. Eine ganze Stadt stand still und protestierte langsam.[17]

Der General Fabius Maximus erhielt einst den Beinamen Cunctator, also »der Zögernde«. Indem er Kampfhandlungen ständig aus dem Weg ging, trieb er Hannibal in den Wahnsinn, vor allem, weil dieser militärisch eindeutig überlegen war.[18]

Wer langsam geht und seinem Geld Zeit gibt, der kann viel Geld damit verdienen. Aber vor allem zählt es auch, sich selbst Zeit zu geben, um erfolgreich zu werden. Ich erinnere mich gut an die Zeit nach meinem Abitur. Mit der Wahl des richtigen Studiums stand ich vor einem Problem: Ich hatte zu viele Interessen. Auf der einen Seite reizten mich Wirtschaft und Jura. Auf der anderen Seite faszinierten mich

Psychologie, Geschichte, Kommunikationswissenschaft, Politik und Amerikanistik. Ich beneidete damals jeden, der einen vorgezeichneten Weg ging und bereits mit zwölf Jahren wusste, dass er Lehrer oder sie Ärztin werden wollte. Auch bei mir musste eine Entscheidung her, und jeder meinte, er müsste seinen Senf dazugeben. Es sollte also ein neutraler Rat her, und ich stand schließlich mit meinem Papa bei der Studienberatung in der Ludwig-Maximilians-Universität in München. Uns empfing eine Dame, die, ehrlich gesagt, unsympathisch war und auf den ersten Blick wenig Interesse zeigte. Mein Vater hatte große Erwartungen und erhoffte sich eine messerscharfe Analyse, am besten gleich noch eine konkrete Empfehlung. Aber es kam ganz anders. Die Dame hatte die unkonkreteste aller Antworten parat: Es sei eigentlich völlig egal, was ich studieren würde. Mein Vater war entsetzt und schimpfte, als wir den Raum verlassen hatten. Auch ich war mit der Antwort nicht glücklich, aber heute weiß ich, dass die Antwort richtig war.

Ein Studium definiert nicht, wer wir sind. Auch wenn ich Psychologie oder Politologie studiert hätte, wäre ich wahrscheinlich bei jenen Themen gelandet, für die ich auch heute brenne. Leider ist in unseren Köpfen das Vorurteil eingepflanzt worden, es gäbe einen linearen, vorgezeichneten Weg. Und je früher wir diesen einen Weg gingen, umso erfolgreicher würden wir. Wir bekommen Genies wie Mozart vorgesetzt, die schon als Kinder am Klavier saßen und früh nach Perfektion strebten. Aber eines übersehen wir gerne: Viele Menschen, die zu Genies erklärt werden, hatten viele Interessen und alles andere als einen linearen Weg hinter sich.

Michelangelo soll eine fertige Skulptur bereits in einem Marmorblock gesehen haben, bevor er ihn überhaupt das erste Mal berührt hatte. Dann soll er einfach nur den überschüssigen Marmor weggemeißelt haben. Es klingt nach einem wahren Genie, wie wir uns es vom Schlage eines Michelangelos vorstellen. Aber leider entspricht es nicht der Realität. Der Kunsthistoriker William Wallace zeigte, dass Michelangelo vielmehr ein Meister darin war, zu testen und dadurch zu lernen. Während er an einer Skulptur arbeitete, änderte er ständig seine Meinung. Drei Fünftel seiner Skulpturen vollendete er nicht einmal, weil er sich ständig einer anderen Arbeit zuwandte.[19] Michelangelo probierte viel aus – auch bei seinen Berufen. Er war nicht nur

Bildhauer und Maler, sondern auch Baumeister und versuchte sich gar als Dichter.[20]

Haruki Murakami schrieb Weltbestseller wie *Mister Aufziehvogel*, *Kafka am Strand* und *1Q84*. Aber vorgezeichnet scheint dieser Weg des japanischen Autors nicht zu sein. Eigentlich wollte Murakami Musiker werden, doch er beherrschte kein Instrument richtig. In seinem autobiografischen Buch *Wovon ich rede, wenn ich vom Laufen rede*, beschreibt er, wie er im Alter von 29 Jahren eine Jazz-Bar in Tokio eröffnete und dann wie aus dem Nichts zum Schreiben kam. An einem Frühlingstag besuchte er ein Baseballmatch im Jingu-Stadion in Tokio. Er war Fan der Yakult Swallows und lag während des Spiels auf einem grasbewachsenen Hang, weil es nicht mal eine richtige Tribüne gab. Als Murakami ein Bier trank, riss ihn auf einmal ein Klang aus seinen Gedanken. Ein Spieler hatte den Ball so perfekt getroffen, dass das Geräusch durchs Stadion hallte. Murakami beschreibt, wie klar und weit er den Himmel wahrnahm und wie entschlossen den Ton des Schlages. Etwas schwebte vom Himmel herab, und er nahm es an. Und in diesem Moment wusste Murakami, dass er einen Roman schreiben würde. Er begann noch am selben Abend – und der Rest ist Geschichte.[21]

Müssen wir also schon früh im Leben eine Sache ganz sicher wissen wie ein Igel und sie gnadenlos durchziehen? Ein solcher Weg kann genau der richtige sein, aber es kann genauso funktionieren, wenn wir wie der Fuchs viele Dinge wissen und ausprobieren. Die Igel scheinen den Füchsen auf den ersten Blick überlegen zu sein, weil sie einen klaren Fokus haben. Laut Tetlock »arbeiten sie hart und hingebungsvoll« innerhalb einer Tradition ihres Fachgebietes und »suchen nach formelhaften Lösungen für schlecht definierte Probleme«. Doch damit wurden sie nur zu herausragenden Interpreten der Vergangenheit. Was ihre Prognosen betraf, glichen sie eher den Schimpansen, die Pfeile auf eine Dartscheibe warfen. Die Füchse dagegen »stützen sich auf eine eklektische Bandbreite an Traditionen und können mit Mehrdeutigkeit und Widersprüchen umgehen«, schrieb Tetlock.[22]

In meinem ersten Buch habe ich den Begriff »Google-proof« benutzt. Es ist so wichtig, in dieser Welt ein Experte zu werden oder Sachen zu können, die nicht jeder googeln kann. Spezialisierung und Fähigkeiten machen den Unterschied. Wer noch an seinem persönlichen Branding feilt und für etwas steht, verschafft sich in unserer Wissens-Ökonomie einen noch größeren Vorsprung. Aber das heißt nicht, dass wir diesen Weg schon als Kind oder Abiturient einschlagen und die Fachidiotie riskieren müssen. Diejenigen, die viele Dinge ausprobieren und manche wieder aufgeben, entscheiden sich nicht gegen ihre Vergangenheit, sondern für die Zukunft. Charlie Munger ist ein Investor von Weltformat, weiß aber nicht nur Dinge übers Investieren, sondern, wie der Fuchs, sehr viele Dinge.

Ich bin froh, dass ich den Tipp von Munger umgesetzt habe, bevor er mir bewusst war. Ich habe zwar BWL studiert, aber die Freiheiten während meines Studiums auch genutzt, um Dinge zu tun, auf die ich Lust hatte und die meinen Horizont erweiterten. Ich habe mich daran versucht, einen Krimi zu schreiben, habe viele Bilder gemalt, mir selber ein wenig Italienisch beigebracht, Bücher über Philosophie, Politik und Geschichte gelesen und bin viel gereist, soweit es mein bescheidenes Budget zuließ. Ich bin mir sicher, dass ich niemals ein Buch wie dieses schreiben könnte, wenn ich nicht so vielseitig wäre.

Manchmal habe ich fast ein schlechtes Gewissen, weil sich mein Leben bisher sehr leicht angefühlt hat – wenn ich die ersten Jahre auf dem Gymnasium ausklammere. Aber woher kommt dieses Gefühl? Ich glaube, weil ich immer das gemacht habe, worauf ich Lust hatte. Es war wirklich egal, was ich studiert habe, weil ich mir einfach die Zeit für all die anderen Dinge genommen habe, die mich interessierten. Und darin besteht für mich auch das Geheimnis der Konsistenz. Wer Dinge tut, auf die er wirklich Lust hat, der erlebt keinen Stress und auch keine Zweifel. Wer seinen Weg gefunden hat, der wird dann auch niemals aufgeben und so langsam gehen, bis er am Ziel ist.

Die Legende der Leidenschaft – oder: Wie du das Feuer findest

Matchball. Roger Federer tippt den Ball fünfmal auf, wirft ihn hoch und serviert durch die Mitte. Rafael Nadal schafft es gerade noch, den Aufschlag mit seiner Rückhand zu blocken und ihn zurückzuspielen. Aber der Return ist viel zu kurz und fällt auf die T-Linie. Federer kann sich in Ruhe positionieren und seine Vorhand durchziehen. Sie landet genau auf der Linie, und Nadal ist geschlagen. Die 15.000 Zuschauer in der Rod Laver Arena brechen in Jubel aus. Aber Moment, auf einmal stoppt der Jubel. War der Ball doch im Aus? Das ganze Stadion hält den Atem an, als der Punkt per Videobeweis überprüft wird. Alle blicken auf die Videoleinwand, auf der der Ballwechsel nochmal virtuell abläuft, und schließlich landet der Ball genau auf der Linie. Federer reißt die Arme hoch und springt vor Freude.

Es ist eines der größten Comebacks in der jüngeren Tennisgeschichte. Am 29. Januar 2017 gewinnt Roger Federer zum fünften Mal die Australian Open in Melbourne und holt damit seinen 18. Grand-Slam-Titel. Das Besondere daran: Der Schweizer ist in diesem Moment bereits 35 Jahre alt und war vor dem Turnier fast ein Jahr lang wegen einer Knieverletzung außer Gefecht. Noch außergewöhnlicher ist, wie er an diesem Sonntag gegen seinen Dauerrivalen Rafael Nadal auftrat. Federer spielte wie im Rausch, aggressiv und leichtfüßig. Er bewegte sich nach der langen Pause, als wäre er nie weg gewesen. Doch sein Gegner Nadal ist einer der besten Spieler der Geschichte und schien das Blatt im fünften Satz zu seinen Gunsten zu wenden. Federer lag mit einem Break zurück. Doch dann fand der Schweizer in den ultimativen Zustand. Er schien alles um sich herum zu vergessen und alles richtig zu machen.

Federer hat in einem Interview beschrieben, wie er das Tennisspielen wahrnimmt: »Wenn ich sehr großes Selbstvertrauen habe, fühlt sich der Platz größer an. Die Bälle sind langsamer und größer.«[23] Obwohl eine Legende wie Federer schon 130 Millionen Dollar an Preisgeld erspielt und noch mehr mit Werbedeals verdient hat, jagt er mit fast 40 Jahren immer noch über den Tennisplatz.[24] Macht er das, weil er gelbe Bälle so gerne mag oder noch mehr Geld verdienen will? Sicher liebt er es, gelbe Bälle übers Netz zu jagen. Wahrscheinlich liebt er auch den Wettbewerb, das Gewinnen und damit noch viel Geld zu verdienen. Aber vielleicht jagt er auch diesem besonderen Gefühl nach – eben genau diesem Gefühl, alles um sich herum zu vergessen.

Wenn du das Feuer in deinem Leben suchst, dann bietet sich als erste Option an, eine Leidenschaft zum Beruf zu machen, die dir nicht nur Spaß macht, sondern die dich alles um dich herum vergessen lässt.

Das ist unbezahlbar und ein Weg zum Glück, der nachhaltig durch dein Leben führt. Schon viele Psychologen zerbrachen sich darüber den Kopf, wie ein glückliches Leben aussehen müsste. Eine Bewegung, die daraus hervorging, ist die positive Psychologie. Eine zentrale Idee davon ist das Flow-Erlebnis, das wir bereits im zweiten Kapitel kennengelernt haben. Du erinnerst dich an die richtige Balance, die bei Erregung zu maximaler Leistung führt, wenn die Flamme auf der richtigen Stufe brennt und sich Feuer und Eis in der Balance befinden. Als Flow-Papst gilt der Psychologe Mihály Csíkszentmihályi. Die Idee dazu kam ihm, nachdem er Menschen interviewt hatte, die anscheinend ein besonders erfülltes Leben lebten. Er hatte mit Künstlern, Musikern, Chirurgen, Bergsteigern, Unternehmern und Schachspielern gesprochen. Trotz ihrer so unterschiedlichen Berufe beschrieben alle, dass sie ähnlich empfinden würden, wenn sie in einer bestimmten Tätigkeit aufgingen, wenn sie alles um sich herum vergaßen und in den Flow kamen.

Ein Weltklassespieler wie Federer spürt, wenn er im Flow ist, sich die kleinen Tennisbälle groß wie Fußbälle anfühlen und er jeden trifft. Ein Musiker weiß es, wenn die Töne so klingen, wie sie klingen sollen. Wer den Flow erlebt, der vergisst die Zeit und erlebt Klarheit. Csíkszentmihályi verglich den Flow deswegen mit Ekstase. Du vergisst die Welt um dich herum. Aber warum schaffen wir es, im Flow voll aufzugehen und nicht mehr an die Probleme des Alltags zu denken? Csíkszentmihályi erklärt es in seinem Ted Talk »Flow, the secret to happiness«.[25] Unser Nervensystem kann nicht mehr als 110 Bits an Informationen pro Sekunde aufnehmen. Um dem Vortrag von Csíkszentmihályi zuzuhören und ihn zu verstehen, brauchtest du beispielsweise schon 60 Bits pro Sekunde. Deswegen ist es unmöglich, mehr als zwei Leuten gleichzeitig zuzuhören. Und jetzt stell dir vor, du kommst in den Flow. Wenn du voll darin aufgehst, etwas Neues zu erschaffen, dann hat dein Gehirn gar nicht mehr die Kapazität, an die Einkäufe oder E-Mails zu denken, die noch erledigt werden müssen. Du vergisst sogar, dass du hungrig oder müde bist. Der Flow kann so weit gehen, dass wir praktisch unsere eigene Existenz vergessen.

Wenn du eine Leidenschaft hast, bei der du regelmäßig in den Flow kommst, dann hast du bereits die perfekte Basis für dein persönliches Feuer. Das Feuer spürst du wahrscheinlich gar nicht, während du Tennis spielst, am Klavier sitzt oder auf einen Berg kletterst. Denn im Flow braucht es eben gerade keine Emotionen, sondern die Abwesenheit von Gefühlen. Es bedeutet das vollständige Aufgehen in einer Tätigkeit, bei der man nicht über seine Gefühle nachdenkt, sondern vollständig bei der Sache ist. Erst danach hat man ein befriedigendes Gefühl, weil man so vertieft war. Flow erlebst du, wenn dich etwas herausfordert und du dich ganz darauf konzentrieren musst, es aber schaffst und dich dabei steigerst.

Wer den Weg zum Glück sucht, kann auch von der positiven Psychologie lernen. Der Psychologe Martin Seligman verglich sie mit dem Streben von Aristoteles nach »eudaimonia«. Dieser Begriff stammt aus der antiken Philosophie und bedeutet so viel wie »guter Geist«, also eine gelungene Lebensführung, die Glück erzeugt. Seligman machte insgesamt drei Arten eines glücklichen Lebens aus. Eine davon ist das gute Leben. Wer persönlich wächst und Flow erlebt, kann glücklich werden. Eine andere Option ist das sinnvolle Leben. Wer sich in den Dienst von etwas stellt, das größer ist als er selbst, kann ebenfalls glücklich werden. John F. Kennedy besuchte 1962 das NASA Space Center und traf dort zufällig auf den Hausmeister. Der Präsident fragte ihn spontan, was er denn hier tue, und der Hausmeister antwortete ihm: »Nun Mr. Präsident, ich helfe, Menschen auf den Mond zu bringen.«[26] Wer wie der Hausmeister seinem Job einen höheren Sinn verleiht und genau weiß, warum er ihn jeden Tag macht, der bekommt einen anderen Blick darauf.

Für ihre berühmte Studie »Crafting a Job« untersuchten die Psychologinnen Jane Dutton und Amy Wrzesniewski, welche Veränderung ein starkes Warum hervorbringen kann. Dafür interviewten sie Putzkräfte eines Krankenhauses und stellten fest, dass sich diese in zwei Gruppen einteilen ließen. Die eine Gruppe erledigte nur das absolute Minimum, verabscheute das Putzen und schätzte die dafür benötigten Fähigkeiten als sehr gering ein. Im Gegensatz dazu mochte die zweite Gruppe ihre Arbeit und empfand ihre Tätigkeit als anspruchsvoll. Was machte den Unterschied? Die zufriedenen Putzkräfte gaben ihrer Arbeit einen Sinn, sie suchten auf eigene Initiative den Kontakt zu Paticnten und Angehörigen und erledigten auch zusätzliche Arbeiten. Beispielsweise veränderte eine Putzkraft regelmäßig das Zimmer eines Koma-Patienten, um ihm neue Anregungen zu bieten.[27]

Die zufriedenen Putzkräfte erkannten einen höheren Sinn und gingen in den Beziehungen zu ihren Patienten auf. Genau diese sozialen Beziehungen sind die Basis für die dritte Art des Glücks: das angenehme Leben. Ohne Geselligkeit ist alles nichts. Zu einem angenehmen Leben gehört auch der Spaß. Es geht also wieder um die Balance aus Disziplin und Erlebnissen. Wir sollten weder ein Scrooge noch ein verantwortungsloser Dexter sein. Eines muss ich deswegen noch an unserem tapferen Tankwart Ronald Read kritisieren. Um seine gigantische Leistung von 8 Millionen Dollar am Lebensende zu erreichen, übertrieb er es mit dem Sparen und gönnte sich nichts. Seine Jacke flickte er mit einer Sicherheitsnadel, um sie weiter tragen zu können, und er lief in schäbigen Flanellhemden herum. Es ging so weit, dass ihn ein anderer Gast in einem Speiselokal zum Essen einlud, weil er Mitleid hatte und dachte, Read könne sich das Essen nicht leisten.[28]

Wie lässt sich nun aus unserem Leben mehr machen als nur Geld? Um dem Glück einen Schritt näher zu kommen, kann es dir helfen, dich zu fragen, wann du das letzte Mal Glück erlebt hast. Was hast du getan? Was hast du gefühlt? Welche Kleidung hattest du an? Welche Menschen umgaben dich? Und an welchem Ort warst du? Erinnere dich an den Traum von einer eigenen Olivenöl-Plantage und das First Principle Thinking. Viele Träume erscheinen auf den ersten Blick unrealistisch. Wir suchen lieber nach Gründen, warum es nicht geht, statt die Dinge von Grund auf neu zu denken und eine Lösung zu finden, wie sich ein Traum erfüllen lässt. Leider steht uns dabei die sogenannte »Tyrannei des Solls« im Wege. Diesen Ausdruck prägte die Psychologin Karen Horney.[29] Ihr ging es darum, dass wir erkennen, wann wir aus eigener Überzeugung handeln und wann uns toxische Glaubenssätze lenken, die uns vorgeben, was wir machen sollen.

Du sollst das machen, was deine Eltern von dir erwarten.

Du solltest mehr verdienen als deine Schwester.

Du solltest mehr Rendite machen als dein Nachbar.

Du solltest jeden Tag acht Stunden in einem Büro verbringen.

Das Soll tyrannisiert uns jeden Tag.

Aber eigentlich sollte es heißen: Du sollst das tun, was du für richtig hältst. Also überleg dir, was deine persönliche Olivenöl-Plantage ist und wovon du schon lange träumst. Vielleicht hast du die Weltreise oder das Buchprojekt auf einer Karibikinsel bisher ausgeschlossen, weil sich immer ein Grund fand, wieso du es nicht tun solltest. Aber wir sollten immer nach Lösungen für unsere Träume suchen – und nicht nach Hindernissen.

Test Yourself

Vielleicht hast du dein Feuer auch schon gefunden und weißt nur noch nicht genau, wie du es der Welt präsentieren sollst. Wie gehst du also heute noch den ersten Schritt? Dabei kann dir der folgende Ablauf helfen:

1. Du sammelst Informationen. An diesem Punkt weißt du vieles noch nicht und solltest Details herausfinden.
2. Betrachte die Situation als Optimist: Was könnte gut gehen? Und was könnte die Lösung eines Problems sein?
3. Als nächstes spielst du den Pessimisten: Welche Fallen lauern, und welche Probleme könnten auftauchen? Was wäre der Supergau und würde alles zum Scheitern bringen?
4. Im nächsten Schritt bringst du Emotionen ins Spiel. Welche Ängste hast du? Spekuliere, was passieren könnte, und höre auf deine Intuition.
5. Jetzt schaltest du in den Kreativitätsmodus. Wie lässt sich das Problem lösen? Und welche neuen Ideen kannst du einbringen?
6. Am Ende geht es um die Organisation: Mache dir einen Plan dafür, wie du deine Ziele konkret umsetzt.

Wie du die Zeit anhältst und das Jetzt wirklich erlebst

Ich laufe die Wall Street entlang und sehe am Ende der Straßenschlucht die Trinity Church. Rechts erhebt sich die Statue von George Washington vor der Federal Hall, und links sehe ich die New York Stock Exchange, an der die riesige Flagge der Vereinigten Staaten prangt. Es kribbelt mit jedem Schritt mehr in meinem Bauch. Diese Straße ist Börse für mich, und ich habe das Gefühl, ich kann das Geld und die Geschichte einatmen. Ich liebe New York – dieses Gefühl, das sich nicht beschreiben lässt: die Schönheit, wenn ich von der Brooklyn Bridge auf die Skyline von Manhattan blicke, durch Soho und Greenwich Village schlendere und mich im Guggenheim Museum verliere. Aber auch diese Hässlichkeit, wenn der Dampf durch die Straßen von Hell's Kitchen zieht, wenn sich die Touristen am Times Square drängen und ich mich in Manhattan zwischen den Wolkenkratzern aus Beton so fühle, als würde ich in einem düsteren Batman-Film durch Gotham City wandern.

Ende November 2019 bin ich spontan für vier Tage nach New York geflogen. Wenige Wochen zuvor hatte ich mein erstes Buch abgeschlossen und brauchte dringend Abwechslung. Vielleicht fehlte mir auch der Flow, den ich davor über Monate beim Schreiben erlebt hatte, und ich wusste nach so einem großen Projekt gerade wenig anzufangen. Jedenfalls liebe ich es, mich allein in einer Stadt treiben zu lassen und freute mich auf die Tage in New York. Aber ich fühlte mich in diesen Tagen verloren, weil sich immer wieder diese Stimme in meinem Kopf meldete und meckerte. Kennst du diesen inneren Kritiker, diesen Reich-Ranicki, der dich tadelt und dir Vorwürfe macht? Ich kann das Jetzt in New York nicht genießen, weil diese Stimme in meinem Kopf keine Ruhe gibt. Etwas nervt mich, selbst wenn ich in einer der unzähligen Kneipen sitze, mich durch sämtliche Craft Biere probiere und freue wie ein kleiner Junge, dass ich auf fünf Bildschirmen parallel Spiele der NHL und NBA schauen kann.

Ich müsste viel mehr Bilder machen, sagt die Stimme.

Ich hätte auch viel mehr Videos für YouTube und Instagram machen können, sagt die Stimme. Und eigentlich hätte ich auch noch Interviews mit spannenden Leuten führen können, wenn ich schon mal da bin. Und generell passt mir mein Auftritt auf Instagram nicht, ich mache nur ab und zu bescheuerte Bilder. Ist das wirklich mein Ernst?

Dann muss ich auch noch ein paar Grafiken für mein Buch nachliefern und weiß nicht auf Anhieb, wie ich das in Photoshop hinkriege.

Der Reich-Ranicki in meinem Kopf sagt: Das ist alles viel zu wenig!

Wir leben in einer Welt voller Ablenkung: das iPhone bimmelt, auf Netflix warten drei neue Serien, und dann sind da ja auch noch Twitter, Pinterest, Facebook, und was machen eigentlich die Aktien gerade? Aber wir lenken uns auch oft selber ab. Die größte Barriere, die uns im Weg steht, wenn wir das Jetzt sinnvoll nutzen wollen, ist die Stimme in unserem Kopf. Wir haben bereits gelernt, dass der Flow so wertvoll ist, weil unser Gehirn dann gar keine Kapazitäten mehr frei hat, um sich selber auf die Nerven zu gehen. Wie bringt man diese innere Stimme zum Schweigen? Oft produziert diese Stimme nur nerviges Rauschen. Wie wir das abstellen, klären wir gleich. Zuerst versuche ich aber, stets herauszufinden, was in meinem Kopf vorgeht und ob nicht mehr dahintersteckt. Am besten gibst du deinem inneren Kritiker einen Namen, dann gewinnst du Abstand dazu und tust dich leichter damit, die Gedanken objektiv zu bewerten.

Tatsächlich hatte die Stimme in meinem Kopf recht. Mein Storytelling auf Instagram trieb mich schon lange um, und jetzt war endlich der Zeitpunkt gekommen, es auf die nächste Stufe zu heben. Für die Tage in New York bin ich im Nachhinein dankbar, weil sie mich dazu gebracht haben, folgende Frage zu beantworten: Warum war ich unzufrieden mit meinem Instagram-Auftritt? Ich machte zwar ab und an schöne Bilder, wenn ich unterwegs war in New York, Thailand, Irland, Malaysia, Amsterdam, Stockholm, Toronto, auf Mallorca oder an der Amalfi-Küste. Aber das zeigte nur einen kleinen Ausschnitt. Ich konnte mich nicht voll ausleben, meine Geschichte nicht erzählen, meine Mission nicht transportieren und meinen Abonnenten nicht genug Mehrwert bieten. Mit den Texten unter den Bildern war ich einverstanden, aber auf den ersten Blick sah meine Galerie eher aus wie die eines Reisebloggers. Natürlich hätte ich sagen können, dass auf Instagram schöne Bilder meiner Reisen genügen müssten, wenn mir doch schon mehr als 200.000 Menschen bei *Mission Money* auf YouTube folgen. Und ich hätte als Ausrede auch gelten lassen können, dass andere Influencer ein Social-Media-Team haben, das sämtliche Kanäle bespielt.

Aber ich wollte mehr!

Und ich wusste: Ich konnte mehr!

Weil es für mich keine lästige Aufgabe ist, meine Geschichte zu erzählen, sondern weil ich es liebe. Deswegen ging es jetzt darum, die Selbstgespräche im Kopf vom Negativen ins Positive zu drehen. Ich überlegte mir, wie der optimale Mario-Account aussehen müsste. Warum sollten sich Leute, die sich für Geld, Börse und Erfolg interessieren, auf meinen Instagram-Account stürzen? Ich machte drei entscheidende Punkte aus:

1. Ich brauche mehr Inhalte, die meine Zielgruppe teilen.
2. Ich brauche spannende Infos, die meine Zielgruppe so wertvoll findet, dass sie sich die Bilder sogar abspeichert.
3. Ich muss die Fragen beantworten, die meine Zielgruppe gerade emotional umtreiben und sie an meiner Reise und meinen Gedanken teilhaben lassen.

Mehr teilbare Inhalte posten? Das ließ sich leicht mit witzigen Memes lösen. Humor erreicht die Menschen immer noch am besten, und die Memes spiegeln meistens die Emotionen wider, die ich und andere Anleger gerade selber erleben. Wir sitzen also im selben Boot und können gemeinsam darüber lachen. Der Gamechanger war es, meine Bilder mehr sprechen zu lassen. Das lässt sich auch informativ und mit wertvollen Inhalten gestalten, die sich meine Follower abspeichern – sei es mit Tweets, von denen ich einen Screenshot mache und sie dann auf Instagram poste oder mit Bildern einer Tafel, auf die ich mit Kreide meine neuesten Aktien geschrieben habe. Mittlerweile bin ich zufrieden mit meinem Insta-Game. Ich habe es geschafft, einen Infotainment-Kanal aufzuziehen, statt nur nette Urlaubsbilder zu teilen. Und das schlägt sich auch in Zahlen nieder: Mein Instagram-Kanal wächst stabil, und ich verdoppelte die Zahl meiner Abonnenten binnen eines Jahres.

Die Tage in New York machten mir aber noch eines klar: Ich muss an meinem Fokus arbeiten. Für mich zählte Meditieren schon länger zur Routine, aber während der Tage in New York fühlte ich, dass ich Meditieren bislang wie ein Hobby praktizierte und es nicht beherrschte. Tibetische Mönche können das innere Geschwätz ihres Kritikers, auch Standard-Netzwerk genannt, in ihrem Gehirn nahezu beliebig abstellen, wenn sie meditieren.[30] Und das wollte ich auch lernen: Der Gamechanger, der meine Meditation auf eine neue Stufe brachte, war für mich das sogenannte Neurofeedback. Ich musste also herausfinden, was in meinem Gehirn passiert, während ich meditiere. Denn das Entscheidende bei der Meditation sind die Hirnwellen. Wenn du gerade diese Zeilen liest, dann bewegt sich dein Gehirn im Beta-Rhythmus. Wenn ein Profi beim Meditieren auf die nächste Stufe kommt, dann schaltet sein Gehirn aber auf den sogenannten Alpha-Rhythmus um.[31]

Aber wie misst man so etwas? Das Neurofeedback lässt sich während der Meditation über spezielle Stirnbänder einholen. Ich starte also meine Meditations-App, suche mir ein Programm aus und setze mein Stirnband auf. Dann wähle ich ein Geräusch für mein Feedback und starte die Meditation. Beispielsweise gibt es Geräusche einer Stadt oder aus dem Regenwald. Wenn ich unkonzentriert bin, dann werden diese Geräusche sofort lauter. Der Regen prasselt dann heftiger durch meine Kopfhörer, oder der Lärm der Stadt dröhnt, wenn Autos hupen und sich Passanten unterhalten. Ich bekomme also sofort Feedback, wenn ich abschweife, und weiß, dass ich es anders machen muss. Wenn ich es dann schaffe, meinen Geist zu beruhigen, verstummen die Geräusche und ich höre das Gezwitscher der Vögel. Je lauter sie zwitschern, umso besser funktioniert meine Meditation. Mir hat es enorm geholfen, Fortschritte zu machen und am Ball zu bleiben.

Wenn du noch nie meditiert hast, dann fragst du dich wahrscheinlich, ob das wirklich etwas bringt. Studien und Belege dafür gibt es mittlerweile genug. Psychologen von der University of North Carolina etwa stellten 2009 fest, dass schon vier Tage Meditation eine erhebliche Verbesserung der Aufmerksamkeit, des Gedächtnisses, der Wachsamkeit, Kreativität und kognitiven Beweglichkeit hervorbrachten.[32] Der US-Gesundheitsdienstleister Aetna schätzt, dass seit der Einführung seines Programms 2.000 Dollar Kosten pro Arbeitnehmer für die Gesundheitsvorsorge eingespart wurden und eine Produktivitätssteigerung pro Arbeitnehmer von 3.000 Dollar erreicht wurde.[33]

Mir hilft das Meditieren dabei, mir bewusst Zeit für mich zu nehmen und dem Wahnsinn der Ablenkung zu entkommen. Es lehrt mich vieles: einerseits die Disziplin, es wie eine Sportart zu trainieren und immer besser zu werden. Und es macht einem andererseits klar, dass man immer eine Wahl hat. Ich erlebe immer wieder Momente, in denen ich mich nicht konzentrieren kann und ich kurz davor bin, die Meditation zu beenden und mein iPhone aus dem Fenster zu werfen. Aber wenn ich es dann schaffe, mich zu konzentrieren und meine innere Stimme in den Griff zu kriegen, ist es unbezahlbar. Wenn ich es schaffe, 20 Minuten achtsam zu sein und mein Gehirn praktisch nicht aktiv ist, fühle ich mich danach wie ausgewechselt.

Wahrscheinlich fragst du dich jetzt, wie du mit dem Meditieren starten sollst, wenn du es bislang noch nicht ausprobiert hast? In der Theorie ist es nicht schwer: Ich brauche einen ruhigen Raum und einen weichen Untergrund, setze mich im Schneidersitz hin, halte meinen Rücken gerade und senke meinen Kopf. Dann versuche ich, das Casino-Erlebnis für meinen Kopf zu nutzen, nur dass ich mich nicht im Black Jack verliere, sondern den Fokus auf meine Atmung lenke, meine Gedanken vorbeiziehen lasse und versuche, mich immer wieder auf den Moment zu fokussieren.

Die Theorie klingt einfach, aber es führt kein Weg an der Praxis vorbei. Du musst es selber ausprobieren und deinen eigenen Weg finden. Ich empfehle dir, eine App zu nutzen, damit du dranbleibst, denn gerade am Anfang wird es mühsam sein, und du wirst nicht gleich große Sprünge machen. Ich habe schon sehr oft gehört, dass Meditieren langweilig sei. Genau das ist das Problem am Anfang, wenn du einfach nur dasitzt und ständig daran denkst, wie lange es denn noch dauert. Du zählst die Minuten und fragst dich, ob schon zwei oder drei vorbei sind. Aber wenn du es langweilig findest und darüber nachdenkst, dann machst du es eben falsch. Das Ziel ist es ja gerade, diese Gedanken nicht mehr zu haben und den Zustand des sogenannten »No-Mind« zu erreichen. Dann ist das Gehirn nicht aktiv, und die Stimme im Kopf verstummt. Ich verspreche dir, dass dieses Gefühl unbezahlbar ist und du dich danach frischer und konzentrierter fühlst. Aber ich versichere dir auch, dass du viel dafür trainieren musst und dass du das Meditieren zwischendrin verfluchen wirst, so wie ich auch.

Also fang am besten heute noch an – dann bist du morgen schon einen winzigen Schritt weiter.

Schlaf dich hoch

Wir lesen ständig davon, dass erfolgreiche Menschen wie Elon Musk kaum schlafen und rund um die Uhr arbeiten. Viele erfolgreiche Menschen legen tatsächlich ein anderes Tempo an den Tag. Ich kann selber nur schwer still sitzen und habe ständig den Drang, zu twittern, ein neues Reel für Instagram zu produzieren oder die Börsennachrichten zu lesen. Für dieses Buch bin ich an den meisten Tagen um fünf Uhr aufgestanden, um mir jeden Tag in der Früh drei zusätzliche Stunden freizuräumen. Es macht einen riesigen Unterschied aus, wenn du ein anderes Tempo an den Tag legst als andere und mehr für deinen Erfolg arbeitest. Aber trotzdem habe ich die Balance nicht verloren – denn mein Schlaf ist mir heilig, und ich versuche, auch in stressigen Phasen wenigstens fünf bis sechs Stunden zu schlafen. Vergiss all die Hustler, die mit ihren Overnightern prahlen. Nach dem Motto: »Wer genug schläft, der arbeitet zu wenig.« Wer dauerhaft weniger als sechs oder sieben Stunden schläft, der ruiniert seinen Körper und verdoppelt das Krebsrisiko. Aber es scheint immer noch cool zu sein, den Schlaf auf später zu verschieben. Die Weltgesundheitsorganisation hat den Schlafmangel in Industrienationen deswegen zur Epidemie erklärt.[34] Wenig Schlaf geht nicht nur mit Müdigkeit einher, sondern ist auch einer der größten Zufriedenheitskiller. Wer zu wenig schläft, ist schlechter gelaunt und riskiert sogar eine Depression.[35]

Wer Geld verdienen und verdammt gut werden will, der muss ausgeschlafen sein. Aber woher wissen wir, ob wir genug schlafen? Dazu lohnt sich ein Blick auf die Einflussfaktoren. Zum einen gibt es ein Signal des Körpers, das von einer inneren 24-Stunden-Uhr in unserem Gehirn ausgeht. Diese Uhr hat einen Rhythmus aus Tag und Nacht – also sind wir regelmäßig müde oder wach. Zum anderen bildet unser Gehirn einen chemischen Stoff, der einen Schlafdrang auslöst. Das Wichtige: Je länger wir wach sind, umso stärker wird der Drang nach Schlaf. Schauen wir uns den 24-Stunden-Rhythmus genauer an. Er nennt sich auch zirkadianer Rhythmus (circa bedeutet »ungefähr« und dian stammt von diam, also »Tag«). Diesen Rhythmus besitzt jedes Lebewesen, das länger als ein paar Tage lebt. Und dieser Rhythmus steuert nicht nur, wann wir wach sind, sondern auch viele andere Funktionen des Körpers wie Hungergefühl und Stimmungen. Am frühen Nachmittag erreicht der Zyklus normalerweise seinen Höhepunkt. Der angeborene Biorhythmus dauert aber nicht exakt 24 Stunden, sondern nur ungefähr 24 Stunden, deswegen auch der Name zirkadian. Auf diesen Rhythmus haben wir grundsätzlich keinen Einfluss, er wiederholt sich wie ein Metronom und sieht ungefähr so aus:

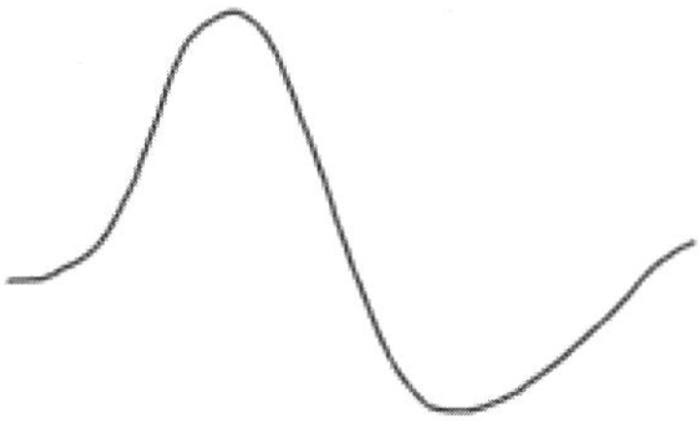

Der zirkadiane Rhythmus koordiniert, dass die Körpertemperatur absinkt, wenn die typische Schlafenszeit naht. Das passiert aber auch, wenn du nicht schläfst. Deswegen stellt sich die Frage, wie leistungsfähig du bist, wenn du fünf Tage am Stück durchackerst und kaum schläfst. Der Rhythmus ist aber nicht bei jedem Menschen gleich. Es gibt also kein Patentrezept, wann du ins Bett gehen sollst. Einige Menschen sind bereits am frühen Morgen besonders fit und werden dafür abends früher müde: das sind die sogenannten Lerchen. Diese Menschen machen ungefähr 40 Prozent der Bevölkerung aus. Andere stehen lieber sehr spät auf und bleiben dafür länger wach: Etwa 30 Prozent der Bevölkerung sind sogenannte Nachteulen. Und die restlichen 30 Prozent liegen irgendwo dazwischen mit leichter Tendenz zum Abend hin. Solltest du also früh morgens gar nicht in die Gänge kommen, dann hat das nichts mit Faulheit zu tun, sondern wahrscheinlich mit deiner Veranlagung. Diese Schlaftypen sind genetisch bedingt. Achte also darauf, wann dein Körper am besten funktioniert und versuche, deinen Tag darauf auszurichten.

Um Gehirn und Körper zu signalisieren, wann Tag und Nacht ist, wird Melatonin ausgeschüttet. Kurz nach Einbruch der Dunkelheit steigt der Melatoninspiegel an. Melatonin weist den Organismus also darauf hin, wann der Zeitpunkt zum Einschlafen kommt, aber es hat keinen Einfluss darauf, ob sich der Schlaf dann auch tatsächlich einstellt oder nicht. Der Botenstoff fordert dich nur zum Schlafen auf. Wegen all dieser Prozesse im Körper bringen uns Fernreisen auch so aus dem Konzept. Die verschiedenen Zeitzonen werfen uns in Form des Jetlags aus der Balance. Bei meiner letzten Reise nach New York erwischte mich der Jetlag richtig. Als ich abends um 23 Uhr in New York mein Hotelzimmer betrat, war es in München bereits fünf Uhr morgens. Richtig müde war ich also nicht mehr, dafür konnte ich am nächsten Tag um 20 Uhr schon kaum mehr die Augen offen halten und war dann um vier Uhr morgens hellwach. Der zirkadiane Rhythmus stellt sich eben nicht so schnell um. Das dauert sogar relativ lange. Pro Tag lässt sich nur etwa eine Stunde korrigieren. Bei einer Reise von München nach New York mit einer Zeitverschiebung von sechs Stunden braucht man also ungefähr sechs Tage, um sich an das neue Zeitumfeld zu gewöhnen.

Es ist für deinen Erfolg entscheidend, diesen 24-Stunden-Rhythmus und deinen Schlaftyp zu kennen. Aber es kommt noch ein zweiter Faktor dazu: der Schlafdruck. Im Gehirn baut sich nämlich ein chemischer Stoff namens Adenosin auf – und mit jeder wachen Minute wird er mehr. Du kannst es dir wie ein Barometer vorstellen: Je höher der Wert des Adenosins steigt, umso länger bist du wach, und umso gieriger wird dein Körper nach Schlaf. Den Höchststand erreicht Adenosin in der Regel, wenn Menschen bereits zwischen zwölf und 16 Stunden wach sind. Allerdings lässt sich das Schlafsignal mit Koffein unterdrücken. Du fühlst dich also wacher, obwohl das Adenosin unter Umständen schon für hohen Schlafdruck sorgt. Das Koffein erreicht ungefähr 30 Minuten nach dem Konsum seinen Höchstwert. Gerade dann, wenn du Probleme mit dem Einschlafen hast, solltest du bei Koffein vorsichtig sein. Denn die Halbwertszeit von Koffein beträgt fünf bis sieben Stunden. Wenn du also nach dem Abendessen gegen 19.30 Uhr eine Tasse Kaffee trinkst, sind möglicherweise um 01.30 Uhr nachts noch 50 Prozent des Koffeins aktiv.[36]

Nach 15 Uhr trinke ich daher grundsätzlich keinen Kaffee mehr. Damit ich abends sofort einschlafe, hilft ein einfacher Tipp: Mein Schlafzimmer muss stockdunkel sein. Wer nachts Licht in sein Schlafzimmer lässt, wird die Kontrolle über seinen Schlaf verlieren. Um meinen Kopf für die Nacht endgültig freizukriegen, notiere ich mir noch gerne meine Gedanken, während ich schon im Bett liege. Ich nehme mir mein Notizbuch und kläre folgende Fragen: Was steht morgen an? Und welche Probleme gilt es zu lösen? Damit entlaste ich mein Unterbewusstsein, und mein Gehirn muss sich nicht im Schlaf mit Terminen und Aufgaben herumschlagen, die ich vergessen könnte. Aber ich notiere mir auch die positiven Dinge: Was lief heute richtig gut? Was habe ich gelernt? Und wofür bin ich dankbar? Es ist unbezahlbar, mit positiven Gedanken und einem Lächeln einzuschlafen.

Wer dann am nächsten Morgen ausgeschlafen in den Tag startet und das Jetzt nutzen will, der muss sein Gehirn in Schwung bekommen. Am liebsten beginne ich morgens mit einer Meditation. Wenn ich dann anfange zu arbeiten, lade ich mein Gehirn dafür mit dem voll, was ich brauche. Wenn ich beispielsweise ein Börsen-Meme für Instagram brauche, dann lese ich natürlich die Nachrichten und überlege mir, wie sich der typische Anleger gerade fühlt. Was treibt ihn um? Worüber ärgert er sich oder was freut ihn? Und wenn ich beispielsweise nach dem passenden Einstieg für ein Kapitel in diesem Buch suche, dann breche ich das Thema des Kapitels auf das Wesentliche herunter und frage mich, was die These des Kapitels ist. Was will ich konkret vermitteln und welche Beispiele oder Geschichten können mir dabei helfen, die Geschichte zu erzählen?

Wenn ich weiß, wo ich hinwill, kommen mir Ideen. Wenn diese nicht auf Anhieb passen, dann hilft es mir allerdings nicht weiter, nur dazusitzen, stundenlang darauf herumzudenken und auf den goldenen Moment einer Eingebung zu warten. Ich muss in den Vorwärtsgang schalten und etwas tun. Ich füttere mein Gehirn gerne, indem ich dem Thema auf einer höheren Ebene begegne – ich lese beispielsweise ein Buch dazu. Oder ich lenke mich ab und lasse mein Unterbewusstsein allein mit dem Problem, während ich meinen Körper in Schwung bringe. Am liebsten bewege ich mich an der frischen Luft, wenn ich das Gefühl habe, nicht weiterzukommen. Kennst du dieses

Gefühl, wenn dir plötzlich eine Idee in den Kopf schießt? Ich erlebe es oft, wenn ich am wenigsten damit rechne. Die meisten Ideen kommen mir tatsächlich beim Laufen an der Isar. Die Idee zu einem Teil des letzten Kapitels kam mir auch beim Laufen. Ich hatte um fünf Uhr morgens daran geschrieben und das bessere Storytelling auf Instagram einfach in einem Nebensatz abgetan. Im Wald schoss es mir dann wie ein Blitz ein: Ich kann so einen wichtigen Punkt doch nicht einfach beiläufig erwähnen und dann nicht erklären, wie ich meinen Instagram-Kanal weiterentwickelt habe. Dann habe ich mich nochmal hingesetzt und versucht, meine Gedanken und Learnings so detailliert und hilfreich wie möglich zu beschreiben.

Das Jetzt nutzen wir am besten, wenn wir es einmal am Tag schaffen, die Zeit in unserem Gehirn anzuhalten und nichts zu denken. Ich fühle mich jeden Tag nach dem Meditieren, als hätte ich meinen Kopf neu gestartet, und es wäre wieder genug Platz, um ihn mit der richtigen Inspiration zu füllen. Ich fühle mich selbst morgens um 4.30 Uhr topfit, wenn ich früh genug ins Bett gehe. Die Balance im Leben muss stimmen, damit die Physik des Erfolgs aufgeht. Und dazu gehört dann auch das passende Gegenstück: Aktion und gezielte Belastung. Wenn sich die Extreme ausgleichen, dann steht einem glücklichen und erfolgreichen Leben nichts mehr im Weg.

EPILOG

Warum wettest du eigentlich immer noch?«, fragt mich Sherlock, als wir am Tag nach dem Wunder von Barcelona im Küstenviertel La Barceloneta in der Sonne sitzen und Tapas essen.

»Du kennst doch bestimmt diesen Clown aus dem Roman *Es* von Stephen King «, sage ich.

»Du meinst Pennywise?«, fragt Sherlock.

»Genau. Weißt du, was sein Geheimnis ist?«

»Ich kenne zwar den Namen des Clowns, aber Bücher von Stephen King erfüllen meinen Anspruch an ein Buch leider nicht, also nein«, sagt Sherlock und beißt in seine Patatas Bravas.

»Diese Kreatur existiert nur, weil die Menschen Angst vor ihr haben. Der Clown ernährt sich von Angst. Je mehr die Kinder ihn fürchten, umso mächtiger wird er. Und genau davon hat sich auch der wütende Wolf ernährt, den ich gefüttert habe.«

Diese Angst.

Sie verfolgte mich noch Monate nach meinem Wettfiasko. Bei jedem Schritt fühlte ich mich, als würde dieser Wolf aus einem Gebüsch springen.

Der Wolf, der die Zähne fletschte und sein Geld zurückwollte.

Der wütende Wolf, den ich durch meine Wut fütterte und immer größer machte.

Ich versank in einem Strudel: Meine negativen Emotionen lösten immer neue negative Gedanken aus, und es lief immer wieder derselbe Film ab. Am meisten hat sich in meine Erinnerung ein Erlebnis aus dem Herbst 2008 eingebrannt. Im Vollrausch des Zockens ging eine Wette knapp daneben. Gilles Simon verlor damals ein Tennismatch gegen Nicolas Kiefer im Halbfinale von Toronto, und es waren mal wieder 1.000 Euro weg, die fest als Wiedergutmachung eingeplant waren. Mein Bauch krampfte sich – und ich schämte mich in Grund und Boden. Ich konnte an nichts anderes mehr denken. Ich hatte Angst, dass ich es nicht wiedergutmachen könnte, dass mich andere für einen Versager halten würden. Und was würden meine Eltern von mir denken!

Schande und Scham waren das Einzige, was ich in diesen Tagen fühlte.

Auch wenn das Geld, das ich verloren habe, heute lächerlich erscheint, war es damals eine Katastrophe für mich. Ausgerechnet ich war so dumm und verzockte jenes Geld, das ich mir als Teenager mühsam zusammengespart hatte. Ich trug fleißig Zeitungen aus, kaufte schon mit 16 Jahren meine erste Aktie und führte über alles Buch. Eigentlich ging ich immer vernünftig mit Geld um. Das verstärkte erst recht das Gefühl, dass ich versagt hatte.

Deswegen verfolgte mich dieser Wolf. Und wenn er auftauchte, kannte ich nur einen Reflex: davonlaufen. Es trübte meinen Blick, meine Gedanken waren in einem engen Tunnel gefangen, und mir fehlten Ideen für eine Lösung. Solche negativen Gedanken strengen nicht nur unglaublich an, sie können uns alles verbauen. Die Psychologin Barbara Fredrickson hat untersucht, wie gefährlich negative Emotionen sein können und wie sich positives Denken im Gegenzug auf unser Glück und unseren Erfolg auswirkt. Fredrickson forscht schon lange an der University of North Carolina zur positiven Psychologie und veröffentlichte eine wegweisende Studie mit dem Titel »The broaden-and-build theory of positive emotions«.[1] Dazu führte sie ein Experiment durch und unterteilte die Teilnehmer in fünf Gruppen. Jede Gruppe bekam verschiedene Filme gezeigt. Die ersten beiden Gruppen sahen Filme, die positive Emotionen auslösten. Die erste Gruppe sah Bilder, die Freude auslösten. Die zweite Gruppe sah Bilder, die Zufriedenheit auslösten. Die dritte Gruppe war die sogenannte Kontrollgruppe, sie bekam also neutrale Bilder zu sehen, die keine Emotionen auslösten. Und die letzten beiden Gruppen bekamen Bilder zu sehen, die negative Emotionen auslösten. Bei der vierten Gruppe wurde Angst erzeugt, bei der fünften Wut.

Danach wurden die Teilnehmer gebeten, sich in eine Situation zu versetzen, in der sie ähnliche Gefühle erlebten und sollten dann aufschreiben, was sie tun würden. Jeder Teilnehmer bekam ein Blatt Papier mit 20 Linien zum Ausfüllen. Jede der Zeilen startete mit dem Satz »Ich würde gerne ...«. Die Teilnehmer aus der Wut-und-Angst-Gruppe schrieben die wenigsten Antworten auf. Dagegen notierten die Teilnehmer aus der Freude-und-Zufriedenheits-Gruppe die meisten Antworten und auch deutlich mehr als die neutrale Kontrollgruppe.

Wenn wir also positive Emotionen wie Freude und Zufriedenheit erleben, erkennen wir mehr Chancen in unserem Leben. Und das kann alles verändern. Wer sich nicht mit einem Wolf herumschlagen muss, sondern zufrieden und ausgeglichen ist, der kann sich darauf konzentrieren, besser zu werden und Dinge zu erschaffen. Die Emotionen sind also nur der Auslöser und können Großes bewirken. Wenn sie uns ins Handeln bringen, dann nehmen wir unser Geld auf einmal in die Hand und investieren es mit Plan. Wir zocken nicht, weil wir den schnellen Kick brauchen, sondern handeln klug aus der Balance heraus und damit aus einer Position der Stärke.

Und das gilt für alle Aspekte im Leben. Wenn wir nicht nur auf einem Standbein verharren, sondern auch auf einem Spielbein stehen und das tun, was uns Freude macht, dann sehen wir auf einmal mehr Lösungen als Probleme.

Wir spielen. Wir bleiben dran. Wir werden besser, und am Ende erschaffen wir Großes. Genau solche Prozesse beschreibt Fredrickson mit ihrer »broaden and build theory«. Positives Denken verbreitert deine Wahrnehmung für Chancen und ermöglicht dir, neue Fähigkeiten zu erlangen und etwas aufzubauen.

Diese Wende schaffte ich, als ich mich bewusst meinen Ängsten stellte, als mir Sherlock die Augen öffnete, ich auf den Wolf zuging und ihm damit seinen Schrecken nahm.

Was wir verdrängen, das bleibt bestehen.

Ich wollte den Wolf nicht weiter bekämpfen, ich wollte ihn ein für alle Mal verschwinden lassen. Und dafür gab es nur eine Lösung: Ich musste mir selbst vergeben und mein Scheitern akzeptieren.

Ich musste nichts wiedergutmachen.

Es war alles gut, so wie es war.

Uns werden schlimme Dinge passieren, und dazu gehören auch Fehler, die wir selbst machen.

Alles, was sich so furchtbar anfühlte, passierte nur in meinem Kopf und als ich das kapierte, änderte sich auf einmal alles. Der Tag, an dem ich mir selbst vergab, verjagte den Wolf für immer.

Früher wusste niemand von meinem Scheitern – und es machte mich kaputt. Heute weiß praktisch jeder davon, und damit hat es jeglichen Schrecken verloren. Ich feiere mein Scheitern mittlerweile und zelebriere es jedes Jahr mit einer Wette, weil das Scheitern zu meinem Leben gehört und es mich zu dem Menschen gemacht hat, der ich heute bin. Es hat mich dazu gebracht, dass ich viel besser und bewusster mit Geld umgehe als jemals zuvor. Und dafür bin ich dankbar. Denn auch deshalb konnte ich dir meine Geschichte erzählen und vor allem das, was ich schon gerne viel früher über Geld gewusst hätte: Warum wir zocken und auf den Zauber des Vielleicht hereinfallen. Warum wir unsere Emotionen oft nicht im Griff haben. Warum wir auf Modelle und Muster hereinfallen und denken, dass sich die Börse berechnen ließe. Warum Risiko etwas ganz anderes ist als Ungewissheit. Und warum die Börse sich aus so vielen Blickwinkeln betrachten lässt und wir aus so vielen Disziplinen etwas mitnehmen können, um das Phänomen besser zu verstehen.

Erinnere dich an Wittgensteins Dreieck. Wir sehen alle dasselbe Dreieck, aber trotzdem sieht jeder etwas anderes darin.

Was siehst du in deinem Leben? Was siehst du in deinen Fehlern?

Vielleicht liest du dieses Buch gerade in einer Phase, die nicht nach deinen Vorstellungen läuft. Vielleicht liegst du am Boden und weißt nicht, wie es weitergehen soll. Vielleicht hast du Schulden, hasst deinen Job oder bist unzufrieden mit deinem Studium. Aber denk daran, dass uns allen schlimme Dinge passieren und wir immer eine Wahl haben.

Du kannst dich als Versager betrachten. Aber du kannst auch gütig zu dir selbst sein, dich als Kämpfer betrachten, der aus seinen Fehlern lernt und trotzdem nicht aufgibt. Eines Tages wirst du deine Geschichte erzählen. Die Geschichte davon, wie du es überstanden hast – und deine Geschichte wird jemandem Mut machen.

Als ich diese letzten Zeile Ende März 2021 schreibe, schaue ich wieder auf meine Countdown App – und es bleiben mir nur noch 554 Monate, bis ich ein Alter von 80 Jahren erreiche. Seit ich das Kapital

»Fuck You Frugalismus« geschrieben habe, sind also schon wieder vier Monate meiner kostbaren Lebenszeit verstrichen. Ich will keine Sekunde mehr damit verschwenden, mir selbst im Weg zu stehen und mich mit negativen Gedanken herumzuschlagen. Ich will gütig zu mir selber sein – und vor allem zu jenen Menschen, die mir wichtig und immer für mich da sind. Also nehme ich mein iPhone in die Hand und schreibe Sherlock:

»Danke!«

»Für was?«, fragt er innerhalb von Sekunden.

»Dass du mir damals geholfen hast, meine Wut zu besiegen. Mir ist gerade bewusst geworden, wie lange die Wut schon weg ist – und sie kam nie wieder zurück.«

»Sehr gut«, schreibt Sherlock, »das ist mehr wert als alles andere.«

AUFLÖSUNG ZUM TEST AUF SEITE 159

1. In welchem Jahr wurde Josef Stalin geboren? (1878)
2. Wie groß ist die Entfernung zwischen Peking und Moskau? (5.790 Kilometer)
3. Wie viele Putschversuche ereigneten sich im 20. Jahrhundert in Deutschland? (8)
4. Welcher Prozentsatz der Bevölkerung Thailands lebt in der Metropolregion Bangkok? (21 Prozent)
5. Wie viele Einwohner hat Indonesien? (264 Millionen)
6. Wie viele Flugzeuge umfasste die Flotte der Lufthansa Ende 2019? (763)[2]
7. Wie viele Kartoffeln produzierte China im Jahr 2018? (90 Millionen Tonnen)
8. Wie lang ist die gemeinsame Landgrenze zwischen Norwegen und Schweden? (1.630 Kilometer)
9. Wie viele Kilometer umfasst das U-Bahn-Netz von München? (103,1 Kilometer)
10. Wie groß ist die Fläche des Comer Sees? (146 Quadratkilometer)
11. Wie hoch ist die Zugspitze? (2.962 Meter)
12. Wie groß war der Verteidigungshaushalt Saudi-Arabiens im Jahr 2018? (67,6 Milliarden US-Dollar)
13. In welchem Jahr wurde Karl Marx geboren? (1812)
14. Wie hoch fielen die Schulden Bulgariens im zweiten Quartal 2020 im Verhältnis zum Bruttoinlandsprodukt aus? (21,3 Prozent)
15. In welchem Zeitraum fand der Dreißigjährige Krieg statt? (1618 bis 1648)

DANKE

Besonders danke ich dir, lieber Leser dafür, dass du dieses Buch gelesen hast und mit mir diese Reise gemeinsam erlebst. Ich hoffe, dass ich dich damit inspirieren konnte und dass du viele Geschichten hast, die du gerne an deine Freunde weitergibst.

Ich danke meiner Mama und meinem Papa. Ihr habt mich zu dem Menschen gemacht, der ich heute bin.

Ich danke Sarah. Du akzeptierst mich so, wie ich bin – und das kann sehr anstrengend sein.

Ich danke Dominik. Du bist immer ehrlich, inspirierend, und ich konnte viel von dir lernen. Trotzdem können wir immer kindisch miteinander sein.

Ich danke Alina. Du bist immer da, du hast immer die besten Ideen. Und du hast immer an mich geglaubt.

Ich danke Sinan. Du bist immer als Freund da, du sprudelst nur so vor Ideen und brennst so sehr, dass es mich ansteckt und motiviert.

Ich danke meinen Jungs von der *Mission Money*. Es ist Wahnsinn, was wir gemeinsam geschafft haben. Und wir hatten immer eine Menge Spaß dabei.

Ich danke *Focus-Money*, allen Kollegen, vor allem meinem Chefredakteur Frank Pöpsel dafür, dass er mir immer Vertrauen geschenkt hat.

Ich danke der Community. Es macht mich stolz und dankbar, wie sehr ihr mich unterstützt – bei den Videos, bei den Posts auf Instagram und natürlich auch schon bei meinem ersten Buch!

Ich danke meinem Kater, dass er regelmäßig um fünf Uhr mit mir aufgestanden ist und mich fürs Schreiben motiviert hat.

Ich danke Maggie, dass sie mich mit ihrer Geschichte inspiriert und schon an meinen Erfolg in den sozialen Medien geglaubt hat, als es sonst niemand tat.

Ich danke meiner Familie, vor allem meinen Cousinen Johanna und Veronika dafür, dass ihr selbst während einer Pandemie Heimat für mich seid. Und ich danke meinen Großeltern: Ihr seid Vorbilder für mich gewesen.

Besonders denke ich an meine Oma Johanna. Leider hast du uns 2020 verlassen, aber wir werden dich nie vergessen. Und ich glaube, du hättest dich sehr gefreut, dass du auch mit einer deiner unvergesslichen Weisheiten im Buch vorkommst. Ich sage tatsächlich gerne, dass man das Denken den Pferden überlassen solle, und es bringt mich jedes Mal zum Lächeln, weil es mich an dich erinnert.

Ich danke dem FinanzBuch Verlag und besonders Georg Hodolitsch für das Vertrauen. Du bist immer positiv, und ich freue mich jedes Mal, wenn wir uns treffen! Auch ein großes Dankeschön an Desiree. Ich kann dich auch Sonntagabend per WhatsApp nerven, und du bist immer im Dienst. Und ich danke dem gesamten Team für die Ideen und die Hilfe. Besonders Friederike Thompson und Julian Nebel (der einzige Mann, der bei einer Bierverkostung sofort erkennt, wenn es sich nicht um ein Münchner Bier handelt).

ANMERKUNGEN

Prolog

1 Carl Gustav Jung: *Archetypen*. DTV München, 1990.

2 Kristin Layous, Jaime Kurtz, Joseph Chancellor und Sonja Lyubomirsky, »Reframing the Ordinary: Imagining Time as Scarce Increases Well-Being«, in: *Journal of Positive Psychology 13* (2018), S. 301-308.

Kapitel 1: Fear & Greed

1 Zu den Krankheiten und der Börse siehe: https://www.marketwatch.com/story/heres-how-the-stock-market-has-performed-during-past-viral-outbreaks-as-chinas-coronavirus-spreads-2020-01-22

2 Zu den Sterbephasen und der Börse siehe: https://www.sueddeutsche.de/wirtschaft/aktien-kaufen-verkaufen-emotionen-1.4867231?reduced=true

3 Zu den Phasen an der Börse siehe: *Quantifying Markets: Insights from quant analytics, alternative data and factor analysis*, S.10. abgerufen unter: https://markets360.bnpparibas.com/evo/content/eyJhbGciOiJIUzI1NiJ9.eyJpc3MiOiJibnBwLWV2byIsInN1YiI6ImNhNzQ0ZWNhLWQ4ZTYtNGM4Yy1iYWMxLTlkNmJmMjE5YTY3YyIsImV4cCI6MTYwNTY4MTI5NCwidXNlci1pZC10eXBlIjoiQ1JNIiwidXNlci1pZCI6IjEtNFBSQTNZSSJ9.a0Qf7yLGUUEUqN24rf2u9Q36sCFWJnVjccRdlAygTNI

4 Daniel Kahneman: *Schnelles Denken, langsames Denken*. München. Penguin, 2011. S. 274 f.

5 Zu den Börsentagen siehe: https://www.handelsblatt.com/finanzen/ anlagestrategie/trends/boersenweisheit-time-not-timing-bloss-keinen-supertag- verpassen/13875552.html?ticket=ST-2313952-HYtTvanhNnw02EgoeNo2-ap4

6 C. K. Morewedge, D. T. Gilbert und T. D. Wilson »The Least Likely of Times: How Memory for Past Events Biases the Prediction of Future Events«, in: *Psychological Science* 16. S. 626-30 (2005).

7 U. Malmendier und S. Nagel: »Depression Babies: Do Macroeconomic Experiences Affect Risk Taking?« in: *The Quarterly Journal of Economics* 2011 Vol. 126 Issue 1 S. 373-416. Abgerufen unter: https://www.gsb.stanford.edu/insights/stefan-nagel-how-personal-experience-affects-investment-behavior

8 G. R. Goethals und R. F. Reckman: »The Perception of Consistency in Attitudes«, in: *Journal of Experimental Social Psychology* 9: S. 491-501 (1973).

9 Zu Motivated Reasoning siehe: https://de.wikipedia.org/wiki/Motivated_Reasoning

10 P. Schmelzing: Eight Centuries of Global Real Interest Rates, R-G, and the 'Suprasecular' Decline, 1311–2018. Bank of England Working Paper Nr. 845, Januar 2020, Abrufbar unter:
https://ssrn.com/abstract=3520654 oder http://dx.doi.org/10.2139/ssrn.3520654

11 https://www.zeit.de/2020/05/zinsen-abstieg-notenbanken-sparer-investitionen-mittelalter

12 M. Colombo: »Deep and beautiful. The reward prediction error hypothesis of dopamin.« in: Studies in History and Philosophy of Science Part C: Studies in History and Philosophy of Biological and Biomedical Sciences, 45, S. 57–67. (2014).

13 Zu Robert Sapolsky siehe: https://www.youtube.com/watch?v=ZIRZu1dRp8Q

14 Seth Ferranti »How Screen Addiction Is Damaging Kid's Brains«, Vice, 6. August 2016. Abgerufen unter: https://www.vice.com/en/article/5gqb5d/how-screen-addiction-is-ruining-the-brains-of-children

15 M. M. Haith: »The Development of Future Thinking as Essential for the Emergence of Skill in Planning«, in: *The Developmental Psychology of Planning: Why, How, and When Do We Plan?*, ed. S. L. Friedman and E. K. Scholnick. Mahwah, NJ Lawrence Erlbaum, 1997, S. 25-42.

16 E. Bates, J. Elman und P. Li: »Language In, On, and About Time«, in: *The Development of Future Oriented Processes*, ed. M. M. Haith et al. Chicago. University of Chicago Press, 1994.

Kapitel 2: Balance – das Lied von Feuer und Eis

1 Zu Fire and Ice und Federer siehe: https://manofmany.com/entertainment/sport/66-questions-with-roger-federer

2 Zu Burning Man siehe: https://www.fastcompany.com/3016397/how-ceos-do-burning-man

3 Zu Elon Musk siehe: https://www.capital.de/geld-versicherungen/tesla-und-elon-musk-vergluehen-wie-der-burning-man

4 J. Markoff: »In Searching the Web, Google Finds Riches«, *New York Times*, 13. April 2003.

5 Zu Eustress siehe: https://en.wikipedia.org/wiki/Eustress und https://lexikon.Stangl.eu/4136/eustress/

6 M. Seligman: *Authentic Happiness: Using the New Positive Psychology to Realize Your Potential for Lasting Fulfillment.* New York, 2017 S. 115 ff.

7 Zum Yerkes-Dodson-Gesetz siehe: https://www.spektrum.de/lexikon/psychologie/yerkes-dodson-gesetz/17042

8 Charles Mungers vollständiger Vortrag vor dem Kurs von Dr. Babcock ist in leicht bearbeiteter Form am 5. Mai 1995 in: *Outstanding Investor Digest* (OID) erschienen. Nachzulesen ist der Vortrag beispielsweise hier: https://jamesclear.com/great-speeches/a-lesson-on-elementary-worldly-wisdom-by-charlie-munger

9 Daniel Kahneman: *Schnelles Denken, langsames Denken.* München Penguin 2011, S. 86 f.

10 Gerd Gigerenzer: *Risiko: Wie man die richtigen Entscheidungen trifft.* München 2013. S.45.

11 G. Karsenty: »The complexities of skeletal biology«. *Nature.* 2003 Mai 15; 423 (6937) S. 316-8. Abrufbar unter: doi: 10.1038/nature01654. PMID: 12748648.

12 C. Pilat: »8 - Sport und Immunsystem«. In: N. Will, C. D. Reimers, G. Knapp (Herausgeber): *Prävention und Therapie durch Sport,* Band 1 (2. Auflage), München (Elsevier) 2015, S. 221-236.

13 T. C. A. Åkerström, B. K. Pedersen: »Strategies to Enhance Immune Function for Marathon Runners«. In: *Sports Medicine,* April 2007, Volume 37, Issue 4-5, S. 416-419.

14 Matthew Walker: *Das große Buch vom Schlaf.* München 2018. S. 64 – 81.

15 Cahit Guven: *Reversing the Question* 2012: 712 f.

16 Richard Easterlin: »Explaining Happiness«. In: *Proceedings of the National Academy of Sciences 100.* 2003. 1180 f.

17 »Table 1300: Age of Reference Person: Annual Expenditure Means, Shares, Standard Errors, and Coefficients of Variation, Consumer Expenditure Survey, 2017«, U.S. Bureau of Labor Statistics, https://www.bls.gov/cex/2017/combined/age.pdf

18 https://www.finanzen100.de/finanznachrichten/wirtschaft/vermoegen-in-deutschland-nach-alter-so-viel-besitzt-der-durchschnitt_H487697808_428483/

19 Laura Feiveson und John Sabelhaus »How Does Intergeneterional Wealth Transmission Affect Wealth Concentration?«, FEDS Notes, Board of Governors of the Federal Reserve System, 01.06.2018, doi:10.17016/2380-7172.2209. https://www.federalreserve.gov/econres/notes/feds-notes/
how-does-intergenerational-wealth-transmission-affect-wealth-concentration-20180601.htm

20 Edward N. Wolff und Maury Gittleman »Inheritances and the Distribution of Wealth or Whatever Happened to the Great Inheritance Boom?«, Journal of Economic Inequality 12, Nr. 4 (Dezember 2014): 439-468, doi:10.1007/s10888-013-9261-8.

21 Martin Schröder: *Wann sind wir wirklich zufrieden?* München 2020. S. 109.

22 Richard Lucas et al.: »Unemployment Alters the Set Point for Life Satisfaction.« In: *Psychological Science* 15, S. 8–13. 2004.

23 Steffen Rätzel: »Labour Supply, Life Satisfaction, and the (Dis)Utility of Work.« In: *The Scandinavian Journal of Economics* 114, S. 1160. 2012.

24 M. Schröder: *Wann sind wir wirklich zufrieden?* München 2020. S. 121.

25 Philipp Schulz et al.: »The Role of Leisure Interest and Engagement for Subjective Well-Being.« In: *Journal of Happiness Studies* 19, S. 1148. 2018.

26 Cahit Guven: »Reversing the Question: Does Happiness Affect Consumption and Savings Behavior?« In: *Journal of Economic Psychology* 33, 701–717. 2012. Abrufbar unter: https://papers.ssrn.com/sol3/papers.cfm?abstract_id=1476886

Kapitel 3: Krise und Kontrolle

1 Wittgenstein: *Philosophical Investigations*, S. 200.

2 D. G. Pruitt: »The ›Walter Mitty‹ effect in individual and group risk taking« Proceedings, 77th Annual Convention, American Psychological Association, S. 425-426. 1969.

3 Zu den Börsencrashes und Bärenmärkten siehe: https://en.wikipedia.org/wiki/List_of_stock_market_crashes_and_bear_markets

4 Die Tabelle basiert auf den Daten von Robert Shiller: http://www.econ.yale.edu/~shiller/data.htm

5 Zu den Renditen siehe den Blog-Beitrag von Gerd Kommer: https://www.gerd-kommer-invest.de/gold-als-investment/

6 https://de.wikipedia.org/wiki/Rational-Emotive_Verhaltenstherapie

7 Dazu siehe Interview der *Mission Money* mit Risikoforscher Werner Gleißner: https://youtu.be/lrJJ2-WJflk

8 A. Furedi: »The public health implications of the 1995 ›pill scare‹«. *Human Reproduction Update* 5 (1999), S. 621–626 (doi:10.1093/humupd/5.6.621).

9 https://www.handelsblatt.com/unternehmen/handel-konsumgueter/airline-lufthansa-macht-in-coronakrise-1-2-milliarden-euro-verlust/25768484.html?ticket=ST-8616196-JLIOnR9q03z039pogbFt-ap6

10 https://youtu.be/mK6sh3f4TDU

11 https://am.jpmorgan.com/content/dam/jpm-am-aem/emea/regional/de/insights/market-insights/mi-ltcma-2020-mark-to-market-update.pdf

12 Dazu siehe Video der *Mission Money*: https://youtu.be/1Jlau10NvVw

13 https://de.wikipedia.org/wiki/Kompetenzstufenentwicklung

14 T. S. Eich et al.: »The Hypercorrection Effect in Younger and Older Adults«, Neuropsychology, Development and Cognition. Section B, Aging, *Neuropsychology and Cognition* 20, Nr. 5 (2013): 511–21; J. Metcalfe et al., »Neural Correlates of People's Hypercorrection of Their False Beliefs«, *Journal of Cognitive Neuroscience* 24, Nr. 7 (2012): S. 1571–83.

15 Bruno Jahn: *Sichere Prognosen in unsicheren Zeiten*. München 2018. S. 37.

16 https://www.lpl.com/news-media/research-insights/weekly-market-commentary/rising-rates-stock-market-performance.html

17 http://www.michael-giesecke.de/theorie/dokumente/06_systeme/schema/06_triviale_nichttriviale_systeme.htm

18 Zum Interview mit Otmar Issing siehe: https://youtu.be/YHlfX3rviHc

19 https://de.m.wikipedia.org/wiki/Quantit%C3%A4tsgleichung

20 https://fred.stlouisfed.org/graph/?g=qLC

21 https://www.businessinsider.de/wirtschaft/finanzen/crash-buffett-indikator-warnt-vor-rueckschlag-der-boerse/

22 https://www.bloomberg.com/opinion/articles/2020-06-09/stock-market-has-almost-always-ignored-the-economy

23 M. Lochner: *Was ich mit 20 Jahren gerne über Geld, Motivation gewusst hätte*. München 2020. S. 169 f.

24 https://data.worldbank.org/indicator/CM.MKT.LDOM.NO

25 https://de.statista.com/statistik/daten/studie/246358/umfrage/anzahl-der-unternehmen-in-deutschland/

26 https://www.msci.com/documents/10199/149ed7bc-316e-4b4c-8ea4-43fcb5bd6523

27 »The Agony and the Ecstasy: The Risks and Rewards of a Concentrated Stock Position«, Eye on the Market, J.P. Morgan (2014). Abgerufen unter: https://www.chase.com/content/dam/privatebanking/en/mobile/documents/eotm/eotm_2014_09_02_agonyescstasy.pdf

28 Zu George Soros siehe: https://www.youtube.com/watch?v=oCaCrWzFPYY

29 R. P. Vallone, L. Ross und M. R. Lepper: »The Hostile Media Phenomenon: Biased Perception and Perceptions of Media Bias in Coverage of the Beirut Massacre«. I *Journal of Personality and Social Psychology* 49 (1985): S. 577–85.

30 J. F. Fitch und R. B. Caldiani: »Another Indirect Tactic of (Self-) Image Management Boosting«. In: *Personality and Social Psychology Bulletin* 15 (1989): S. 222–32.

31 Brian Arthur et al.: »Asset Pricing under Endogenous Expectations in an Artificial Stock Market« (Working Paper 96-12.093, Santa Fe Institute Economics Research Program, 1996).

32 zitiert in Diane Coyle: GDP. *A Brief but Affectionate History.* Princeton 2014. S. 10.

33 Rutger Bregman: *Utopien für Realisten.* Hamburg 2019. S. 113.

34 Diane Coyle: GDP. *A Brief but Affectionate History.* Princeton 2014. S. 25.

35 https://de.wikipedia.org/wiki/Die_blinden_M%C3%A4nner_und_der_Elefant

36 https://www.businessinsider.com/isaac-newton-lost-a-fortune-on-englands-hottest-stock-2016-1?r=DE&IR=T

37 https://de.wikipedia.org/wiki/Brownsche_Bewegung

38 https://www.nber.org/system/files/working_papers/w2538/w2538.pdf

39 https://www.aerztezeitung.de/Politik/Erste-Patientin-in-Grossbritannien-geimpft-415377.html

40 UBS Global Research, »COVID vaccine potential impacts, what's priced? UBS Evidence Lab Deep Theme Explorer inside«, 19. August 2020

41 https://www.welt.de/print-welt/article503242/Spekulanten-brauchen-Hand-%20werkszeug.html

42 Fischer Black: »Noise«. In: *The Journal of Finance* Nr. 3, 1986, S. 529.

43 Gerd Gigerenzer: Risiko: *Wie man die richtigen Entscheidungen trifft.* München 2013. S. 46.

44 https://www.quarks.de/gesundheit/medizin/das-geheimnis-unseres-bauchgehirns/

45 T. D. Wilson et al.: »Introspecting About Reasons Can Reduce Post-Choice Satisfaction«, *Personality and Social Psychology Bulletin* 19: S. 331–39 (1993). Siehe auch: T. D. Wilson und J. W. Schooler, »Thinking Too Much: Introspective Can Reduce the Quality of Preferences and Decisions«, *Journal of Personality and Social Psychology* 60: S. 181 92 (1991).

46 C. N. DeWall und R. F. Baumeister »Alone but Feeling No Pain: Effects of Social Exclusion on Physical Pain Tolerance and Pain Threshold, Affective Forecasting, and Interpersonal Empathy«, *Journal of Personality and Social Psychology.*

47 Nigel Farndale »Magnus Carlsen: Grandmaster Flash«, *Observer*, 19. Oktober 2013.

48 https://www.cnbc.com/2020/06/25/money-psychology-expert-why-smart-people-make-more-bad-decisions-than-average-iq.html

49 Plato: *Collected Dialogues*, ed. E. Hamilton und H. Cairns. New York (Pantheon) 1961).

50 https://www.instagram.com/p/ByHiRhtjTw4/

51 Arne Dietrich: »Functional Neuroanatomy of Altered States of Consciousness«. In: *Conscious Cognition*, 12. Juni 2003, S. 231-256.

52 Gerd Gigerenzer: *Risiko: Wie man die richtigen Entscheidungen trifft*. München 2013. S. 68.

53 https://www.focus.de/familie/wissenstest/lernatlas/was-kinder-dauerhaft-erfolgreich-macht-die-kraft-des-willens_id_2429120.html

54 S. L. Beilock, B. I. Bertenthal, A. M. McCoy und T. H. Carr: »Haste does not always make waste: Expertise, direction of attention, and speed versus accuracy in performing sensorimotor skills«. In: *Psychonomic Bulletin & Review* 11 (2004), S. 373–379.

55 https://youtu.be/bN68Q1eudSw

56 https://www.gerd-kommer-invest.de/die-rendite-von-direktinvestments-in-wohnimmobilien-besser-verstehen/

57 Eichholtz, Piet M. A., A Long Run House Price Index: The Herengracht Index, 1628-1973. Abgerufen unter http://dx.doi.org/10.2139/ssrn.598

58 Howard Marks: *Mastering the Market Cycle*, S. 175 f.

59 abgerufen unter: https://www.census.gov/construction/nrc/historical_data/index.html

60 Interview mit Dr. Andreas Beck: https://youtu.be/e4zmn83RiXM

61 https://www.tagblatt.ch/wirtschaft/dem-schnellen-tod-geweiht-ld.186962

62 https://www.msci.com/documents/10199/25465a5a-d52c-4bec-b5ed-a7b56eca8e0d

Kapitel 4: Risiko, Resilienz und der Zufall – oder unbesiegbar in einer Welt voller Ungewissheit

1 Andreas Büchter, Hans-Wolfgang Henn: *Elementare Stochastik: Eine Einführung in die Mathematik der Daten und des Zufalls*. Springer, Berlin Heidelberg 2005. S. 6 ff.

2 https://www.researchgate.net/publication/50869904_How_Unlucky_is_25-Sigma

3 J. E. Stiglitz: *Im freien Fall. Vom Versagen der Märkte zur Neuordnung der Weltwirtschaft*. München: Siedler, 2010, S. 309.

4 Zum Puzzle siehe: https://de.wikipedia.org/wiki/Equity_Premium_Puzzle

5 https://papers.ssrn.com/sol3/papers.cfm?abstract_id=3550293#:~:text=Aswath%20Damodaran,-New%20York%20University&text=The%20equity%20risk%20premium%20is,risk%20premiums%20remains%20in%20practice.

6 H. Marks: *Cycles*. S. 113

7 https://www.researchgate.net/publication/256018894_Low_Risk_Stocks_Outperform_within_All_Observable_Markets_of_the_World

8 Zu den Daten von Pim van Vliet siehe: https://www.paradoxinvesting.com/data/

9 https://www.sueddeutsche.de/digital/beruehmte-fehlprognosen-computer-sind-nutzlos-1.935972

10 https://www.australiangeographic.com.au/topics/wildlife/2016/07/black-swan-the-impossible-bird/

11 https://books.google.de/books?id=klMKAQAAMAAJ&pg=PA25&dq=%22black+swan%22&hl=de&q=%22black%20swan%22&f=false#v=onepage&q=%22black%20swan%22&f=false

12 Nassim Nicholas Taleb: *The Black Swan: The Impact of the Highly Improbable* (New York: Random House, 2007), xvii.

13 https://www.spiegel.de/wirtschaft/unternehmen/corona-krise-der-schnellste-boersencrash-aller-zeiten-a-2b6cde01-966d-4aa4-b7b9-90f2c4886415

14 https://www.nzz.ch/feuilleton/kein-schwarzer-schwan-nassim-taleb-ueber-die-corona-pandemie-ld.1548877

15 Dean Keith Simonton: »Popularity, Content, and Context in 37 Shakespeare Plays«, *Poetics* 15 (1986): S. 493–510.

16 Zu Shakespeare siehe: https://www.theaterverlag-cantus.de/autor/william-shakespeare/

17 https://www.bastiat.de/was-man-sieht-und-was-man-nicht-sieht/

18 https://www.faz.net/aktuell/finanzen/meine-finanzen/2.2465/denkfehler-die-uns-geld-kosten-23-die-grosse-angst-vor-kleinen-risiken-11827622.html

19 David Nutt: *Drugs Without the Hot Air.* Cambridge 2012. S. 20.

20 https://www.spiegel.de/spiegel/risikoforscher-david-spiegelhalter-ueber-alltagsrisiken-und-micromorts-a-1155888.html

21 David Nutt: *Drugs Without the Hot Air.* Cambridge 2012. S. 1-30.

22 https://www.telegraph.co.uk/news/uknews/law-and-order/4537874/Ecstasy-no-more-dangerous-than-horse-riding.html

23 David Nutt: *Drugs Without the Hot Air.* Cambridge 2012. S. 20.

24 David Nutt: *Drugs Without the Hot Air.* Cambridge 2012. S. 20f.

25 https://www.theguardian.com/world/2011/sep/05/september-11-road-deaths

26 Peter L. Bernstein: *Against the Gods*, New York, 1996, S. 116.

27 http://www.goethezeitportal.de/index.php?id=6905

28 https://de.wikipedia.org/wiki/Mithridatisation

29 https://www.n-tv.de/wissen/Vorteil-fuer-Schmuddelkinder-article3352966.html

30 https://www.resilienz-akademie.com/sieben-saeulen-der-resilienz/

31 Helmut Lethen: *Verhaltenslehren der Kälte*. Frankfurt 1994. S. 50 ff.

32 H. Petroski: *Success Through Failure: The Paradox of Design*. Princeton. 2006. S. 95.

33 Andreas Beck (2018) »Ultrastabiles Portfolio«, *FOCUS-MONEY* 8/2019

34 https://de.wikipedia.org/wiki/George_Washington#Tod

35 K. E. Weick: »Drop Your Tools: An Allegory for Organizational Studies«. In: Administrative Science Quarterly 41, Nr. 2 (1996): S. 301–13.

36 https://www.handelszeitung.ch/unternehmen/finanzkrise-egal-wir-grunden

37 A. Griffin, R. L. Price und B. Vojak, Serial Innovators: *How Individuals Create and Create and Deliver Breakthrough Innovations in Mature Firms* (Stanford, CA: Stanford Business Books, 2012 [Kindle E-Book]).

38 https://youtu.be/G_dWMtyVtX8

39 Daniel Kahneman: *Schnelles Denken, langsames Denken*. München (Penguin) 2011. S. 274 f.

40 Richard Thaler und Shlomo Benartzi: »Myopic Loss Aversion and the Equity Risk Premium Puzzle«, in: *Quarterly Journal of Economics* 110, Nr. 1 (Februar 1995), 80.

41 Terrance Odean: »Do Investors Trade Too Much?«. In: *American Economic Review* (Dezember 1999).

42 Terrance Odean und Brad Barber: »Trading Is Hazardous To Your Wealth: The Common Stock Investment Performance of Individual Investors«. In: *Journal of Finance* 55, Nr. 2 (April 2000).

43 C. A. Banyas: »Evolution and Phylogenetic History of the Frontal Lobes«, in: *The Human Frontal Lobes,* ed. B. L. Miller and J. L. Cummings New York (Guilford Press) 1999, S. 83-106.

44 https://www.geo.de/wissen/23805-rtkl-neurowissenschaft-eine-stange-durchschlug-seinen-schaedel-warum-der-fall-von

45 D. R. Weinberger et al.: »Neural Mechanisms of Future-Oriented Processes«, in: Haith et al., *Development of Future Oriented Processes,* S. 221-42.

46 M. A. Wheeler, D. T. Stuss und E. Tulving »Toward a General Theory of Episodic Memory: The Frontal Lobes and Autonoetic Consciousness«, *Psychological Bulletin* 121: S. 331-54 (1997).

47 A. K. MacLeod und M. L. Cropley: »Anxiety, Depression, and the Anticipation of Future Positive and Negative Experiences«. In: *Journal of Abnormal Psychology* 105: S. 286-89 (1996).

48 Peter Brugger, Christine Mohr, Peter Krummenacher und Helene Haker: »Dopamine, Paranormal Belief, and the Detection of Meaningful Stimuli«. In: *Journal of Cognitive Neuroscience* 22, Nr. 8, 2010: S. 1670-1681.

49 Michael Shermer: *How We Believe* New York (W. H. Freeman) 2000, S. 36.

50 Zum Rückschaufehler siehe: https://wirtschaftslexikon.gabler.de/definition/ hindsight-bias-53950

51 https://de.wikipedia.org/wiki/Coronavirus_(Comicfigur)

52 https://www.youtube.com/watch?v=dZyUWLW7kEI

53 D. Kahneman und G. Klein »Conditions for Intuitive Expertise: A Failure to Disagree«. In: *American Psychologie* 64, Nr. 6 (2009): S. 515– 26.

54 R. Hogarth, Educating Intuition (Chicago: University of Chicago Press, 2001).

55 https://de.wikipedia.org/wiki/Charles_Darwin

56 Francis Darwin (Hg.): *The Autobiography of Charles Darwin* (New York: Dover Publications, 1958).

57 FOCUS-MONEY, 32/2020, 29. Juli 2020, S. 61.

58 https://de.wikipedia.org/wiki/Ententest

59 J. Doyne Farmer: »Market Force, Ecology, and Evolution« (Working Paper, Version 4.1, Santa Fe Institute, 14. Februar 2000).

60 J. Doyne Farmer: »Market Force, Ecology, and Evolution« (Working Paper, Version 4.1, Santa Fe Institute, 14. Februar 2000), 1, S. 34.

Kapitel 5: Wie du dich in unsicheren Zeiten möglichst sicher bewegst

1 https://de.statista.com/statistik/daten/studie/609772/umfrage/erntemenge-von-kartoffeln-in-ausgewaehlten-laendern-weltweit/

2 https://www.businessinsider.com/15-google-interview-questions-that-used-to-make-geniuses-feel-dumb-2012-11?r=DE&IR=T

3 https://de.wikipedia.org/wiki/Fermi-Problem

4 Gerd Gigerenzer: *Risiko: Wie man die richtigen Entscheidungen trifft*. München 2013. S. 118 ff.

5 https://de.wikipedia.org/wiki/Pascalsche_Wette

6 https://de.wikipedia.org/wiki/Satz_von_Bayes

7 Phil Tetlock / Dan Gardner: *Superforecasting: The Art & Science of Prediction*. New York 2015. S. 66 ff.

8 Phil Tetlock / Dan Gardner: *Superforecasting: The Art & Science of Prediction*. New York 2015. S. 4.

9 https://de.wikipedia.org/wiki/Isaiah_Berlin#Berlin_als_Ideengeschichtler:_Aufkl%C3%A4rung_und_Wertpluralismus

10 A. B. Jena et al., »Mortality and Treatment Patterns Among Patients Hospitalized with Acute Cardiovascular Conditions During Dates of National Cardiology Meetings«, JAMA Internal Medicine 175, Nr. 2 (2015): S. 237–44. Siehe auch: R.F. Redberg, »Cardiac Patient Outcomes during National Cardiology Meetings«, JAMA Internal Medicine 175, Nr. 2 (2015): S. 245.

11 S. D. Levitt: »Heads or Tails: The Impact of a Coin Toss on Major Life Decisions and Subsequent Happiness«, NBER Working Paper Nr. 22487 (2016).

12 Dan Ariely, »Pluralistic Ignorance«. YouTube (abgerufen am 03.01.2021): https://www.youtube.com/watch?v=-9wHttUayMo

13 Zu Nate Silver siehe: https://fivethirtyeight.com/features/donald-trumps-six-stages-of-doom/

Kapitel 6: So wirst du finanziell unbesiegbar

1 Zur Kontroll-Illusion siehe: https://sz-magazin.sueddeutsche.de/leben/die- welt-im-griff-83868

2 Paul Samuelson, zitiert nach Peter L. Bernstein: *Capital Ideas: The Improbable Origins of Modern Wall Street* (New York: The Free Press, 1992), S. 113.

3 Paul Samuelson, zitiert nach Peter L. Bernstein: Capital Ideas: The Improbable Origins of Modern Wall Street (New York: The Free Press, 1992), S. 37.

4 https://www.finanzen100.de/finanznachrichten/boerse/die-beste-aktie-des-jahrtausends-haette-ihnen-54-000-prozent-gewinn-gebracht_H1039569429_10622734/

5 https://www.watson.ch/digital/microsoft/207532210-5-beruehmte-zitate-ueber-die-zukunft-die-alle-frei-erfunden-sind

6 https://www.innosight.com/insight/creative-destruction/

7 »The Agony and the Ecstasy: The Risks and Rewards of a Concentrated Stock Position«, Eye on the Market, J.P. Morgan (2014). Abgerufen unter: https://www.chase.com/content/dam/privatebanking/en/mobile/documents/eotm/eotm_2014_09_02_agonyescstasy.pdf

8 https://www.ft.com/content/9a19f41e-1fb6-451f-boeb-02decf331592

9 Sam L. Savage: *The Flaw of Averages: Why We Underestimate Risk in the Face of Uncertainty.* New York: John Wiley & Sons, 2009). S. 11.

10 https://de.wikipedia.org/wiki/Stephen_Jay_Gould

11 https://www.forbes.com/advisor/investing/bear-market-vs-bull-market/

12 https://www.macrotrends.net/2324/sp-500-historical-chart-data

13 https://www.spglobal.com/spdji/en/indices/equity/sp-500/#overview

14 https://www.youtube.com/watch?v=b5kvROK5g5Y

15 https://www.mercer.de/content/dam/mercer/attachments/europe/Germany/de-2017-will-the-dominance-of-us-equities-continue.pdf

16 https://www.msci.com/documents/10199/149ed7bc-316e-4b4c-8ea4-43fcb5bd6523

17 https://www.msci.com/documents/10199/8d97d244-4685-4200-a24c-3e2942e3a-deb

18 https://www.ishares.com/de/privatanleger/de/produkte/251911/ishares-global-clean-energy-ucits-etf

19 M. L. Gick und K. J. Holyoak: »Analogical Problem Solving«. In: *Cognitive Psychology* 12 (1980): 306–55.

20 https://wirtschaftslexikon.gabler.de/definition/first-principle-thinking-123085

21 https://medium.com/the-mission/elon-musks-3-step-first-principles-thinking-how-to-think-and-solve-difficult-problems-like-a-ba1e73a9f6c0

22 https://www.wired.com/1996/02/jobs-2/

23 James Burke: *Connections.* New York 1995. S. 3 ff.

24 https://www.gartner.com/en/research/methodologies/gartner-hype-cycle

25 https://www.golem.de/news/3d-gedruckte-siedlung-gemeinnuetziges-projekt-druckt-haeuser-in-mexiko-1912-145507.html

26 https://youtu.be/upd7FvymIOo

27 Zum Kompetenzkreis siehe: https://www.businessinsider.com/the-circle-of- competence-theory-2013-12?IR=T

28 Robert B. Zajonc: »Attitudinal Effects of Mere Exposure«. In: *Journal of Personality and Social Psychology Monographs* 9. 1968. S. 1-27.

29 Zu Aktien mit Burggraben siehe: https://www.vaneck.com/five-sources-of-moats/

30 C. Mayer: 100 Baggers: *Stocks that Return 100-to-1 and How to Find Them.* Baltimore, 2015. S. 77 ff.

31 https://de.finance.yahoo.com/quote/VEEV/key-statistics/

32 https://de.marketscreener.com/kurs/aktie/VEEVA-SYSTEMS-INC-14551091/fundamentals/

33 https://www.comdirect.de/inf/aktien/detail/chart.html?REQUESTED_REDIRECT=STOCK&ID_NOTATION=9385862#fromDate=01.01.2019&timeSpan=range&toDate=31.12.2019&e

34 Warren Buffett: Berkshire Hathaway 2000 Annual Report, 13.

35 Zur Gold-Wiesnbier-Ratio siehe: https://www.incrementum.li/journal/ozapft-is-das-gold-wiesnbier-ratio-2020/

36 https://www.gerd-kommer-invest.de/gold-als-investment/

37 M. Lochner: *Was ich mit 20 Jahren gerne über Geld, Motivation, Erfolg gewusst hätte.* München, 2020. S. 180.

38 A. Beck: Erfolgreich wissenschaftlich investieren. E-Book abrufbar unter: https://globalportfolio-one.com/

Kapitel 7: Das Timing deines Lebens – so findest du die ultimative Balance

1 S. Weart: »The Discovery of Global Warming«, abgerufen im Januar 2021 unter: history.aip.org/climate/cycles.htm

2 https://www.cnbc.com/2020/09/08/billionaire-warren-buffett-most-overlooked-fact-about-how-he-got-so-rich.html

3 https://www.marketwatch.com/story/from-6000-to-67-billion-warren-buffetts-wealth-through-the-ages-2015-08-17

4 E. Eich et al. »Memory for Pain: Relation Between Past and Present Pain Intensity«, Pain 23: S. 375–80 (1985).

5 https://www.spektrum.de/news/lieber-elektroschocks-als-nichtstun/1299049

6 Carol Dweck: *Selbstbild. Wie unser Denken Erfolge oder Niederlagen bewirkt.* München (Piper) 2017.

7 https://www.sciencedaily.com/releases/2003/01/030123073355.htm

8 N. Kornell und H. S. Terrace: »The Generation Effect in Monkeys«, *Psychological Science* 18, Nr. 8 (2007): S. 682–85.

9 H. P. Bahrick und E. Phelps: »Retention of Spanish Vocabulary over 8 Years«, *Journal of Experimental Psychology*: Learning, Memory and Cognition 13, Nr. 2 (1987): 344–49.

10 M. Syed: *Das Black Box Prinzip.* München. 2016.

11 Levitt in der Radiosendung »The Upside of Quitting« des Senders Freakonomics Radio vom 30. September 2011.

12 https://www.oprah.com/spirit/suzy-welchs-rule-of-10-10-10-decision-making-guide/all

13 E. Tulving: »Memory and Consciousness«, Canadian Psychology 26 (1985).

14 https://en.wikipedia.org/wiki/Ronald_Read_(philanthropist)

15 Srdja Popovic: *Protest.* Frankfurt am Main 2015. S. 15 ff.

16 Srdja Popovic: *Protest.* Frankfurt am Main 2015. S. 97.

17 Steve York: A Force More Powerful. Santa Monica Pictures/WETA. 1999.

18 https://de.wikipedia.org/wiki/Quintus_Fabius_Maximus_Verrucosus

19 W. Wallace: »Michelangelo: Separating Theory and Practice«, in Imitation, Representation and Printing in the Italian Renaissance, Hrsg. R.Eriksen und M. Malmanger (Pisa and Rome: Fabrizio Serra Editore, 2009).

20 https://de.wikipedia.org/wiki/Michelangelo

21 Haruki Murakami: *Wovon ich rede, wenn ich vom Laufen rede.* München 2010. S. 29 ff.

22 Phil Tetlock / Dan Gardner: *Superforecasting: The Art & Science of Prediction.* New York 2015. S. 69 ff.

23 Antic, A. (2007). Interview Roger Federer. Schlafen ist Luxus. Der Weltranglistenerste spricht im Tennis Magazin über seine heimliche Liebe zur Musik, vom Traum, in Rom und New York zu leben und über ein Leben nach dem Tennis. Tennismagazin, 7, S. 24- 27.

24 https://www.vermoegenmagazin.de/roger-federer-vermoegen-und-gehalt/

25 https://www.ted.com/talks/mihaly_csikszentmihalyi_flow_the_secret_to_happiness

26 https://www.beqom.com/blog/jfk-and-the-janitor

27 Wrzesniewski, A., & Dutton, J. E. (2001) »Crafting a job: Revisioning employees as active crafters of their work«. In: *Academy of Management Review,* 26(2), 179-201.

28 https://en.wikipedia.org/wiki/Ronald_Read_(philanthropist)

29 https://de.wikipedia.org/wiki/Karen_Horney#Horneys_Sp%C3%A4twerk

30 Judson Brewer et al., »Meditation Experience Is Associated with Difference in Default Mode Network Activity and Connectivity«, PNAS 108, Nr. 50 (13. Dezember 2011): 20254-20259.

31 https://creditreform-magazin.de/leben/gesundheit/die-kraft-der-meditation/

32 »Brief Meditative Exercise Helps Cognition«, Science Daily, 19. April 2010, https://www.sciencedaily.com/releases/2010/04/100414184220.htm.

33 Joe Pinsker »Corporations' Newest Productivity Hack: Meditation«, Atlantic, 10. März 2015.

34 https://www.ncbi.nlm.nih.gov/pmc/articles/PMC3397790/

35 Alan T. Piper: »Sleep Duration and Life Satisfaction«. In: *International Review of Economics* 63, 312 ff. 2016. Und Ting-Fan Zhi et al.: »Associations of Sleep Duration and Sleep Quality With Life Satisfaction in Elderly Chinese: The Mediating Role of Depression«. In: *Archives of Gerontology and Geriatrics* 65, S. 216. 2016.

36 Matthew Walker: *Das große Buch vom Schlaf.* München 2018. S. 1 – 45.

Epilog

1 B. Fredrickson: The broaden-and-build theory of positive emotions, Department of Psychology, University of Michigan, 2004. Abgerufen unter: https://www.ncbi.nlm.nih.gov/pmc/articles/PMC1693418/pdf/15347528.pdf

2 https://investor-relations.lufthansagroup.com/de/fakten-zum-unternehmen/flotte.html